A Notícias da
mérica

Roberto DaMatta

Notícias da América

Comparações,
deslumbramentos,
surpresas e
reflexões sobre
os Estados Unidos

Copyright © 2011 by Roberto DaMatta

Direitos desta edição reservados à
EDITORA ROCCO LTDA.
Av. Presidente Wilson, 231 – 8º andar
20030-021 – Rio de Janeiro, RJ
Tel.: (21) 3525-2000 – Fax: (21) 3525-2001
rocco@rocco.com.br
www.rocco.com.br

Printed in Brazil/Impresso no Brasil

preparação de originais
PEDRO KARP VASQUEZ

Os textos aqui reunidos foram publicados
anteriomente em *Tocquevilleanas – Notícias da América.*

CIP-Brasil. Catalogação na fonte.
Sindicato Nacional dos Editores de Livros, RJ.

D161n	DaMatta, Roberto, 1936- 　　Notícias da América: comparações, deslumbramentos, surpresas e reflexões sobre os Estados Unidos / Roberto DaMatta. – Rio de Janeiro: Rocco, 2012. 　　14x21cm 　　ISBN 978-85-325-2698-4 　　1. Características nacionais americanas – Crônicas. 2. Características nacionais brasileiras – Crônicas. I. Título.
11-4766	CDD-869.98 CDU-821.134.3(81)-8

O texto deste livro obedece às normas
do Acordo Ortográfico da Língua Portuguesa

Para Lívia, Samuel, Estela, Serena, Eduardo,
Maria Vitória, Gabriela e Jerônimo, meus netos;
para Sandra e Paulo Cezar, para a Ivete e Lars,
para Tom Skidmore e para todos os brasileiros
que estão nos Estados Unidos em busca da América;
em memória de Erico Verissimo, em cujo Gato Preto
comecei este livro; e de Richard Morse, que,
como americano, não poderia ser mais brasileiro;
e, uma vez mais, para a Celeste.

Parece-me indubitável que, mais cedo ou mais tarde, chegaremos como os americanos à igualdade quase completa das condições. Não concluo daí que sejamos chamados necessariamente um dia a tirar, de semelhante estado social, as consequências políticas que os americanos tiraram. Estou longe de acreditar que eles encontraram a única forma de governo que a democracia possa se dar (...).

Confesso que vi na América mais que a América; procurei nela uma imagem da própria democracia, de suas propensões, do seu caráter, de seus preconceitos, de suas paixões; quis conhecê-la, ainda que só para saber pelo menos o que devíamos dela esperar ou temer.

A democracia não apenas faz cada homem esquecer seus ancestrais, mas também esconde dele seus descendentes e o separa dos seus contemporâneos; ela o reconduz sem cessar a si mesmo e ameaça prendê-lo, finalmente, na solidão de seu próprio coração.

— ALEXIS DE TOCQUEVILLE,
A democracia na América

PRÓLOGO

Neste livro eu congrego artigos, ensaios e crônicas que escrevi nos Estados Unidos sobre a vida americana, quando experimentava na pele, nos nervos, na cabeça e no coração o famoso *American way of life*. A maioria foi escrita para o *Jornal da Tarde* (entre 1993 e 2001) e para *O Estado de S. Paulo* (de 2001 até o presente). Suprimi, entretanto, os escritos reunidos e publicados em 1996, num livro chamado muito apropriadamente de *Torre de Babel*, e agreguei outras crônicas feitas para a revista *Update*, da Câmara Americana de Comércio de São Paulo, e para o jornal *Folha de S. Paulo*. Agradeço, penhorado, a esses periódicos o direito de reproduzi-los aqui de forma conjunta, tirando-os do inevitável crepúsculo dos jornais de ontem.

Todos carregam um viés ensaísta e, quase sempre, uma tese ou ponto de vista bem marcado, pois mesmo quando escrevia sobre os fatos da vida diária e no calor da hora procurava ir além de sua patente historicidade como evento chocante ou simples notícia. Devido a minha formação (ou, se quiserem, deformação) acadêmica, todos os assuntos foram lidos da perspectiva de uma antropologia social ou cultural cujo foco é o estranhamento, a suspensão dos julgamentos e compartimentalizações familiares, e a comparação. Não a comparação trivial que tem por base as semelhanças, como é comum nos julgamentos políticos e econômicos lidos diariamente nos jornais, mas a comparação pelas diferenças. Aquela que busca o osso duro de roer das singularidades reveladoras de uma incômoda arbitrariedade, porque situa cada item estudado em termos dos contextos culturais onde ele ocorre, sem deixar de levar em conta o fio condutor do confronto: o seu autor e a sociedade que ele continuamente carrega nas costas e, às vezes, na cabeça. Coisa, aliás, impossível de ser evitada quando eu, vindo de um país que se percebe como atrasado, desorganizado, pobre e que para muita gente ainda não deu certo, ensinava não apenas numa terra qualquer, mas da mais poderosa e rica nação da história do planeta e no mais sofisticado sistema universitário conhecido. Impossível, portanto, não me dar conta a todo instante da diferença que se manifestava através de um elo irredutível, como ensinava Louis Dumont, com a sociedade do observador no caso, o Brasil.

Com isso, os assuntos aqui tratados escapam do viés hiperbólico, indignado, denuncista, resignado, partidário ou simplesmente cínico e distanciado, como é comum no periodismo que frequentemente deixa que os fatos canibalizem as teorias ou, para ser menos pedante, os vários estilos pelos quais os acontecimentos são anestesiados de suas repercussões pelo uso das receitas interpretativas rotineiras.

Alexis de Tocqueville (1805-1859) foi o primeiro a descrever essa América, noticiando-a de um ponto de vista abertamente comparativo, por meio de certos conceitos-chave, o principal sendo o de "igualdade" e suas consequências, como o igualitarismo (sua manifestação política mais evidente) e o individualismo (um dos seus concomitantes sociais mais básicos). Seguindo o exemplo de Tocqueville, também navegamos marcando diferenças, acentuando tendências inevitáveis e necessárias (como a da igualdade como valor na constituição de um regime democrático no Brasil) sem, não obstante, deixar de ressaltar os impasses e dilemas igualmente decorrentes de um estilo americano de inventar a realidade, conforme tão bem percebeu Tocqueville.

A despeito do tom corriqueiro ou da humildade do assunto discutido, reveladores de como o tempo e a vida realmente passam, cada uma destas crônicas quer sempre surpreender o instante onde a alteridade se insinua, reivindicando alguma coisa em forma de entendimento intelectual ou de reação emotiva. Porque todas falam dos Estados Unidos como uma sociedade concreta e não como um paradigma abstrato para o qual tendem inexoravelmente todas as coletividades humanas. Neste sentido, não me furtei em criticar o individualismo que engloba a modernidade e, na América, como descobriu Alexis de Tocqueville, torna-se um símbolo de raiz da própria vida social.

Como disse um velho amigo americano, ao ler um esboço deste livro, a mensagem destas notícias da América é que elas reiteram a humanização da maior potência mundial, revelando seus problemas e impasses. Neste sentido, brincou ele, lisonjeando-me, é boa notícia saber que por trás de um consumismo obeso e de uma autocondescendência quase desvairada como os maiores do mundo ainda temos coração.

De minha parte, eu não tenho dúvida de que isso se liga ao fato de ter ido para os Estados Unidos como professor e não como funcionário de uma multinacional, como artista contratado por alguma corporação da indústria audiovisual ou como um imigrante em busca da América. Vale, portanto, salientar que o papel que desempenhei foi o de mestre e de transmissor de conhecimento. Não fui para "lá" para aprender certas técnicas ou para, depois de um estágio, trazer de volta alguma "última palavra" disso ou daquilo para o Brasil, mas para ensinar o que havia aqui aprendido sobre o universo das culturas e sociedades, inclusive sobre o Brasil, para jovens americanos cujo elo comigo era o de aprendizes. Minha vivência colocava-me em contato não apenas com o lado orgulhoso de uns Estados Unidos convencidos de que são o melhor e o mais poderoso país do mundo, mas, também e inevitavelmente, com o seu flanco mais humilde e humano, na forma de rostos juvenis que, pelo menos duas vezes por semana, postavam-se diante de mim para ouvir o que eu tinha a dizer sobre certos assuntos e obrigatoriamente ler um conjunto de textos por mim selecionados e explanados, bem como receber um conceito final depois de testes e provas que eu, preceptor, com total independência, administrava e corrigia.

Essa posição de professor universitário de uma disciplina (a antropologia social ou cultural), dotada de um forte viés crítico e professada com igual vigor, singularizou minha inserção nos Estados Unidos. A independência intelectual, não obstante tudo o que aprendi com os meus colegas e alunos americanos, levou-me a enxergar dimensões geralmente invisíveis para o turista, o visitante, o estudante (papel igualmente vivenciado por mim num

Prólogo

passado distante), o jornalista e o funcionário em geral. Refiro-me, em primeiro lugar, à idealização dos Estados Unidos como potência inatingível ou exemplo a ser imitado, comum entre certos visitantes e expatriados que, por isso mesmo, tendem a denegrir um "Brasil" que os teria obrigado a uma dura experiência de imigração e desenraizamento; e, depois e mais especialmente ainda, à fragilidade sentimental que todo aprendiz manifesta quando se atrasa para fazer um exame, quando o trabalho é entregue fora do prazo ou quando simplesmente não consegue obter um bom conceito. Em outras palavras, convivi diuturna e igualitariamente, como um professor entre colegas e alunos, muito mais com o lado frágil e compassivo dos Estados Unidos do que com a sua face exemplar, agressiva, esmagadora e poderosa.

No fundo e ao cabo, portanto, o que essas *Notícias da América* comunicam sem cessar é a presença de diferenças marcantes e de singularidades difíceis de medir, as quais revelam que países (ou o que chamamos de "Estados nacionais") não se esgotam nos seus territórios, na sua soberania nacional, nas suas Constituições, economia ou no seu aparelho administrativo, sendo também e simultaneamente, como tenho reiterado na minha obra, sociedades e culturas e, com isso, sujeitos de ideologias e valores. O que faz com que carreguem uma carga quase sempre oculta de arbítrio e artificialidade na construção do seu próprio mundo e diante dos problemas que sua especificidade moral levanta para eles próprios a todo instante.

Outro dado marcante destas crônicas é que elas seguem contra a corrente da visão iluminada de um "desenvolvimentismo" fácil, ignorante das diferenças e, muitas vezes, populista e insensato. Algo que, devo enfatizar logo, não significa descrença em progresso, desamor pelo Brasil ou do emprego do conceito de cultura como um congelador social ou impedimento para a mudança. Muito pelo contrário, reconhecer as diferenças no pensar e fazer, como diziam os antropólogos de antigamente, não impede o esforço de mudar, apenas calibra e equilibra as transformações, impedindo idealizações infantis, bem como o uso de outras experiências históricas como receitas inevitáveis ou, o que é bem pior, infalíveis.

Não escrevi, então, sobre a última notícia da corte, a maior novidade do império ou a grande tragédia de uma potência mundial, como se faz rotineiramente, mas sobre o que a vida diária americana impunha à minha sensibilidade e ao meu senso de observação como alguma coisa que deveria ser desempacotada, entendida, elaborada e comunicada. Fiz crônicas dos Estados Unidos encarnados como mais um sistema, por meio do qual uma outra humanidade se deixa perceber, a despeito do seu imenso poder e influência. E como um professor ordeiro se intromete em tudo o que faço, as crônicas têm denominadores comuns e, por causa disso e para facilitar a leitura, a curiosidade, a crítica ou a pesquisa, seguem divididas em temas e assuntos que dispensam maiores explicações.

Finalmente, a ideia de fazer estas *Notícias da América* marca um retorno definitivo ao Brasil, depois de 17 anos vivendo entre os dois países e seus dois estilos de vida. De forma concreta, este livro representa a minha reencarnação numa só sociedade, numa assunção definitiva de que eu quero mesmo morrer no lugar onde nasci. Tirante as palmeiras e os cantares dos sabiás, esse movimento representa a troca de uma vida aparentemente móvel, permeada pelas viagens com suas angústias, charmes, mortes, onipotências e alegrias, pela decisão de me abraçar ao lugar que mais amo nesta vida: o meu escritório repleto de livros e mementos, incrustado na casa que fiz com Celeste e minha família, onde a palavra serve de alento para as contrariedades, as doçuras, as obrigações e as amarguras deste mundo. Ele também diz muito da América que, num ensolarado agosto de 1963, recebeu-me em Harvard com pródiga generosidade e, desde então, tem sido um fio importante do tecido que alinhava a minha existência.

Foi a consciência dessas idas e vindas que me fez produzir estas notícias.

Que elas sejam boas também para o leitor.

Roberto DaMatta
Jardim Ubá, em 15 de outubro de 2004

À GUISA DE PREFÁCIO:
O INTELECTUAL E A MÍDIA

Por vários motivos, tenho sido um dos intelectuais brasileiros mais dedicados à divulgação do que sei junto à população da minha cidade, do meu estado e do meu país. Jamais hesitei em traduzir para o grande público televisivo, ouvinte de rádio ou leitor de jornal o que aprendi na universidade e venho descobrindo nos livros, nas pesquisas de campo, nas salas de aula e nos solitários momentos de reflexão.

Há quem diga que tenho realizado uma vulgarização barata e não uma alta divulgação. Tais pessoas invocam a pureza do mundo acadêmico e rejeitam essa atitude mais comunicativa como prejudicial, situando-a no limite de um mercantilismo barato ou do mero narcisismo.

Não nego que exista vaidade e narcisismo na minha atitude. Como todo intelectual que se preza e que fez obra, sou um cultor de Narciso, mas, como tenho sempre reiterado: sou vaidoso, mas não sou cretino. Deste modo, sei onde boto meu chapéu, jamais fui puxa-saco e sempre tive alergia a usar o saber para chegar ao poder. Entre prestígio e poder, entre glória e pecúnia, prefiro os primeiros. Ademais, não me transformei num intelectual autor-referenciado, certo de sua própria infalibilidade e dopado pelo seu próprio ego.

Nos anos 1980, quando realizei minha primeira experiência televisiva, um seriado em dez episódios sobre o Brasil, produzido pela Intervídeo e levado ao ar pela TV Manchete, fui a São Paulo e, num seminário acadêmico chatíssimo, ouvi a admoestação de uma colega da USP, preocupada com o meu futuro na academia, da qual, pelo seu julgamento, eu jamais deveria ter me afastado.

Coisa que, respondi logo, jamais fiz, pois o que tenho realizado na mídia em geral tem uma ligação profunda com o meu trabalho de pesquisa, que, embora prime pelo esforço de uma escrita clara, devotada ao entendimento sem barroquismos eruditos, é, no fundo, bastante elaborada do ponto de vista intelectual e antropológico.

Um dia, eu mostro a pilha de livros que me obrigo a estudar quando reflito sobre o Carnaval, o futebol, o "sabe com quem está falando?", a cidadania, a música popular, a saudade e o simbolismo do jogo do bicho. De um lado você vê o pequeno livro que escrevi, do outro você tem uma pilha de metro e meio dos livros que consultei...

Não obstante a preocupação legítima ou maldosa de algumas pessoas dotadas de uma consciência do "tudo ou nada", o fato é que entrei na mídia e, ainda assim, continuei na academia. No meu caso, escrever semanalmente uma coluna de jornal não me desviou de nenhum projeto intelectual sério ou profundo. Muito pelo contrário, deu-me a oportunidade de exercer uma objetividade que normalmente não se tem quando divulgamos resultados de pesquisa na "mídia" acadêmica.

Aliás, o fato de ter aceito uma máscara de cronista e de eventualmente ter-me arriscado no jornalismo estilo reportagem deu-me a oportunidade de pensar o jornal e a televisão criticamente. Sim, porque o hibridismo que faz parte de minha vida – repito que sou um "mulato cultural" – é uma rodovia de mão dupla.

Da "mídia" olho a linguagem acadêmica como pomposa e erudita, visando uma eternidade inatingível, mas da universidade vejo a "mídia" obcecada com um imediatismo frívolo, frequentemente paupérrimo, afligida por um pragmatismo raso e quase inteiramente dominada por uma histeria e uma ignorância de meter medo.

Se a pomposidade domina o lado acadêmico, sendo proporcional à sua penetração na sociedade: vender mil exemplares de um bom livro de antropologia social é uma façanha; na mídia ocorre o exato oposto: as colunas e os programas têm uma audiência cativa invejável de milhões para, salvando-se as nobres exceções, perpetrarem suas infindáveis ofensas éticas e cacofonias sociológicas.

Mas há também muita coisa em comum entre o jornalista e o antropólogo. Uma delas é o desejo (e a obrigação) de compreender o mundo na medida em que ele se desenrola. Outra é a viagem que transforma o jornalista em "correspondente" e o antropólogo num "etnógrafo". Ambos, porém, esforçam-se para traduzir na linguagem do viajante que testemunha e apura um evento perturbador – o ritual estranho, o crime hediondo, a guerra civil, o mito tido como irracional, o fato insólito que desafia a rotina. Com isso, o repórter e o antropólogo distinguem-se do turista – esse palerma da modernidade – que viaja para simplesmente assistir e comprar, e não para enxergar e compreender os lugares por onde anda.

Depois de minha participação em inúmeros programas de televisão e de infinitas solicitações pela mídia, acho que esse arrazoado vale como um prefácio, que é igualmente uma pausa para a meditação.

Aprende-se muito com a mídia. Descobre-se, por exemplo, que os leitores podem ser aliciados e seduzidos pelo estilo pitoresco, pelo modo especialmente saboroso de descrever um evento. Os jornalistas sabem que a relação entre eles e os "fatos" é complicada e, se quem faz a mídia não tem nenhuma ilusão de que os fatos "realmente" ocorrem, eles também sabem que todos os eventos requerem "edição", sendo, nesse sentido, inventados ou "construídos". Descobre-se, por exemplo, que a tal realidade social pode ser apreendida *também* de um golpe, por um palpite, por meio de uma frase ou palavra e até mesmo num surto narrativo, tanto quanto em formulações metodológicas bem construídas e pomposamente apresentadas. Diante de nós mesmos, todos corremos o risco de sermos jornalistas de segunda classe, como lembrava o velho e saudoso cientista político Edmund Leach, num memorável seminário em Cambridge, Inglaterra, sobre os antropólogos, fazendo sem saber um elogio: "Todos sempre estamos errados" (com uma brutal ênfase no errado, e olha que ele era um sujeito grandalhão). De minha parte, já me contento em ser um jornalista de segunda do que achar que sou um luminar teórico de primeira...

À guisa de prefácio: O intelectual e a mídia

Outro aprendizado do intelectual que se engaja na mídia, sobretudo no jornal, fala da desmistificação da escrita, o que, no mundo dos livros e das universidades, vale como uma espécie de relativização do ato de escrever como um gesto sagrado e eterno. Esse é para todos os intelectuais responsáveis um ponto nevrálgico, porque o hábito da leitura incute, muitas vezes, uma notável impotência gráfica nos seus praticantes, sobretudo nos leitores mais vorazes e obsessivos.

Ler tem tudo a ver com "ouvir" e "receber", dois atos que requerem quietude, calma e, sobretudo, passividade. A leitura engendra sabedoria, mas promove também inibição e, no limite, revela ignorância. Ela preenche espaços e com isso mostra imensas lacunas. Tenho colegas que não conseguem escrever porque leram muito. De resto, todo mundo sabe que, se o projeto requer muita leitura, o livro jamais sai da cabeça ou das notas do professor. Tirante os débeis mentais e os narcisistas, todo intelectual vive soterrado de livros, assombrado com o que precisa aprender e com os limites de sua ingenuidade e ignorância. No mundo da universidade, escreve-se com o ideal de "esgotar um assunto" o que significa cobrir todo o campo daquela matéria, lendo tudo o que de básico se escreveu sobre ela. Essa é a diferença entre os profissionais (como eu) e os amadores.

Mas o jornal permite obviamente o luxo do chute. Em suas páginas vai a avaliação e cabe a leitura, mas não há simplesmente tempo para uma cobertura completa das coisas, o que, diga-se de passagem, aterraria a reportagem e o seus eventos. Com isso, o jornalista se caracteriza pelo ato de escrever; ao passo que nós, acadêmicos, nos singularizamos pela ação de ler. O espaço das bibliotecas universitárias e o das redações dos jornais exprimem bem essa dualidade, pois nada é mais modorrento do que a sala de pesquisa de uma biblioteca e nada pode mais vivo, alvoroçado e dinâmico do que uma redação, um espaço no qual centenas de pessoas se agitam e escrevem ao mesmo tempo, revelando um intrigante diálogo entre suas capacidades receptoras e reflexivas. Falando com um pesquisador, o jornalista se irrita com as ponderações que ele lê como distância do mundo ou receio de opinar. Interagindo com o jornalista, o intelectual se admira com o que enxerga como ausência de critério, como onipotência, como vulgaridade e, muitas vezes, como arrogância.

Além disso, quem escreve em jornal é obrigado a opinar no calor da hora, mas também se vê às voltas com arrazoados e avaliações que demandam uma visada mais profunda e ponderada das coisas. Há, então, uma demanda de arrogância (o jornalista é obrigado a "ter" uma opinião mesmo quando não tem) e, simultaneamente, a necessidade de análise e de ponderação.

Para mim, o maior aprendizado desse encontro entre o mundo acadêmico e a mídia tem sido a obrigação de desenvolver um certo "faro" para os acontecimentos no que eles oferecem de banal e de extraordinário, de rotineiro e de encantado. Assim, enquanto as pessoas simplesmente vivem a vida, reagindo aos eventos que as atingem ou talvez sem nenhuma reação a qualquer fato de perto ou de longe, o jornalista, o cronista e o editorialista revelam pedaços ocultos ou distantes do mundo. Com isso, o jornal mostra a todos nós o ângulo oculto, o fato não esclarecido, o dado novo, a dimensão marginal e põe diante de nossos olhos aquilo que não podíamos ou queríamos ver.

Nobre missão essa de revelar pedaços do mundo e de tentar elevar a consciência, provocando indignação justa e ampliando a participação e a cidadania. Coisa que o intelectual também tenta fazer, quando ele junta seus livros e aulas ao bom e nobre jornal que, modesta e diariamente, vai fazendo a história e, querendo ou não, criando uma eternidade.

DIÁSPORA, VIAGENS, ESTRANHAMENTOS

QUANTAS VEZES MORREMOS NESTA VIDA?

Nascemos e morremos quando viajamos. O velho ditado francês que declara: partir (ou despedir-se) é morrer um pouco, não pode ser mais claro ou verdadeiro, pois todo viajante divide-se, reparte-se, multiplica-se e, quase sempre, dispersa-se, "diasporiza-se" em múltiplos pedaços. Pulveriza-se em memórias, saudades e vidas, cada qual sob o controle daqueles que deixou no seu porto de adeus.

Cada viagem assinala uma nova etapa, uma declaração de independência, um gesto de revolta, um rasgo corajoso de esperança, um dispendioso desabafo, um ato de rejeição, um tiro no escuro, um rito de passagem. Foi assim quando fui complementar minha educação universitária em Harvard, nos Estados Unidos; foi assim também quando saí de uma Niterói luminosa, marcada por animadas discussões intelectuais cujo objetivo era "acabar com o subdesenvolvimento", e segui para o interior do Brasil para viver com os índios. E tem sido assim depois que retornei aos Estados Unidos como professor e fiquei numa gangorra cultural, morando entre dois países e experimentando como membro de uma cultura os valores de outra sociedade.

Para cada uma dessas partições, há um preço. O viajante é um peregrino. Mas o viajante que estaciona e, desfazendo armas e bagagens, integra-se num lugar torna-se um marginal. E aquele que se associa formalmente a uma instituição – uma companhia, firma ou universidade – vira expatriado. Reparte-se inevitavelmente, criando uma vida concreta aonde chegou e outra no lugar de origem.

Uma coisa é viajar motivado pelo retorno, como acontece nos cruzeiros turísticos e nas viagens de estudo ou trabalho. Outra coisa é viajar para ficar, tornando-se residente num lugar onde não se nasceu e onde toda a realidade – da comida aos modos de falar, comprar, pedir, rezar e se relacionar – é diferente, tem que ser aprendida e chega de fora para dentro.

O primeiro tipo de viagem inventa o turista engarrafado numa bolha. O segundo agencia o viajante que experimenta a morte e a divisão de sua vida de modo abrupto ou gradual. A prova cabal de que morreu ou virou fantasma é quando ouve seu nome falado em outra língua. Meu nome sempre foi Roberto, mas aqui, nos Estados Unidos, virou "Hobero". No início tudo é mais ou menos diferente, depois a vida rotiniza-se e o estranho transforma-se em aceitável e até mesmo em familiar. Quem diria que eu ia me deleitar com cachorros-quentes e com "almoços de negócios ou conferências" as tais *brown bag talks*, embora deva dizer que a tal de *root beer* é ainda remédio para mim.

Qualquer que seja o gosto da rotina, porém, é impossível viver e trabalhar num lugar, criando simpatias e antipatias, descobrindo prazeres e sofrimentos, sem ter com esse espaço uma história de sentimentos e relações. Sem se sentir saudoso de alguns de seus nichos, comidas, pessoas.

Minha experiência americana tornou-me um expatriado e, ao mesmo tempo, um fervoroso brasileiro. Tanto que voltei ao Brasil só para descobrir, neste breve retorno que agora faço a Notre Dame, o quanto eu me liguei a este lugar e às suas coisas. O quanto eu fui tocado por suas árvores bem cuidadas, por suas alamedas emolduradas de grama, pelo cheiro de incenso de suas missas, pelo silêncio quase sepulcral de suas noites, pelas tempestades violentas que chegam rápido e vão embora com a mesma velocidade, pelo gosto saboroso de seus vegetais, pela civilidade com a qual seus cidadãos dirigem seus carros, pela sincera cordialidade dos meus colegas.

Quando se fica entre dois mundos, morre-se muitas vezes. Tantas quantas são as passagens de um lugar a outro. É quando se descobre que o "entre" também tem o seu lado negativo, revelando as perdas, contabilizando as divisões, assinalando as repartições, indiciando pelos lutos malfeitos e por muitas saudades. Saudade de um lado e saudade do outro; e uma saudade nova, excepcional e inusitada do interstício, da passagem, do meio-termo.

As do Brasil são de gente e de comidas. Cheguei faz uma semana e já sinto falta de um prato de carne-seca frita com cebola, isso para não falar da imensa saudade dos meus netinhos e de tudo que vem com eles. As dos Estados Unidos são da vida que aqui deixei. Pois cada paisagem desta universidade também guarda uma parte de minha vida. Moldura terna e amorosa de um passado que não se deixa enterrar. As do miolo, são as de uma liberdade um tanto onipotente, aquela que acena com a promessa de ter o melhor dos dois.

São esses sentimentos contraditórios de vida e de morte, de liberdade extremada e de perda que eu tenho experimentado nessa visita. É quando vejo que o pertencer é sempre relativo. Que a terra natal – a pátria ou a mátria, como dizia o padre Antônio Vieira – exige uma constante celebração de ritos patrióticos onde reafirmamos o nosso gosto de a ela pertencer, porque – quem sabe? – somos também seres de um mundo sem fronteiras. É pelo menos isso que ocorre quando morremos e deixamos de pertencer a nós mesmos.

PEQUENOS RETORNOS
E DESCOBERTAS

Todas as vezes que volto aos Estados Unidos, uma descoberta me incomoda. Agora, o que me intriga e perturba são esses olhares que não voltam. Essas visadas apontadas para o infinito, como se o seu dono não estivesse interessado nas coisas deste mundo. E assim eu vou passando pelos corredores do prédio superconfortável e superbem-acabado onde tenho meu escritório e, cruzando com colegas e alunos, olhando para cada um deles com fito de ter o meu olhar retribuído num cumprimento, sou invadido por essa sensação de que ninguém me conhece ou, o que é bem pior, que ninguém quer me conhecer porque ninguém olha, acena, sorri ou fala comigo.

Hoje, resolvi contar: de cinco pessoas que por mim passaram, apenas uma disse um americaníssimo e rapidíssimo "Hi...", como se não tivesse tempo para me reconhecer, entre o desanimado e o contente. Convencidos de que cada qual deve estar apenas envolvido com suas coisas – *mind your own business* –, como eles dizem aqui, as pessoas estão dispensadas daquelas paradinhas de praxe nos corredores e cafés todas as vezes que se encontram.

Meu intelecto entende isso. É isso mesmo, digo para mim mesmo, que mais se poderia esperar de uma sociedade individualista, senão esse autoenvolvimento que se manifesta numa etiqueta que, paradoxalmente, dispensa os olhares reflexivos para lá e para cá, sempre enxergando os outros, como fazemos no Brasil.

Uma vez, na barca indo do Rio para Niterói, marquei no relógio: uma mulher brasileira descobre em três ou quatro minutos quem está olhando para ela...

Nos Estados Unidos, não existe esse contato visual que nós, os antigos, chamávamos de flerte e que consistia em olhar dentro dos olhos da outra pessoa, com a intensidade definindo o grau de curiosidade e do interesse, ou da fome, desejo e paixão. É como se no Brasil quiséssemos olhar mais para fora do que para dentro, e nos Estados Unidos ocorresse o justo oposto.

Ontem, por exemplo, lembrei-me de uma fábula de Nelson Rodrigues. Dizia ele que um sujeito sem mácula, vergonha ou medo do seu próprio passado deveria ficar impassível se, ao passar por outro no meio da rua, ouvisse a expressão: "Canalha!" Ciente e convicto de sua ausência de culpa ou de medo, tal sujeito continuaria caminhando como se nada tivesse ouvido. Esse sim, concluía Nelson, seria um verdadeiro e autêntico "homem de bem".

Pois bem, se o Nelson Rodrigues vivesse nestes nossos Estados Unidos, ele pensaria estar num paraíso de probidade, pois os americanos andam pelos corredores e pelas ruas fechados em si mesmos. Podem ouvir de tudo e não se voltam. Por outros motivos, entretanto. Não porque sejam confiantes na sua moralidade pessoal que está tão ou mais abalada que a nossa, mas porque são os filhos pródigos deste universo movido a individualismo. Como têm profundo desdém pelos elos, valorizam a compartimentalização pessoal. E lá vão eles, cada qual metido na sua própria bolha...

PARIS

Ninguém melhor definiu o relacionamento dos brasileiros com Paris do que o paulistano-canibal Oswald de Andrade, quando disse na sempre atual poesia "Contrabando":

Os alfandegários de Santos
Examinaram minhas malas
Minhas roupas
Mas se esqueceram de ver
Que eu trazia no coração
Uma saudade feliz
De Paris.

Naquelas primeiras décadas do século, os brasileiros não iam torrar suas economias na Disney ou em Nova York, onde compram horríveis Mickeys Mouses e tênis "naiques". Seu alvo exclusivo de jornada era Paris. Paris, a Cidade Luz. *Urbis* estigmatizada pelos campanários medievais da Notre Dame e pelo aço dos 300 metros da moderna Torre Eiffel: marcos de fé na velha doutrina de amor ao próximo e no progresso científico que controla, consome e divide. Paris, a comunidade marcada pelos costumes abertos e cortada por amplas avenidas e espaços onde, até hoje, o olhar percorre deslumbrado a maravilhosa obra humana, como a pensar que nós, humanos, só temos a nós mesmos, e isso não é pouco.

Naquela época, gente como Araújo Porto-Alegre, Gonçalves de Magalhães, Joaquim Nabuco, Eduardo Prado, Olavo Bilac, Belmiro de Almeida, DiCavalcanti e Cícero Dias, sem esquecer Gilberto Amado e Oswald – que trocavam a vetusta, velha e esquecida Coimbra pela excitante Paris –, não se consideravam viajantes, mas peregrinos. Gente que ia a um "centro ritual" – um espaço sagrado – para se banhar e para colher os símbolos que ali estariam à espera do bom devoto. E que símbolos eram esses? Eram os sinais, as cifras, os objetos e os gestos da chamada "Civilização", que, naquele momento, escrevia-se com "C" maiúsculo porque era uma só: dominante e sobranceira, acima de todas as outras. Marco insofismável do coroamento da aposta no progresso feito pelo mundo cristão e ocidental.

Civilização que esses nossos irmãos do passado contrastavam, cada qual a seu modo, com o primitivismo e o atraso de nossa sociedade para eles perdida numa multidão de ignorâncias. Das maneiras à mesa à arte erótica; da forma civilizada de pensar o mundo e fazer política ao bom gosto para vestir-se e portar uma bengala. Que o diga o nosso Santos Dumont que, parisiense adotivo e amigo de Cartier, inaugurou o primeiro relógio de pulso e inventou uma nova moda para os chapéus masculinos a serem feitos, refeitos e desfeitos pelo vento. Gilberto Amado, por exemplo, visita Paris e no seu livro *Juventude no Rio e primeira viagem à Europa*, observa que sabia tudo da cidade e de seus vultos históricos. É claro que ele não via Paris como centro de diversão e cultura, mas como um espaço exemplar e sagrado: miolo da modernidade e do único futuro possível para o Brasil.

Hoje, sabedores de que a palavra "civilização" não é mais uma exclusividade e que existem muitas modernidades, todas mais ou menos certas e erradas, gloriosas e trágicas, alegres e tristes, andamos por essa mesma Paris com outros sentimentos.

A nossa saudade não é a do padre Antônio Vieira – uma saudade paradoxal do futuro que não iremos ver –, mas a velha e boa nostalgia das coisas e fatos do passado. Do tempo em que as cidades representavam exemplares únicos de certas coisas simples ou elaboradas, como o pão, a comida, o vinho, os prédios, as confecções e os museus com seus objetos singulares, irreproduzíveis.

E foi com esse embaralhado de sentimentos que vi Paris neste mês de maio, quando tomei parte num seminário internacional sobre futebol, uma reunião que trouxe à França os maiores especialistas em futebol do planeta e, com isso, provocou uma intensa discussão sobre o famoso esporte bretão, devidamente roubado – como já disse aos meus colegas – por nós, brasileiros.

Como não me sentir confuso em Paris quando lá estava mais para ensinar do que para aprender? Quando via que alguns progressos franceses que deslumbravam foram hoje igualados (e desencantados) pelo nosso sistema? Quando a minha maior cosmopolitização me mostrava que Paris tem muito mais de Brasil (na hierarquia, no formalismo das relações sociais, na importância dos nomes famosos, no poder simbólico do prestígio e da fama, do palavrório inútil e vazio, no gosto pelas formas e formalidades) do que supõe a nossa vã sociologia?

Fui assim, viajante, professor, namorado (estava, graças a Deus, com Celeste), e, diante da praça da Concorde, dos Invalides, do Louvre e, acima de tudo, da Notre Dame (onde rezei para meus pais, irmãos, amigos, filhos e amados netinhos), tornei-me um peregrino transmoderno. Romeiro sem máquina fotográfica e sem camisa colorida, mas com fôlego suficiente para admirar e amar aquele monumento ao espírito humano que é Paris.

TEMPOS MODERNOS

Vivo em duas sociedades, em dois países e pago um preço (positivo e negativo) por isso. A internet, o fax e a telefonia me facultam uma participação na vida do Brasil quando estou nos Estados Unidos e na vida americana quando volto à minha terra e me integro na vida brasileira.

Do lado positivo, tenho a clara sensação de que represento o futuro, pois imagino que num porvir muito próximo todos seremos membros de múltiplos sistemas sociais simultaneamente. Poderemos ter (e até mesmo eleger) comunidades mais reais e com as quais iremos nos relacionar de modo mais intenso que outras, mas todos seremos o que chamo de "mulatos culturais", cidadãos no mundo, mas no sentido preciso de que iremos viver *entre* duas ou mais sociedades, culturas e países.

A grande questão será indagar sobre a possibilidade de pertencer a dois (ou mais) países simultaneamente, pois as nações modernas são comunidades políticas que se definem por meio da soberania e do território, o que, sabemos muito bem, não são dimensões amigas da ambiguidade que vem com as múltiplas identidades e cidadanias. A ideia de lealdade nacional, embutida no conceito de patriotismo e baseada no contra ou a favor, ainda está presente entre nós, apesar de todos os discursos "pós-modernos".

O lado negativo desta dupla participação diz respeito aos amigos, aos parentes e aos filhos e netinhos que estão no Brasil e me fazem sentir brasileiro pela saudade daqueles a quem me ligo por um imenso e indestrutível amor.

Curiosamente, leio mais sobre o Brasil quando estou aqui nos Estados Unidos. A sensação nos últimos anos é de calmaria e, como expressei algumas vezes nesta coluna, de "normalidade".

Mas é preciso traduzir isso. Por normalidade não se deve entender a ausência de movimento que caracteriza somente as sociedades mortas, mas a visão segundo a qual todos os sistemas têm seus aspectos positivos e negativos. O que, por outro lado, não deve ser tomado como um convite à conivência com a concentração de renda, com o trabalho e a prostituição infantis, com a ausência de cidadania, com a falta de emprego, com a inépcia governamental, com a corrupção da polícia e com tudo o mais que se queira pôr nessa fogueira que, sabemos, é imensamente grande no caso do Brasil. Não!

Entender os aspectos negativos e positivos de um sistema é querer assumi-los com uma razão crítica, que recusa tanto a trivial cópia externa quanto o uso de um padrão externo como receita exclusiva para todas as sociedades.

Imagine um mundo no qual o Brasil fosse uma potência mundial: um ator político indispensável e uma sociedade capaz de ditar normas e manias. Idealize um universo de consumo no qual todos quisessem imitar coisas brasileiras: do Carnaval à macumba, dos trajes de banho aos estilos de resolver disputas.

Não é preciso ser um gênio para ineditamente deduzir que, nesse mundo, nós, brasileiros, teríamos uma imensa vantagem. Não seríamos certamente donos do planeta, mas teríamos uma brutal sensação de superioridade e otimismo em relação aos nossos valores e à nossa cultura. Nesse mundo, estaríamos sempre na frente, pois como inventores teríamos a vantagem de sermos imitados e de não imitar. Quem não percebe logo os erros e as falhas de um baile de Carnaval em Nova York, Londres ou Berlim?

A proposta inadiável de "liberalizar" o planeta não foi inventada por nós, ibéricos. Nem é nossa a ideia de um "espírito humano" universal e racional, capaz de pelos sentidos (ou pela razão pura) entender uma natureza governada por leis imutáveis, inteligíveis e controláveis.

Mas como seria um planeta no qual o Brasil fosse uma nação central e importante e não um país periférico e "subdesenvolvido"?

Não seria curioso imaginar a resolução de problemas mundiais com o nosso famoso "deixa estar pra ver como é que fica" como princípio político? Com isso, em vez de bombardear primeiro e depois conversar, iria ocorrer o contrário. Não é assim que procedemos? Seria impensável imaginar tal procedimento como negativo se o Brasil fosse um "grande país".

Não seria igualmente interessante receber aqui políticos, intelectuais e líderes de outros países para terem aulas de como conciliar a amizade com a lei e a casa com a rua? Nesse sentido, creio mesmo que a nossa compaixão compulsiva seria um bom remédio para esse afã de justiça a todo custo que tem varrido o mundo e que, aqui nos Estados Unidos, tem criado dramas pungentes, como o de Louise Woodward, a babá temporária que foi condenada e depois absolvida.

Pensar como seria o mundo com um Brasil que deu certo...

Eis um exercício que deveríamos *também* realizar, em vez de ficarmos nessa felicidade idiota de comentar o chamado "pacote do governo" como mais uma prova de nossa proverbial capacidade para dar errado. Afinal, estamos mesmo destinados a ser um país de segunda ou – eis a questão crucial – queremos ser um país de segunda?

DE SARTRE A PAGLIA

Estou na vida intelectual o tempo suficiente para saber que a mudança de posição política é, no caso brasileiro, uma quase exclusiva e contraditória verdade verdadeira. Enquanto os americanos continuam todos sendo liberais, utilitaristas, conservadores, pragmáticos e, sobretudo, patriotas insolentes ou cegos, nós estamos sempre dispostos a mudar de time e de herói no que diz respeito às chamadas "coisas do espírito", no que elas podem ter de político. Já fomos marxistas (ou "dialéticos", como gostam os uspianos) e weberianos. E aquilo que um colega paulista chamou com certo nojo de "sarampão estruturalista" foi a onda dos anos 1960, quando todo mundo falava de Lévi-Strauss (sempre escrito com "y") e competia entre si como um oráculo de sua obra.

Tal como ocorre com os diretores de cinema, escritores e pintores, havia aqui uma competição e uma torcida com os intelectuais estrangeiros que, lá de uma Nova York, Oxford ou Paris encantadas, escreviam os livros que gostaríamos de escrever, na língua que gostaríamos que fosse a nossa, levando a vida pessoal que todos gostaríamos de ter: entre os cafés e os teatros, no meio das livrarias e bibliotecas – de quando em vez realizando uma incursão elegante pela selva do poder ou no bosque florido das artistas de cinema. Sobretudo as mais ousadas: as que liam e curtiam a "nossa filosofia"...

Assim, no século XIX tivemos os racistas que foram destronados pelos comtianos-positivistas, que foram desalojados pelos hegelianos, que foram substituídos pelos marxistas-materialistas, que foram desabrigados pelos dialetas sartrianos e pelos leninistas, que foram apagados pelos estruturalistas que foram corrigidos pelos lacanianos, que foram...

Deixo para o leitor ou leitora versados em modismos livrescos os nomes das últimas filosofias de vida, de bar ou de alcova.

Mas é possível que hoje as coisas estejam mais complicadas. Sem o muro de Berlim e com a transformação do *American way of life* na única vertente possível do "devir", como se falava, sob o eufemismo maravilhoso e cretino de "globalização", um Francis Fukuyama tem a mesma chance de glória de um Michel Mafessoli e de um Pierre Bourdieu.

Sem Deus e sem Diabo, sem esquerda e sem direita, sem masculino e sem feminino, ficamos perdidos numa floresta de teorias e de nomes. Hoje, toda a novidade reside em falar de como fazer ou como dizer; ou seja: fala-se mais das pontes e dos meios do que dos fins, como se fazia no passado. Realmente, a um mundo mais ordenado, correspondiam teorias mais amplas e, consequentemente, intelectuais que difundiam teorias gerais mais bem estruturadas. Hoje, diante de um universo camuflado pelo metralhar retalhante de fatos banais apresentados como novidade, pode surgir a todo instante, como intuiu Andy Warhol, um novo herói. Para nós, brasileiros, tudo o que pedimos é que seja estrangeiro. Tão estrangeiro quanto o vesgo Jean-Paul Sartre ou essa pequena e parlapatona Camille Paglia que ora nos visita.

Quando Sartre veio ao Brasil no início dos anos 1960, ele foi saudado como um dos homens mais inteligentes do mundo. Naquela ocasião, um Nelson Rodrigues irreverente furou o cordão da sicofantia nacional, mitificando um encontro de Sartre com intelectuais brasileiros, na casa de uma grã-fina de esquerda, no qual o intelectual francês perguntava a um grupo de admiradores embatucados com sua contundência e falta de tato: "Onde estão os negros? Onde estão os negros?"

Ora, os negros, como os pobres, deveria saber esse Sartre inteligente, estavam em sua volta: puxando o saco, servindo à mesa, lambendo as botas dos poderosos, fazendo a comida e renovando as doses de uísque.

Trinta anos depois de Sartre, vou a uma recepção em homenagem a Camille Paglia. A fascinação é a mesma: Sartre frequentava os salões formalmente monogâmicos do Rio de então com sua "amante" Simone (um nome que, até se botar os olhos na pessoa, dava tesão), os dois desembaraçados e sem nenhum sentimento de culpa ou ar de inferioridade social pelos varandões dos apartamentos de luxo do que era chamado na época de "café-soçaite". Agora, uma muito loura e flamejante Camille está na festa com sua namorada morena, igualmente jovem e bonita. De novo, há o fascínio pelas pessoas que representam a vida nas fronteiras que vêm daquele mágico "lá fora" que tanto idealizamos e prezamos.

Mas numa festa que junta uma ex-ministra da Fazenda de um governo de ladrões com um humorista de ancião, que congrega um antropólogo que escreve sobre o Brasil, mas vive nos Estados Unidos, que junta como elite brasileira gente mais cosmopolita que as próprias homenageadas, só faltava mesmo essa Camille que escreve sobre os papéis sexuais perguntar: "Onde estão os veados? Onde estão os veados?"

ESTRANHAMENTOS: VISÃO DE UM MUNDO PERSONALIZADO

Cheguei no sábado a Notre Dame e, já no avião, começava a entrar naquele processo de "estranhamento" que me acomete quando venho ao Brasil ou, ao reverso, quando volto aos Estados Unidos.

O estranhamento é aquela visada incomodamente criativa que faz surgir o novo no velho e o exótico no familiar. Que desvenda a burrice na inteligência e o ritual na rotina. Trata-se daquele olhar com o qual se descobre, um dia, que o filho cresceu, que estamos velhos, que o aluno ficou mais brilhante que o mestre, ninguém sabe mais quem foi Lévi-Strauss, Cole Porter, Thomas Mann, Balzac, Machado ou Hemingway.

Lendo duas revistas semanais brasileiras de alto prestígio e igual tiragem, fiquei impressionado com o fato de quase tudo, no Brasil, estar centrado em pessoas e não em assuntos. Entre nós, as pessoas englobam os assuntos, os temas e as questões. Se a *Time* e a *Newsweek* falam de doença, os médicos e pacientes servem para ilustrá-las; no Brasil, um paciente e um médico são o foco da matéria como respectivamente "o maior doente" e "o maior médico do Brasil". O mundo descobriu o comércio pela internet. No Brasil, centramos a discussão no Billinho – o nosso internauta mais malandro. Estamos na era liberal, mas quem comanda o espetáculo não são as normas, mas as pessoas que as redefinem, refazem e burlam. Comemoram-se os 500 anos de Descoberta do Brasil, mas fala-se menos do país e mais de quem é contra ou a favor do aniversário, sobretudo – é claro – dos que são contra.

Nosso gosto não se centra no arrazoado da matéria ou na exposição de sua história e organização, mas em quem a *personaliza*, em quem melhor a *encarna*. O que é mais do que perfeito para a *Playboy*, pelo menos na sua gloriosa e obsoleta versão original, quando assombrou o mundo revelando uma sexualidade corporificada e concreta, é justamente o que o meu "estranhamento" mostra ser moeda corrente no Brasil. Aqui, tudo tende a transformar-se numa gigantesca foto ou coluna social, de onde pessoas selecionadas falam de suas preferências e dão suas opiniões.

Em consequência deste estilo, opinar sobre isso ou aquilo é necessariamente ser contra ou a favor de alguém e não do assunto em pauta. Outra decorrência é que os assuntos têm donos e patrões. O divórcio pertence a X, os meninos de rua a Y, os direitos humanos a Z. Outra implicação desta gravitação em torno de pessoas é a atribuição de responsabilidade a pessoas. Já sabemos que o culpado pelos conflitos de terra, pela má distribuição de renda, pela incompetência do Congresso, pela criminalidade e pela violência urbana é o governo e, no governo, o presidente, no caso, FHC! O presidente lido não como um *primus inter pares* – um igual que ocupa temporariamente a posição de representante do povo –, mas como um patrão, um sujeito que "tudo pode".

Daí a confusão vigente entre "Estado" e "governo". E o nosso uso da ideia de "governo" como o lado pessoal do "Estado": aquela dimensão na qual predominam não as leis e a impessoalidade, mas as pessoas, as relações, o jeitinho e os favores. Se o "Estado" nega, o governo (que se define adjetivamente, como sendo de Fulano ou Sicrano) diz o oposto.

Dir-se-ia que estou exagerando e que todas as sociedades são assim. Não nego a força do argumento, mas afirmo que, no Brasil, as pessoas são um valor social e, como tal, servem de veículos para modelar problemas e para exemplificar posições. Somos bíblicos no sentido de que gostamos das parábolas e dos contos morais. Ou eu ando lendo mal os nossos *pundits* e cronistas tão infelizes pela ausência daquilo que os pós-modernos chamam de "grandes narrativas"?

Com todo esse "caldo de cultura" a ser destilado e compreendido, não é à toa que temos dificuldade em viver numa sociedade cada vez mais ordenada pelo liberalismo e pelo mercado. Daí, essa notável nostalgia de autoritarismo e de ditadura que tanto alegra certos corações, saudosos dos "não pode" e dos "teje preso".

VIAJANDO DE AUTOMÓVEIS, TRENS, AVIÕES E NAVIOS

"Peguei um Ita no Norte e vim pro Rio morar/ Adeus, meu pai, minha mãe/ Adeus Belém do Pará." A velha balada de Dorival Caymmi era sempre tocada ao piano e cantada por mamãe num transe de admiração e melancolia. Como tantas outras pessoas, meus avôs, pais e tios vieram de uma Manaus marcada pelo *boom* milionário da borracha para um Rio de Janeiro e uma Niterói que lhes oferecia melhores oportunidades de vida.

Essas viagens foram todas feita por mar. Mar que liquidifica fronteiras e torna impossível os muros, criando fluidez, balanço, mistura e continuidade. "É doce morrer no mar/ nas águas verdes do mar", diz novamente Caymmi com a consciência de que o oceano não pode ser loteado como a terra que muda de dono, daí a doçura de morrer no mar imenso e profundo dos pescadores.

Tudo pode ter "dono" e "patrão", mas a quem pertence o Atlântico e o Pacífico? Quem, ademais, controla as ondas dos oceanos, bem como sua cor, seus peixes, seus ventos e suas espumas? Não foi por acidente que Quincas Berro D'Água, herói modelar de Jorge Amado, escolheu morrer no mar: esse cemitério "doce" porque não tem muros, lápides – distinções.

Eu mesmo fui viajante de navio e, aos três ou quatro anos de idade, contava precocemente histórias para passageiros embevecidos com minha imaginação. Lembro-me ainda dos olhares de admiração (o que certamente me levou à carreira do magistério), bem como dos prêmios recebidos na forma de saborosas barras de chocolate.

Quando fiz meu cruzeiro conjugal, não pude deixar de refletir sobre o navio como um meio de transporte especial, virtualmente esquecido por uma população fascinada com as viagens, mas sem tempo para viajar.

"Andamos", como se diz, de carro, ônibus e avião. Aprendemos com os americanos a correr e a medir a eficiência pela velocidade. Os navios não fazem mais parte de nossas vidas. E, no entanto, são eles que dão concretude à ideia de viagem.

Primeiro pela imponência. O navio é um hotel flutuante capaz de oferecer privacidade e aconchego. O espaço pessoal inexiste nos transportes terrestres, exceto nos trens, e que, na viagem aérea, é aviltado porque nos aeroplanos se é obrigado a uma agressiva convivência física com estranhos. Até hoje eu não me conformo com a ideia de dormir (um ato de enorme intimidade e que, entre outras coisas, nos leva a roncar e babar) ao lado de uma pessoa desconhecida. Nos navios, porém, o camarote permite o retorno da velha divisão entre a casa e a rua, entre o íntimo e o coletivo.

Vejam a diferença: o avião arranca do solo e, em segundos, nos faz perder a noção de tempo e espaço. Não há paisagem na viagem aérea. Como acontece com os automóveis, a velocidade é tudo. Viaja-se contra o relógio, o combustível e os outros. Nos navios, ao contrário, as saídas e chegadas são verdadeiros rituais. É belo viver a saída de um navio: o desatracar lento dos cabos, o trabalho dos rebocadores manobrando o enorme casco, o lento, silencioso e gradual deslizar do porto, onde os acenos dos que ficam e os apitos cadenciados da nave dramatizam ainda mais o sentimento de separação, de distância e de saudade.

Atento às manobras do meu navio, emocionei-me pensando naqueles que, por mar, deixaram sua terra de origem, onde eram "gente" e "pessoa", para começar outra vida em lugares onde não eram ninguém. A visão da terra desaparecendo lentamente produz uma incrível sensação de distância e de finitude que o avião disfarça inteiramente. Num navio, no doce e previsível balanço do mar, a viagem ganha proporções humanas.

Ademais, a jornada marítima tem seu próprio plano e realidade. O navio tem etiqueta e rituais que demandam comportamentos e produzem intensa convivência social. Começando com as refeições, marcadas pela mais pura sociabilidade. Dentro de um navio, entende-se melhor o romance inesquecível – Gary Grant e Deborah Kerr se apaixonando sob a maviosa voz de um Nat King Cole cantando "An Affair to Remember" – do mesmo modo que os trens são melhores estruturas para as tramas de espionagem e os assassinatos. Um trem corre produzindo um ruído destacável, ritmado, rápido, que lembra dinamismo e transitoriedade. O avião trafega produzindo um ronco infindável cujas nuances são medidas implacavelmente por nosso inconsciente. Já um navio engendra marolas e ondas: o ruído do mar no seu pesado casco mistura-se gentilmente ao ronronar de suas máquinas, que as gentilezas do pessoal de bordo, camareiros, garçons, animadores e oficiais, disfarçam. O navio é, ele mesmo, um lugar: uma pequena cidade ou vila. O que faz com que o trajeto, morto no carro e assassinado no avião, ganhe vida e graça.

Talvez esteja nesse reencantamento do trajeto e da viagem em si a graça das viagens de navio. Por isso são tão dispendiosas. Não apenas em termos de dinheiro, mas sobretudo em função de disponibilidades que nossas vidas modernas, marcadas pela pressa e pela liberdade, não podem mais dispensar.

ROTINAS

Seria muita burrice querer convencer o leitor de que vivo duas rotinas simultaneamente: uma no Brasil e outra nos Estados Unidos.

É claro que isso é "impossível", pois possuindo um só corpo, o meu "aqui e agora", como diziam os fenomenologistas, se reduz ao espaço onde está o meu corpo, prendendo-me irremediavelmente a esta minha vida diária de Notre Dame. Aos meus livros, estudos, aulas e conversas com colegas e alunos.

Mas se meu corpo está assim confinado, por onde passeia o meu espírito, a minha imaginação, a minha mente, que, sabemos todos, detêm uma liberdade alarmante e, às vezes, aterradora? Liberdade que sempre contraria brutalmente o corpo, negando sua finitude, suas mazelas, sua geografia e sua localização?

Meu espírito está com vocês aí no Brasil. Num Brasil que a distância me faculta ver como um todo. Daqui não pertenço a nenhum lugar: a distância dissolve os eventuais e habituais regionalismos e bairrismos. Mas a lonjura me torna um brasileiro integral. A internet, ponta de lança da globalização, faculta-me essa perspectiva totalizada do nosso país, ao lado, é óbvio, do fato de ter no Brasil meus parentes e amigos. Pessoas que, devido ao ciclo da minha existência, são hoje constituídas pelos meus descendentes: meus filhos e os filhos dos meus filhos, os meus amados netinhos. Pois são eles, mais do que meus ascendentes e meus contemporâneos, que sustentam um substancial pedaço da minha "identidade individual".

A velha dualidade cartesiana entre o corpo e o espírito produz, assim, um cotidiano curioso. Na universidade, meu primeiro gesto é acessar notícias do Brasil. Primeiramente "abro" o site do *Jornal da Tarde* ou d'*O Estado*, em seguida "navego" eletronicamente pelos jornais e revistas. Imprimo tudo que me chama a atenção e leio detidamente as novidades do dia. A internet não me traz nenhum sentimento de poder, mas me dá uma incrível sensação de pertencimento e de continuidade. Pela faculdade de acompanhar diariamente o que ocorre no Brasil. Deste modo, sei que estou fora, mas sinto-me sintonizado com o lado de dentro do país.

Isso vai até que a neve me lembra que estou no Norte e no frio. Que vivo um cotidiano de saudade: saudade da inocência dos meus netinhos; saudade dos seus gestos que são todos uma primeira vez, dentro do fascinante figurino dos que estão entrando neste mundo; saudade dos meus filhos; da minha casa e até mesmo do infernal barulho que tipifica a vida nacional.

Pois no Brasil há um enorme barulho que opera como sinônimo de uma autopercepção antiga e recorrente que temos de nós mesmos, segundo a qual somos, na raiz, um povo incompetente, malformado, "bagunceiro", neurastênico, confuso, mas, em compensação, alegre e barulhento.

Hoje, porém, ao ler as notícias, encontro um raro paralelo entre esse Norte rico e silencioso, onde habito com o meu corpo, e esse Brasil brasileiro monitorado por minha imaginação, Brasil que insistimos em ler como fundamentalmente ruim.

É que descubro como a chuva tem acentuado a visão de caos que associamos às grandes cidades brasileiras, tanto quanto a tal neve – que, para muitos de nós, caracteriza o civilizado, o desenvolvido e a elegância (nossos ricaços adoram o frio e o gelo!) – tem igualmente perturbado um cotidiano americano que todos tendem a ler como ordenado e tranquilo.

Neve e chuva em proporções catastróficas unem a adiantada costa Leste americana a uma São Paulo igualmente dinâmica, engendrando desastres, mas promovendo atribuições de responsabilidades bem diferentes. Pois nos Estados Unidos culpam-se os computadores por sua incapacidade de previsão, com os meteorologistas manifestando sua impaciência diante da finitude e impotência humanas.

No Brasil, por contraste, vejo que continuamos a juntar acidente e catástrofe à mãe natureza e, nas entrelinhas, ao "governo". A "esse governo" que relutamos em dimensionar como tendo vários tamanhos. Pois esquecidos da velha lição de Gulliver, continuamos a atribuir ao governo poderes que ele não tem – entre eles, esse de controlar o clima e a chuva.

ENTRE ROTINAS E RITUAIS

Veja o leitor o quanto sofre um patrício longe do Brasil. Na véspera de uma eleição emocionante, que desperta paixões e bate-boca, eu não tenho como escapar das minhas rotinas americanas.

Leio as últimas notícias do Brasil, acompanho os derradeiros debates, falo com meus filhos e amigos pelo telefone, tenho a nítida ideia do clima brasileiro e, no entanto, aqui em Notre Dame, as pessoas estão tão alheias à nossa realidade quanto uma toalha furada.

O peso das rotinas me obriga a esquecer o rito eleitoral no seu curso derradeiro. Mas a força da transição política me leva de volta, pelo poder da imaginação, ao Brasil. Entre as rotinas paquidérmicas das quais não posso escapar e a leveza de chumbo do clima eleitoral brasileiro, onde todo mundo tenta convencer todo mundo a não escolher, discutindo e anunciando as virtudes e a necessidade inquestionável de Lula, alçado à posição de candidato acima de debate – aquele que será remédio, instrumento, receita ou solução para o Brasil –, eu permaneço serenamente dividido.

Curioso percorrer essas salas de aula onde se discute tudo, menos a realidade eleitoral brasileira. Interessante também viver a experiência de caminhar entre pessoas que não estão pensando nesse Brasil que para mim é tudo, e que o rito eleitoral engrandece e traz à tona como algo visível e concreto. Perturbadora, sem dúvida, essa constatação de que cada sociedade vive fechada nos seus problemas e preocupações, pois em nenhuma as rotinas que dão plausibilidade às suas "realidades" podem ser deixadas de lado.

Essas coisas, como comer, dormir, beber, trabalhar, que nos sujeitam a um só corpo inescapavelmente situado num dado espaço e num certo tempo, mas – e esta é a questão – também a uma mente disposta a nos levar a qualquer época e lugar.

Nossas sociedades nos fazem viver apenas uma vida, mas nascemos com a predisposição para ser qualquer pessoa em qualquer lugar. A prisão pátria que nos amarra a um só lugar, língua, paisagem, pessoas, casa, documentos e moeda nos torna, entretanto, verdadeiramente humanos. Piratas ancorados, somos gente porque pertencemos irremediavelmente a um só lugar. Até a doença e o sofrimento, bem como a compaixão, a alegria e o amor, parecem ter uma cara social, variando de grupo para grupo. Não fosse assim, como explicar a saudade?

Falastrão inveterado, tento convencer meus colegas de corredor da importância da eleição brasileira. Da continuidade democrática que o voto universal e igualitário simboliza, pois não é fácil realizar essa coleta de opiniões individuais num país do tamanho do Brasil de modo transparente, limpo e honesto. Tendo vivido um processo eleitoral no mínimo complicado, meus colegas americanos me ouvem com simpatia e mudam de assunto. As rotinas locais nos levam de volta ao "mundo real".

Mas para quem vive numa realidade dividida, como eu, a mudança de assunto é apenas um pretexto para fechar a porta do escritório e voltar, sem viagem, ao Brasil. De fato, se para eles o Brasil é uma cidade, um restaurante, uma paisagem, um mapa colorido ou um tema de tese ou pesquisa, para mim o Brasil é tudo. É o lugar onde aprendi a ser gente, é o contexto onde ganhei sangue, corpo, alma e coração. É a terra sem a qual eu flutuaria num espaço sem norte, prumo, raiz ou direção, como as poeirinhas que a réstia de luz da janela eventualmente deixa ver.

Como, então, explicar essa eleição tão esplendidamente democrática que juntou, como bem disse o candidato José Serra, mais postulantes de origem humilde do que ricos? Que agregou, como prova de nivelamento social, pelo menos três presidenciáveis que viveram mais carências do que fartura e abundância? Que souberam o que era ser "ninguém" antes de se tornarem "alguém"?

Impossibilitado de ir além do que as rotinas permitem, falo com quem posso do meu orgulho de viver um processo eleitoral que – graças ao governo Fernando Henrique Cardoso – inaugura uma nova era para o Brasil. Um século XXI que será da igualdade e do nivelamento social que, estou certo, iremos alcançar.

    Caminho então por essas belas alamedas fincando os pés em terra americana, mas com a cabeça no Brasil. Nesse Brasil dos meus filhos e netos, Brasil que me viu chegar e que – se Deus quiser – vai estar maior e melhor quando eu partir.

CICATRIZES

Antes das identidades feitas de plástico e papel que dizem quem somos e nos habilitam a fazer isso ou aquilo terem sido formalmente estampadas em certidões, carteiras e cartões, as pessoas eram conhecidas por cicatrizes.

Descobrir, reconhecer, habilitar ou identificar uma pessoa tinha a ver com sinais, marcas e memórias que necessariamente ligavam alguém a um grupo e às pessoas significativas daquele grupo: seus pais, irmãos, cônjuges, parentes, amigos, mentores, autoridades...

A prova da identidade – se você é mesmo Maria ou José, Isabel ou Francisco – não era feita por uma carteirinha de plástico, mas pela mostra de um cacoete, gesto, queimadura, sinal de nascença e pelo compartilhar de recordações que testemunham a sua presença nos mesmos eventos lembrados pelos outros.

Os controles burocráticos, por meio de carteiras e papéis, inibem essa outra forma vigente de "prova" da pessoa. Um testemunho que dispensa os registros externos, situados fora do corpo e às vezes da vida do sujeito, para apelar para os sinais internos: as cicatrizes de todo tipo e profundidade que inevitavelmente marcam todos nós.

Um dos maiores episódios históricos dessa forma de identificação, com todos os seus dramas e problemas, foi o caso de um certo Martin Guerre, devidamente ressuscitado pela historiadora americana Natalie Davis. A história de Martin Guerre é intrigante para nós, modernos, porque fala do processo de estabelecimento da identidade de um rico camponês que, em 1540, no Languedoc, França, deixa sua aldeia, retornando décadas depois só para, após algum tempo de convivência rotineira, ser acusado por sua esposa de ser um impostor. Para nós, trata-se de um drama impossível, mas numa época sem fotografias, com poucos retratos, sem gravadores de áudio e de vídeos, impressões digitais, carteiras de identidade, cartões de crédito, exames de DNA e com arquivos paroquiais falhos ou inexistentes, era impossível estabelecer cabalmente a identidade de uma pessoa.

O grande episódio do estabelecimento de identidade por meio de uma marca corporal ou cicatriz, estigma que remetia a um trauma social compartilhado pelo grupo, ocorreu com Nosso Senhor Jesus Cristo quando de sua aparição milagrosa para os apóstolos, três dias após sua morte. Ao ouvir a história, Tomé duvida, e Cristo revela as cicatrizes do seu suplício como prova final e cabal de sua identidade e do milagre de sua ressurreição.

As cicatrizes exprimem essas identidades e identificações profundas que eventualmente marcam nossos corpos, mas que sempre sulcam nossas almas.

Falando do assunto com um amigo, ele diz que não tem nada no corpo, que é absolutamente limpo de sinais e marcas. Diferentemente dos heróis, dos revolucionários, dos correspondentes de guerra e dos feridos na linha de fogo do dever ou da virtude, ele não tinha marcas. Nenhum evento de sua vida havia deixado marcas no seu corpo.

"Sou um homem sem marcas", disse-me ele com um sorriso tímido, para acrescentar:

"Mas se o corpo não tem manchas, a memória que faz a alma e a cabeça estão repletas de sinais, estigmas, feridas, marcas e cicatrizes de toda ordem. O corpo, à exceção do tempo, tem uma certa virgindade, mas a alma guarda as rugas das inúmeras vezes que fui torturado e crucificado. Feridas mil. Marcas variadas. Algumas encascalhadas pelo tempo, a maioria aberta e viva: quem disse que a alma não sangra?

"Quem não ficou com a cicatriz do presente de aniversário que não recebeu, do elogio negado, do ódio crítico rosnador e irracional, do carinho negado e da palavra de conforto que jamais chegou? Do convite desdenhado e da brincadeira grosseira? Do beijo e do corpo envelopados num 'por favor, hoje não'? Quem não guarda o corte fundo e sangrento da perda dos entes queridos que se foram sem dizer adeus e de ver esquecido o próprio nome? Ou as cicatrizes que chegam com o trabalho e, sobretudo, as feridas inesperadas, abertas pelo sucesso e pelo reconhecimento? Ou da dor por ter tomado posição a favor disto ou daquilo (logo, contra isso ou aquilo)? Quem não foi ferido pela intriga e cortado pela maldade, pela indiferença e pela loucura?"

Essas, dizia meu amigo, são as identidades antigas. As cicatrizes que não ficam no corpo, mas na alma.

IMAGEM FERIDA: OU COMO É DURO SER BRASILEIRO

Quando é que viramos "brasileiros"? Ora, a gente se transforma em "nacional" em algum "exterior", naquele espaço misterioso do estrangeiro, quando somos necessariamente governados por convenções, falares, leis e hábitos que estão longe das nossas rotinas e, às vezes, no limite de nosso entendimento.

As identidades se destacam pelos contrastes, surgem em relação a algo, e a de "brasileiro" só pode surgir nitidamente quando estamos naquela ambígua situação de "peixe fora d'água", aqui e ali, tirando desse estado especial todas as suas vantagens e desvantagens.

Normalmente, o estrangeiro tem dois olhos. O olho normal, que compartilha com os locais: seguindo as normas, usando a moeda, fazendo-se compreender pelo idioma da terra onde está hospedado. E um segundo olho, que o remete a outra vida. Àquela existência ligada ao país de origem que permite a todo alienígena realizar uma leitura diversa dos fatos que o circundam na sociedade onde reside.

Como todo estrangeiro, normalmente eu vejo essa generosa e potente América do Norte com olhos críticos. Quando meus amigos locais seguem à risca as leis e os regulamentos, eu dou um sorriso malandro, interno e invisível, e penso como "brasileiro": lá vão eles naquela canoa furada de seguir as leis e de prestigiar as instituições quando eu sei que as pessoas também são básicas. Não é cinismo. É que me criei no Brasil e, por causa disso, experimento as leis de modo diverso. No meu país, conforme sabemos, há os Collors: os que estão acima das leis. Ademais, entra e sai governo e as leis continuam pegando ou não... Assim, como segui-las, senão num sentido superficial e convencional, o que é incompreensível para o americano médio com quem, em geral, se convive?

Mas, na semana passada, a coisa ficou feia para mim. É que enquanto fazia minha corridinha numa belíssima máquina no ginásio da universidade, a televisão mostrou, com aquela sua sem-cerimônia habitual, as cenas de brutalidade cometidas pelas polícias militares de São Paulo e do Rio. Imediatamente, todos os meus colegas olharam para mim. Um deles questionou: "E agora, Roberto?", como quem diz: "Que merda de país é esse Brasil que produz cenas desta natureza?"

Naquele momento, senti aquilo que todos os brasileiros no exterior devem ter sentido: uma mistura de raiva e de enorme e pesadíssima vergonha. Se era bom ser brasileiro para criticar a ingenuidade política e a honestidade quase caipira dos americanos, como sempre gosto de fazer, agora ser brasileiro era no mínimo vergonhoso.

E o pior é que todo mundo pergunta sobre o Brasil. Assim, chovem as perguntas clássicas: o que o governo está fazendo para acabar com isso? Quais as providências dos governantes? O que o novo, simpático e culto presidente do país está realizando? É como se as novas imagens, que tocam numa instituição tão fundamental do mundo moderno – a polícia –, revelassem que tudo o que se viu e falou do Brasil nos últimos anos é um engodo e que lá tudo continua sendo revestido do velho cinismo das ditaduras. De fato, se um país que se diz democrático ainda não entendeu o papel das suas polícias, o que dizer e pensar?

Como brasileiro, eu me acalmo e falo do país. Sou obrigado a distinguir sua sociedade do seu governo. Revelo que um governo bom não corrige em meses os desvios sociais de séculos. Indico que a polícia brasileira é dividida, e que o presidente já decretou que tortura é crime e criou uma secretaria de Estado para examinar a situação das polícias militares.

Mas o fato concreto é que nada disso é bastante para compensar o impacto das imagens que, sabemos bem, falam mais alto do que milhares de palavras.

Faço, então, um apelo. Meu caro presidente, como estudiosos da sociedade nós sabemos que notícias de impacto só podem ser desfeitas com outras notícias de impacto. A imagem suja da polícia tem que ser contraposta – queiram os áulicos, os cautelosos, os políticos amigos, os diplomatas, os financistas ou não – com imagens do mesmo teor. Sob o risco de se passar a impressão de que o novo governo carece de força política e, o que é bem pior, de vontade de mudar de fato a cena social brasileira.

De que vale ser um presidente com novas ideias se a prática presidencial continua atrelada aos velhos cerimoniais que vêm do Império e dos governos militares? Se o presidente continua preso na sua própria pompa e circunstância, como determina a antiga etiqueta? Se para governar é preciso todo tipo de pactos com os setores mais reacionários do universo político nacional?

Tudo muda e tudo continua a mesma coisa? Ou é possível mudar de estilo e começar a criar impactos tão fortes quanto o dessas pavorosas imagens que eu vi aqui nestes Estados Unidos, debaixo de imensa vergonha e diante da surpresa e da repulsa de todos os meus amigos?

NOTAS DE UMA VISITA NÃO ANUNCIADA

Um projeto de pesquisa sobre o trânsito e posturas igualitárias conduziu-me a uma breve visita a Notre Dame, onde passei uma semana com amigos e colegas, tirando uns dias para pensar no trabalho – viva o ócio, que ninguém é de ferro –, descansar e, entrementes, ver as novidades. Entre elas a de atravessar uma avenida movimentada certo de que ninguém vai nos atropelar.

Hoje em dia não há quem não sinta uma mistura de mal-estar e insulto diante dos "ritos de fronteira" americanos. Se antes da barbárie de 11 de setembro dava até gosto, apesar da chateação, essa chegada num país onde tudo estava no seu lugar e, nos aeroportos, se experimentava um zelo distante e sério, mas cordial e no limite frio ou neutro por parte das autoridades, agora o que se vive é uma iludível indelicadeza institucional com uma mensagem clara: quem chega do exterior (seja nativo ou estrangeiro) está sujeito a um rito de humilhação. Como se, eis a contradição, a sociedade mais móvel do planeta estivesse de certa forma penalizando quem usa a sua prerrogativa de ir e vir.

Não vou discutir se isso é certo ou errado. Se a tragédia das Torres Gêmeas tivesse ocorrido – Deus nos livre! – na França, na Suíça, na Inglaterra ou na Rússia, a reação poderia ser bem pior. Difícil reagir a um ato tão agressivo e inesperado, tão irracional quanto sectário, sem deixar-se englobar (e isso é uma das dimensões mais trágicas do terrorismo) pelas mesmas dimensões, sem confundir-se um pouco (ou muito) com o inimigo demonizado. Quase impossível não devolver a política terrorista do olho por olho e assumir que os fins justificam os meios (mãe das imoralidades públicas) diante da morte de cidadãos inocentes, confundidos com políticas de Estado marcadas por um militarista marcante.

Sem pretender negar a complexidade dos motivos, não posso deixar de registrar que todas as grandes tragédias políticas começam com medidas antidemocráticas que, por motivos "justos", acabam se transformando em rotinas e estilos de vida. O fato é que a humilhação era tanta e tamanho o nosso desconforto que um oficial negro da segurança que nos atendia gritou para o grupo com sarcasmo: "Bem-vindos aos Estados Unidos!" Se um de nós tivesse feito tal comentário, haveria na certa uma boa confusão...

Felizmente o reencontro com Notre Dame, com suas procissões de jovens indo de uma sala de aula para outra, as visitas aos colegas, o encontro sempre amoroso com os nossos amigos e hospedeiros, Sandra e Paulo César Teixeira, lavou nossas almas das imposições oficiais.

Notre Dame prosperou, a sociedade americana revelou-se mais otimista e o futebol universitário, mostrado com honras e pompas na televisão, compensou a frustração do nosso empate de última hora com o Uruguai nesta fase seriíssima para a estima nacional de classificação para a Copa do Mundo.

Vi, com os olhos lavados pela distância de quem não tem time, como o complexo universitário americano possui muitas dimensões, inclusive a esportiva, que mobiliza e promove uma multidão de torcedores, marcas, instituições, desejos e dólares. A universidade não é só o local de estudo e preparo profissional. É também uma instituição múltipla, que forma estilos de vida e compete com a casa e a família em todos os níveis. Ela prevê educação, treinamento e também hábitos igualitários, criando novos elos e soldando outras lealdades que as de carne e sangue. Em Notre Dame, meus alunos confirmam as regras da fila, das expectativas de que todos são iguais perante as normas da instituição e que pertencer a uma sociedade como adulto começa pelo exercício de cidadania. Ou seja: no direito (e dever) de reclamar o seu lugar na sociedade e de lutar por causas e pessoas sem privilégios. Isso ocorre pelo encontro com a espiritualidade pela religião, na descoberta da política como força criadora e na abertura para o entusiasmo contagiante de pertencer através do esporte. No caso, por um tipo de futebol que paradoxalmente para nós, brasileiros, é jogado com as mãos.

Afora isso, o que vi e mais uma vez vivi com toda a intensidade foram as contradições da volta que lembram como o pertencer é uma das importantes dimensões da nossa vida. Sair de uma cidade, região e país. Deixar de comer aquelas comidas. Usar outra língua que se torna familiar, mas jamais chega a ser íntima e capaz de confundir-se com o nosso coração e intelecto. Abandonar os elos de família e sentir, ao longe, a perda de certos entes queridos é o preço da viagem.

Já o do retorno é o reencontro amoroso com os amigos que, por força do trabalho dos sentimentos, revelaram que todo ser humano é simultaneamente destinado ao local e ao universal, é uma bênção. É certo que só nascemos num lugar e só temos uma família, mas – como provam as grandes amizades – é igualmente certo que todos os homens podem ser nossos irmãos e irmãs, pela força do amparo mútuo, pela fraternidade dos ideais religiosos e políticos, pela troca generosa (que dispensa a reciprocidade imediata) de favores. E, deixe-me dizer, para homenagear nossos amigos Sandra e Paulo César, pelo amor à nobre hospitalidade que é uma das marcas desse nosso querido Brasil.

A REALIDADE DO "LÁ FORA"

No Brasil, convencionou-se chamar o exterior – atrasado, pobre ou "adiantado", primeiro-mundista e elegante – como "lá fora".

Temos, portanto, o "aqui dentro" e o "lá fora" como um contraste decisivo do nosso elaborado universo espacial. Que realidades, fantasias e percepções são designadas por cada uma dessas categorias?

Como que a trair o sentimento de inferioridade de uma menosvalia nacional que há séculos nos devora e arruína, o "lá fora" é o local onde tudo de bom acontece e aonde se vai para aprender e civilizar-se, ao passo que o "aqui dentro" é o centro desinteressante de rotinas e práticas primitivas, atrasadas ou, como se dizia no meu tempo de estudante universitário, "subdesenvolvidas".

Uma densa, atuante e ainda não estudada imaginação colonizada percebe e impõe uma percepção verticalizada do mundo. Há um suposto "centro" de civilização e superioridade e uma periferia que "desce" desse centro e termina no local onde estamos. O ideal, nessa hierarquia de espaços, seria sempre viver "lá fora" (e, por implicação ideológica, lá em cima) – em Paris, Londres, Nova York e, dependendo da pessoa, Roma ou Berlim –, mas infelizmente somos obrigados a estar neste Brasil amarga e injustamente percebido como bárbaro, desordenado, pobre e, no limite – haja ingratidão! –, desmerecedor de nossas vidas.

Oscilamos entre patriotadas e saudades lancinantes de Paris, de Londres ou de Nova York, mesmo quando não colocamos nossos pés em suas calçadas e sentamos nossas bundas em suas cadeiras. Dizia-se que Olavo Bilac, após uma temporada em Paris, passou a sofrer de "parisine" em pleno Rio de Janeiro, que, naquela época, suas elites haviam condenado ao inferno pela mistura de raças, pela bisonha dieta alimentar e por um clima tropical tão insuportável que "bichava o cérebro", impedindo de pensar e produzir intelectualmente.

O "lá fora" tem sido imaginado como frio. A brancura da neve servindo como uma metáfora inconsciente, oposta a uma negritude, morenidade ou mulatice que até hoje é percebida como um sinal de calor – esse sintoma maior de descontrole e de impureza –, pois nele tudo vergonhosamente se funde e confunde.

Como muitos intelectuais de minha geração, dedilhei essa partitura cultural. Mas como minha formação antropológica sempre colocou em xeque essas dicotomias que determinavam progresso para um lado e atraso para o outro, aprendi a desconfiar dessas imagens desde minha primeira experiência no exterior, quando, em 1963, tornei-me aluno da famosa Harvard. Não que tivesse recusado as diferenças de estilo de vida, pois sempre me impressionou o igualitarismo individualista americano.

Não se pode tapar o sol do avanço com nenhuma peneira, mas isso não significa reduzir o "aqui dentro" como um espaço marcado somente pelo negativo. De fato, estudando em Harvard em plena ditadura militar, impressionou-me a serena liberdade de crítica corrente entre alunos e professores, bem como aquela busca de originalidade a todo custo que tão bem caracteriza o individualismo americano, fato paradoxal porque numa sociedade de gênios criam-se igualmente modismos e padrões que bitolam a vida do espírito, como, aliás, acentuou Tocqueville no seu clássico e imbatível estudo *A democracia na América*.

Por tudo isso, o que para mim melhor tipifica a oposição "lá fora" e "aqui dentro" não é a ideia de progresso ou de avanço civilizatório. Não! O que caracteriza a oposição é algo mais complexo e mais terrível. É o fato de que o "aqui dentro" refere-se a um mundo "real", esse real que tem no sofrimento, na frustração e na morte – nas perdas, nas rejeições e nos limites –, a sua fonte principal. E o "real", queridos leitores, não fica em nenhum "lá fora", onde até o papel higiênico pode ser melhor e, dizem alguns dotados de rabos mais sensíveis, mais macio e perfumado, mas "aqui dentro", onde as coisas efetivamente acontecem.

Não escolhemos o local onde nascemos, mas toda viagem pressupõe uma escolha e um objetivo. No Brasil eu fico para sempre, mas visitei certos lugares com um objetivo determinado. Projetos são o maior antídoto contra o sofrimento e a maior mistificação contra o nada que representa a finitude e, pior que ela, a indiferença do tempo e da eternidade. Ninguém pensa em morrer em Miami, quando vai comprar seus relógios digitais, seus Nikes e comer aqueles horríveis sanduíches naquelas intoleráveis *cafeterias*. Ninguém igualmente pensa em ter um troço no Lido ou nas salas de seminário do Collège de France.

Os projetos que marcam o "lá fora" não programam dor e sofrimento. A sua reversibilidade (eu vou e volto) inibe a indiferença e a passagem que conduz à morte e ao fim. Por isso a saudade que está neles contida surge como algo inesperado que nos toma de assalto. A doença ou a má notícia são vistas como traição. O sentido profundo do "lá fora", então, fala dessa fantasia de imortalidade e de escapismo que tanto precisamos.

Pois "lá fora" somos seres desencarnados pelos projetos e por uma realidade sempre percebida de modo fragmentar, já no "aqui dentro" temos um corpo, uma alma e um coração. Quem, como eu, experimentou viver "lá fora" sabe bem o que estou tentando dizer.

DAS CHEGANÇAS E ADEUSES

Volto ao Brasil para passar uma longa temporada. Talvez um período definitivo, daqueles que não se sai mais. Por causa disso, fui alvo de festas de despedida em Notre Dame e hoje vivo, entre os meus, as alegrias das cheganças. Que o leitor me desculpe a insistência no tema da passagem e da transição territorial do qual tão pouco se diz nos relatos, cujo objetivo é sempre o de alardear pomposa e burramente: eu estive lá...

Os países existem como entidades independentes e soberanas, contidos em mapas e fronteiras. Para visitá-los, eis que se precisa de passaporte e, muitas vezes, de um desgraçado visto, sem o qual se é barrado na "aduana", aquela porteira da porta de entrada.

Mas nós, humanos, viajamos e, mesmo sabendo dessas maiores ou menores presunções de autonomia e patriotismo, ficamos ligados às realidades contidas em cada pedaço de mapa que visitamos e moramos.

Para o morador, o mapa deixa de ser um pedaço colorido do mundo, tornando-se parte de sua vida. Ali não estão contidos os Estados Unidos, a França, Portugal, a Rússia, o Japão, o chile, a Alemanha ou a Inglaterra porque, em certa época de minha vida, eu fui contido por esses espaços. Deles fui cidadão (pois obedecia às suas normas públicas), habitante (vivi com, como e entre eles) e morador (pois nas cidades em que vivi estabeleci elos vivos e concretos com cada coisa que entrei em contato).

Eles não foram pátrias, pois ali não nasci e tive aquela relação umbilical que torna de chumbo o hino nacional, a bandeira e as palavras da língua materna. Mas foram lugares onde fui generosamente recebido, apesar de todos os inevitáveis mal-entendidos que cercam e coroam, como o sal na boa comida, os que transitam entre mapas e fronteiras.

Se, portanto, os mapas dividem e separam, os viajantes juntam e aglutinam. E porque fazem isso, descobrem que há países que marcam mais suas entradas do que suas saídas. Em algumas terras, chegar é mais problemático do que partir, sair é mais doloroso que chegar.

Agora que vou deixando mais uma vez esses Estados Unidos da América, descubro na própria carne como os americanos se preocuparam em demarcar minha saída, realizando elaborados rituais de despedidas. Festas nas quais recebemos discursos de *farewell* e relógios: presentes-símbolos desse momento de partida.

Se cada um desses momentos nos emociona por tudo o que falei aqui, eles não inibem o observador social que, dentro mim, sugere impoluto e com presunção teórica que, no Brasil, enfatizamos mais as chegadas do que as partidas. Entre nós, a primeira vez – chegançças, inaugurações, posses, aberturas –, com o seu halo de novidade e mudança, sinaliza a esperança de novos tempos. Já as partidas que desfazem laços e dissolvem pertencimentos, indicando finalizações e despedidas, não são tão celebradas.

"Agora tudo vai ser diferente", falamos de quem chega, e "Já foi tarde..." de quem partiu. "O último a sair apague as luzes", dizse do que fica, como um valoroso capitão de um navio que afunda. Seria esse viés pela chegada uma valorização pelo futuro, um indicador de que temos problemas com o nosso passado? Daí essa positividade que cerca as chegançças e inaugurações, pois são esses os ritos que demarcam o que iremos ser. Em outras palavras, sociedades marcadas por chegançças são sistemas mais voltados para o futuro do que para o passado. Já nas sociedades fascinadas com as despedidas, teríamos talvez maior aceitação do passado, com tudo o que ele pode conter de triste ou de negativo.

Qualquer que seja a hipótese, o fato concreto é que sou, no momento, levado a enfrentar esses adeuses conducentes a retrospectivas do meu passado aqui nos Estados Unidos e no Brasil. Reflexões simultaneamente prazerosas e tristes, reveladoras de que tudo passa, de que todos temos um começo e um fim, e de que vamos

– pelo menos no caso do Brasil – em busca dos filhos e netos, dessa "casa" que, ao lado de nossas companheiras, esposas e amigas, fundamos e cultivamos.

Arnold van Gennep, o estudioso que descobriu os "ritos de passagem", com suas fases de separação, margem e integração, dizia que só nós, humanos, temos a necessidade de enfatizar a primeira e a última vez. Daí, certamente, esses sentimentos calorosos que tenho recebido de meus colegas americanos nesse momento. Daí, também, os discursos embargados que, no Brasil, objetivam traduzir as chegadas, com o seu tão esperado potencial de mudança.

O ponto final dessas observações, se um ponto final pode nelas existir, é que essas festas todas – chegadas, adeuses, transições, passagens – amenizam nossa finitude. Pois o que é a "festa" senão uma vã tentativa de driblar o tempo, sobretudo o tempo que não volta, e de construir uma ponte entre os mapas abstratos que diferenciam os países e a experiência concreta do viajante que, passando por eles, conhece de perto o gosto das comidas, o cheiro das flores, o frio da neve, o penhor das amizades generosas e o peso da saudade?

ARTES

ARTISTA DE CINEMA

Quando eu era menino, era comum ouvir as expressões: "parece um artista de cinema" e "isso é coisa de cinema", para definir pessoas muito elegantes e bonitas e se referir a ambientes mágicos: casas ultramodernas (com "ar-refrigerado", vitrola de último tipo, telefone e móveis novos).

O cinema era o domínio privilegiado das coisas belas e mágicas. Com ele e por meio dele, muitos de nós aprendemos boas maneiras, vimos qual o modo mais elegante de acender o cigarro da namorada, como usar uma gravata e, no limite da pedagogia do sensível, como beijar uma mulher. Isso para não falar na liberação de nosso senso comparativo, sensibilidade dramática, imaginação e visão do planeta como uma totalidade.

Hoje, as chamadas "artes visuais", como tudo o mais, mudam e destroem a si mesmas, desfazendo-se num frenesi chamado de "pós-moderno" – esse movimento que é um autêntico coveiro do nosso bom gosto nas artes, literatura e humanidades. Com isso – e eu peço perdão pelo pessimismo e pelo exagero – liquidamos com tudo que construímos ao longo de um século de grande progresso estético.

Onde estão os René Clements, os Wylers, os Hithcocks, os Stevens, os Capras, os Germis, os De Sica e os Fellinis?

No mundo dos megafilmes produzidos com megarreceitas e que engendram megalucros – universo dos Schwarzenegger –, a chamada Sétima Arte foi-se pelo ralo de um realismo capitalista-financeiro que justifica todas as desumanidades. E, com isso, acabaram-se os filmes de "encher as medidas", como gostava de dizer meu pai quando via alguma coisa que o mobilizava e o fazia rir e, estou certo agora, chorar.

No semestre retrasado, dei um curso aqui em Notre Dame intitulado Problemas da Sociedade Moderna através do Cinema. Vou repetir a mesma coisa agora, usando certos filmes para discutir as questões mais fortes e mais paradoxais da modernidade. Por exemplo: como aceitar a premissa do amor romântico que fala de uma lealdade amorosa absoluta e a qualquer preço se – como Romeu e Julieta – somos divididos por dinheiro, classe social, etnia e moralidade? Como falar de paz se a guerra tem sido o instrumento promotor do nosso grande sentido de aventura, criando, ademais, os nossos modelos mais fortes de altruísmo? Como falar de heróis se os nossos modelos são de personagens frequentemente contra algum grupo social, como os índios, no caso dos *westerns* americanos?

Mas os problemas só aparecem com força porque os filmes são bons. Quem não se deleita e não aprende vendo *Os brutos também amam, Um lugar ao sol, Cantando na chuva, A felicidade não se compra* e *Janela indiscreta*?

Como explicar essa mudança para pior ocorrida com o cinema? Um ponto certamente básico é o fato do cinema estar sob o controle dos atores, que hoje não são apenas "estrelas", mas "megaestrelas". Foram-se os grandes atores – artistas que se deixavam dirigir por grandes cineastas...

Hoje temos a praga dos atores-produtores que financiam seus próprios filmes, os quais são verdadeiras sagas de seus próprios egos. Kevin Costner é um bom exemplo disso em *Dança com lobos*, filme que dirigiu, produziu e atuou como ator principal, central e absoluto. Sem produtores e diretores, os atores perdem o limite de sua onipotência. E como ninguém tem a genialidade de um Charles Chaplin, o resultado é a queda na vala do mais trivial narcisismo e a produção em massa de películas nas quais o que se assiste é um jogo alternado de explosões e rajadas de metralhadora. Um tipo de ação na qual o ator vira herói do pior tipo de história em quadrinhos.

Daí o meu espanto com alguns críticos locais com o pobre desempenho de Sylvester Stallone no filme *Cop Land*. Quem viu Stallone dando grunhidos e murros ao longo de uma carreira deslanchada precisamente pelo padrão cinema = história em quadrinhos; cinema = coisa que não deixa pensar; cinema = antiarte + violência, não poderia esperar dele outra coisa.

Aliás, e por falar em atores, relativizemos um pouco esse negócio de ser astro por oposição a ator de cinema. Quem viu um pato atuar melhor do que Anthony Perkins em *Sublime tentação* (de William Wyler), cachorros sendo melhores do que Elizabeth Taylor (na série *Lassie*), o cãozinho Baleia dar um show em *Vidas secas* do nosso querido Nelson Pereira dos Santos, e isqueiros, facas, pautas musicais, janelas e outros objetos se projetarem nos filmes de Hitchcock, sabe que talento e inteligência não são a marca exclusiva dos artistas de cinema que muitas vezes são "estrelas de cinema" e não "atores".

Profissão ultraglamourizada, ela tem muito em comum com a do político profissional quando projeta a imagem de que para exercê-la é preciso grande inteligência e talento quando o que se vê em toda parte é sorte, narcisismo e malandragem. E, atualmente, muita feiura.

DOIS FILMES ÉPICOS

Cheguei a Notre Dame e fiz o que todo mundo está fazendo nos Estados Unidos: falei do último escândalo do presidente americano Bill Clinton, o qual comentarei nas próximas semanas, e fui ao cinema. É o único modo de não enlouquecer nesta sociedade onde o individualismo é um valor e a solidão é a norma.

Fui assistir a *Titanic*, dirigido por James Cameron, e ao não menos falado *Amistad*, película que tem a marca de Steven Spielberg.

Ambos contam grandes histórias de modo bíblico ou épico, usando tudo aquilo que aprendemos a ver no cinema, desde os formidáveis *E o vento levou*, *Quo vadis*, *O manto sagrado*, *Ben Hur*, *Cleópatra* e *Guerra nas estrelas*. Nesses filmes, a música de fundo, o movimento da câmera, a luz, a decoração, as roupas, os gestos e os elos entre as sequências são feitos de modo a realçar as qualidades morais daquilo que se mostra na tela.

No caso de *Titanic* e *Amistad*, o que se conta é nada mais nada menos do que um dos grandes desastres do mundo ocidental: o naufrágio do maior, mais moderno e mais luxuoso navio de passageiros do mundo – o *Titanic*, no dia 14-15 de abril de 1912, em pleno Mar do Norte –, e a disputa legal de um punhado de escravos amotinados quando o navio em que estavam, o *Amistad*, pertencente à Coroa espanhola, foi capturado por acaso na costa de Long Island, Estados Unidos, em 1839.

Em *Titanic*, a narrativa gira em torno de um paradoxo – o afundamento casual de um objeto tecnologicamente perfeito: um verdadeiro Titã (daí o nome, *Titanic*) da moderna tecnologia na sua viagem inaugural. No outro, a história gira em torno das consequências do apresamento pela marinha americana de um navio dominado por escravos amotinados, liderados por um certo africano de nome Cinqué.

No *Titanic*, fala-se de um navio de luxo que, não obstante, conduz uma carga invisível de destituídos e de criados. A narrativa de *Amistad*, por seu turno, fala de um barco cuja tarefa explícita era realizar o infame e já proibido (na Inglaterra e no Norte dos Estados Unidos) transporte de seres humanos tirados de suas sociedades que, nesta travessia para a América que era simultaneamente um terrível rito de passagem, passavam de vivos a mortos sociais, de pessoas com direitos e deveres a escravos. Escravos que, todavia, iam alimentar o rico comércio de açúcar, algodão, café, tabaco e ouro no Caribe, no Sul dos Estados Unidos ou no Brasil.

Ademais, esses dois filmes elaboram mitos modernos, revelando a nossa necessidade da grande narrativa, da história "original" e "autêntica", do discurso exaltado que revela como, apesar da perda, do tempo e da morte, nós, humanos, podemos ser maiores que as tragédias que nos afligem.

Em ambos os casos, portanto, Spielberg e Cameron focalizam os elementos básicos que formam cada uma dessas histórias. Em *Amistad*, o dilema do governo americano, pressionado pela Coroa espanhola a entregar 53 escravos que, para os americanos abolicionistas de Long Island, deveriam readquirir sua liberdade porque, mal tendo completado sua viagem, não haviam ainda sido transformados legalmente em cativos. Aqui, o paradoxo é o seguinte: como dar razão ao pleito espanhol, admitindo a escravidão, quando os Estados Unidos, que detêm os africanos, são uma nação fundada na liberdade e, sobretudo, na igualdade?

Já em *Titanic*, o paradoxo diz respeito aos fatores não previstos pela dimensão tecnológica, o que, ao fim e ao cabo, percorre todas as sociedades humanas. Para tanto, o filme reconta a tragédia do navio em seus vários planos, mas faz isso ligando-a a duas outras narrativas. Primeiro, a de um grupo de modernos caçadores de tesouros. Segundo, a de uma sublime história de amor que recria a bordo do moderno transatlântico o drama de Romeu e Julieta. Com isso, *Titanic* ultrapassa o mero naufrágio e consegue tocar num ponto que as outras versões haviam deixado de lado. O fato de que a modernidade, construída pelo mito tecnológico da igualdade, esconde as profundas diferenças entre os passageiros de primeira e de terceira classe. Os pobres que viajam por necessidade ou por capricho da sorte, como faz o jovem artista cuja vida pode mudar a todo instante. E os ricos navegando com mapas feitos e planos bem traçados, mas vivendo amarrados à opressão e a hipocrisia.

Tudo isso, entretanto, pronto a ser desfeito pelo amor e pelo desastre que, dentro da narrativa, têm o mesmo peso. Pois o que é a paixão senão a insignificante ponta de um iceberg que muda o rumo dos navios mais poderosos?

A SOCIEDADE COMO UM NAVIO

Como explicar o sucesso? Os idiotas da modernidade o associam ao novo, outros afirmam que sucesso é redescoberta. O filme *Titanic* exemplifica isso muito bem. Nada mais batido do que filme catástrofe. Nada, porém, mais "novo" do que uma velha história de amor cujo cenário é a viagem inaugural de um navio moderno com o destino selado pela tragédia. Sabemos tudo sobre a sorte do navio, mas não sabemos o desfecho da história de amor.

Com isso, *Titanic* recria sem saber uma metáfora muito poderosa: a da sociedade como um navio.

Coisa inusitada, porque tendemos a ler a sociedade como o mero resultado de ações individuais. Em *Titanic*, porém, mostra-se o outro lado da medalha. Nesse filme, a sociedade tem regras que precedem o indivíduo (no caso, o passageiro) e que existem independentemente de sua vontade. Tais normas se chamam "moralidade", "mandamentos", "etiqueta" etc. e elas impedem – entre outras coisas – que as pessoas da primeira classe se misturem às da terceira. São essas normas que embalam o conflito de Romeu e Julieta, e, em *Titanic*, dão sentido à paixão da menina mimada, rica e controlada por um noivo ciumento, por um pobre artista dotado apenas de sorte e talento.

Tal como em Shakespeare, *Titanic* contrasta as normas morais do sistema (representado pelo navio com suas autoridades) com as motivações dos seus passageiros. Se tudo corresse de acordo com as normas da sociedade (e do navio), não haveria novidades. Mas a própria dinâmica do navio, como uma sociedade ou uma tribo, cria suas surpresas. Navios e sociedades produzem suas áreas de encontro como os bailes, os ritos e os carnavais.

Ademais, o filme situa o individualismo do lado dos pobres, deixando o lado conservador, ligado à defesa das normas, aos ricos. O navio como uma peça tecnológica destinada a desempenhar uma tarefa sofre um brutal acidente, do mesmo modo que o destino traçado para a heroína se desfaz após o seu encontro com o jovem artista. A liberdade individual é idêntica aos fatores não planificados. Ela é o fator imprevisto da história humana.

Nisso *Titanic* se encontra com *Amistad*. Quando nascemos estamos num navio. Não escolhemos a nave ou muito menos os nossos lugares nele. Logo descobrimos que há gente na primeira e na terceira classe. Há também os desclassificados e os que controlam e governam o barco: os que o possuem, os que o comandam, os responsáveis por sua segurança. Cedo aprendemos que as sociedades, como os navios, parecem seguir cursos específicos e que algumas sofrem colisões e acidentes. Há quem fale do naufrágio de alguns sistemas. Mas o fato concreto é que existem todos os tipos de navios, de trajetórias e de desastres.

O *Amistad* era um negreiro, *Titanic*, um barco de luxo. Ambos, contudo, tinham seus porões onde conduziam os marginais e os escravos. Os que deveriam permanecer invisíveis aos olhos dos seus donos. Nos dois casos há uma reviravolta. A do *Amistad* é um motim clássico com a tomada do navio pelos escravos: algo comparável a uma revolução com as consequências que todos conhecem: o navio acaba indo para o Norte e não para a África...

A do *Titanic* é a revolta da menina rica que tem a coragem de romper o casamento de conveniência para viver aceitando a liberdade como o elemento essencial da vida humana. Essa a maior lição da sua paixão indômita pelo jovem pintor que, por amor, salva seu corpo e salva sua alma da sordidez de um capitalismo antigo. Um capitalismo sem feminismo, sem criatividade e sem filmes de 200 milhões de dólares...

Nesse nosso tempo, o capital – e Cecil B. DeMille já sabia disso – é sinal de epopeia. Sua moral econômica é implacável: tudo tem que dar lucro. O lucro equivale à moral da história. É aquele resíduo que promove o encontro final entre o contador e o ouvinte. Se a moral não bate, a narrativa vai pro brejo. E ninguém gosta mais de filmes bem-acabados em termos de narrativa do que o americano médio, socializado para dar lucro e encontrar lucro em tudo o que faz.

Qual, pois, o "lucro" desses filmes?

A proposta do *Titanic* é sofisticada, pois ele faz com que a jovem apaixonada retorne aos restos do navio só para contar aos caçadores de tesouros que a verdadeira riqueza desta vida não são os diamantes, mas o que eles simbolizam. A equipe não encontra o diamante, encontra algo melhor: a sublime história de amor e bravura que "moraliza" todas as ambições e "resolve" o filme.

Já em *Amistad*, a verdadeira moral é varrida para baixo do tapete por um Spielberg que é o melhor representante do velho estilo de Hollywood e que diz: se a história contradiz a lenda, dane-se a história: publique-se a lenda! Com isso, *Amistad* termina com os negros voltando à sua amada África, livres por uma justiça americana que sabe honrar a liberdade e a igualdade. Assim fazendo, entretanto, ele esconde os fatos históricos, pois deixa de contar que o tal Cinqué, o líder do motim, torna-se na África um próspero traficante de escravos!

FILMES DE GUERRA:
UM ROTEIRO EMOCIONAL

Cresci e virei gente vendo Renato, meu pai, concentrado no rádio da nossa casa, ouvindo as notícias da Segunda Grande Guerra. Corria o ano de 1943 ou 44 e nós morávamos em Maceió. Eu tinha sete anos, mas temia a ameaça nazista que meu pai e seus poucos amigos comentavam, pois os alemães transmitiam de Berlim e em bom português para Alagoas, dando notícias do Brasil, chegando até mesmo a falar do nome do prefeito e do tamanho aproximado dos nossos contingentes...

Para os nazistas, nós, brasileiros, éramos brincadeira de criança. Em compensação, os exércitos americanos que estavam na Europa, a partir da Sicília e depois da Normandia, davam um banho nas forças de Hitler, causando deleite no meu entusiasmado pai. Ex-aluno da Escola Militar de Realengo, papai acompanhava com grande atenção as manobras em pinça do general Patton, seguindo metodicamente num grande mapa, que só ele tocava, todos os movimentos das tropas Aliadas e calculando, como um soldado ancorado no Nordeste brasileiro, as futuras vitórias das forças Aliadas.

Agora que sou velho e me sinto cada vez mais saudoso deste pai tão amoroso, tão responsável e tão preocupado com cada um dos seus seis filhos, entendo por que ele gostava dos "filmes de guerra".

É que eles brilhantemente mostravam o triunfo das forças da liberdade contra as atrocidades do Eixo, sobretudo as que eram cometidas em nome da superioridade racial. Dimensão sensível para um Renato baiano, tão inseguro de sua "brancura" (ou "morenidade baiana") que jamais quis pisar nos Estados Unidos, porque, conforme me disse sério e de uma vez por todas quando eu estava estudando em Harvard e o convidei para me visitar: "Não ponho os pés num país que não gosta de negros!"

Essa predileção fazia com que papai nos levasse a assistir a inúmeros filmes de guerra, e era um alto privilégio sair com aquele pai sempre esperadamente vestido e enchapelado numa celebração inconsciente de nossa identidade masculina. Lembro-me bem do entusiasmo de papai por um clássico dirigido por Raoul Wash e protagonizado por Errol Flynn: *Um punhado de bravos* (Warner, 1945), um filme que, em estilo de documentário, narrava a saga de comandos americanos destruindo um radar japonês em plena selva da Birmânia.

Deixando de lado a mensagem propagandística do filme, o fato é que eu jamais me esqueci daquele companheirismo fraterno e masculino que o filme exprimia, aproximando o pai distante e todo-poderoso dos filhos frágeis que abriam os olhos para o mundo. Essa sensação é tão intensa que até hoje, quando vejo esse filme, lembro-me mais da sensação de solidariedade entre os soldados (que era de fato uma expressão do elo com meu pai e meus irmãos) do que da mensagem óbvia de vitória, com todos os seus artifícios hollywoodianos.

Para mim, então, os bons filmes de guerra são os que traduzem essa virtude masculina hoje um tanto esquecida e talvez um tanto denegrida da relação hipersolidária: esse laço que recria uma igualdade substantiva entre homens engajados num mesmo objetivo. No fundo, trata-se dos mesmos laços que unem os noviços nos ritos de iniciação, quando eles se tornam mais do que irmãos.

Na semana passada, quando fui ver *O resgate do soldado Ryan*, o tão falado filme de guerra do Steven Spielberg, todas essas emoções vieram à tona.

O que mais me impressionou não foram as sangrentas cenas de batalha, nas quais – argumentam os entendidos – se reproduz com paradoxal veracidade cinematográfica os horrores e as acomodações humanas da invasão da Normandia e o que ocorreu na cabeça de praia chamada "Omaha Beach". Não. Para mim, a cena de guerra que abre o filme como uma ária soturna, terrível e grandiosa não se destina apenas à denúncia do horror das batalhas orquestradas pela letal tecnologia moderna, mas tem o objetivo de revelar um drama mais pungente: a despersonalização daquela multidão de soldados que formam qualquer exército e que, vivos, são rostos e vidas desconhecidos, e, mortos, se transformam em pedaços de carne e, depois, em imaculadas e anônimas cruzes brancas.

Para mim, o que caracteriza o gênero "filme de guerra" é justamente essa humanização do soldado, esse agente da vontade pátria e dos seus líderes que, no campo de guerra, se liquidificam ou escapam ao sabor dos desígnios dos deuses, da sorte ou do destino. Vistos de longe, dentro de navios, marchando pelos campos e desertos, caminhando rotineiramente por estradas enlameadas ou invadindo praias defendidas por japoneses ou alemães, eles são pequenas máquinas humanas e a sua queda e brutal destruição nada despertam, senão aquele sentimento de piedade, expressão de uma solidariedade vaga e meramente ideológica.

Mas no momento em que a câmera focaliza seus rostos, no instante em que são marcados pela particularidade de uma história, de uma biografia, de uma aventura e de laços solidários com seus companheiros, tudo muda.

Em *O resgate do soldado Ryan*, Spielberg alterna o grande cenário da invasão da França, na maior operação de guerra jamais efetuada pela humanidade, com individualidades – e biografias – marcantes. Ele oscila relacionalmente entre a imagem do malajambrado velhote que visita emocionado um cemitério na Normandia com sua família, e as cenas de batalha nas quais milhares perderam suas vidas antes mesmo de terem a oportunidade de contar suas histórias.

O tom épico – típico, aliás, do estilo Spielberg –, que emoldura esse filme, tem como contraponto um texto que – ao contrário do que estão dizendo os entendidos – nada tem a ver com a guerra, mas com a solidariedade humana, esse enlace de pessoas que só pode acontecer quando há objetivos comuns e o consentimento em tentar realizar esse objetivo.

No caso, o de resgatar o soldado Ryan para poupar sua mãe, uma pessoa comum, igualmente desconhecida, escondida em algum lugar de Ohio, Indiana ou Illinois – o *heartland* americano –, da morte de mais um filho, pois a pobre mulher já havia perdido três dos seus rebentos em combate.

Qual é o limite, questiona o filme de Spielberg, para a perda e para a dor humana? Qual o limite da solidariedade?

Tal como ele fez em *E.T. – O extraterrestre* e em *A lista de Schindler*, Spielberg retoma o tema do sofrimento anônimo, penetrando no horror da perda que foi vivida, mas não foi contada. Pois o que há de mais terrível ou infernal do que o sofrimento que não foi narrado e que não se transformou em dor socialmente compartilhada e legitimada? O que pode ser pior e mais perverso do que não entrar em nenhuma lista, não ter nenhuma narrativa, não poder contar, ser "contado" e, com isso, ter afinal uma alma?

Nesse sentido, o drama de E.T. é voltar para casa, onde ele é alguém. Pela mesma lógica, a lista de Schindler é o rol dos que foram capazes de ganhar um rosto num sistema que destituía os judeus de sua humanidade. No caso em pauta, salvar o soldado Ryan equivale a dar-lhe um rosto, o que nos remete aos contrastes entre os quartéis e os exércitos, as casas e as famílias.

Nada é mais contrastante do que um Exército e uma Família. Famílias não matam, dão a vida; famílias são feitas de homens e mulheres, de crianças e adultos; famílias não cantam hinos de guerra; famílias não usam armas; famílias não recebem ordens, mas seguem ideais e valores difusos, raramente escritos. Suas normas não são as ordens do dia e os decretos, mas, para usar a bela expressão de Tocqueville, os hábitos do coração! Finalmente, famílias têm como centro mulheres – mães –, ao passo que exércitos são comandados por homens.

O centro dinâmico deste *O resgate do soldado Ryan* é essa oposição entre a paz (representada pela família que já perdeu três dos seus filhos) e a guerra que poderá consumir mais um. É esse equilíbrio entre filhos e soldados e, diria eu, como velho pai que ama seus filhos, entre filhos e trabalhadores, filhos e cidadãos, que é preciso preservar. Daí a ordem do comandante em chefe: é preciso salvar o soldado Ryan do seu papel de soldado. É preciso tirá-lo do infernal campo de batalha na França recém-invadida, para trazê-lo de volta aos milharais dourados do Meio-Oeste americano, reintegrando-o na serenidade da paisagem das pequenas fazendas, onde deverá novamente desfrutar e reproduzir na sua vida o amor de sua mãe. É preciso, sobretudo, dar-lhe um rosto, tirando-o da desumana condição de ser apenas um "homem" da 101ª Divisão de Paraquedistas.

Entre ser soldado e ser uma pessoa, tendo um laço maternal vivo, jaz o drama desse filme. Por esse ângulo, todos aqueles corpos destruídos impessoalmente pela metralha inicial nada mais são do que a visão perversa do antiparto promovido pela guerra. Comandantes em guerra partejam a morte. Mães dão à luz e partejam vida. Em ambos os processos há sangue, suor, dor e coragem. Mas, de um lado, morre-se tanto melhor quanto mais se é desconhecido. Do outro, só se pode viver bem quando se celebra a maternidade e a família. Essas instituições que nos dão face e alma, e que nos fazem íntimos dos sentimentos e dos dilemas da nossa humanidade.

Tal como ocorreu com o soldado Ryan, salvo para viver – como meu avô, meu pai e eu mesmo, em família e em paz.

PARA QUE SERVEM OS EXTRATERRESTRES?

Diante do extraordinário sucesso de *Independence Day*, cabe refletir sobre o papel dos extraterrestres no mundo moderno. Curioso, para começar, que a modernidade tenha rejeitado a religião e decretado a morte de Deus, para estabelecer um intenso diálogo com essas estranhas figuras de outros planetas – esses seres que povoam as nossas telas e livros de ficção científica. Num primeiro momento, dir-se-ia que esses "E.T." substituem os demônios, os anjos, os santos e os deuses que, por milênios, têm afligido e apaziguado nossa perplexidade diante de um possível universo sem sentido, um universo tocado pelas leis implacáveis e indiferentes do mero acaso.

É claro que os "E.T." não vêm do mesmo lugar dos anjos e dos santos, mas usando a mesma lógica da religião (ou, como querem os incrédulos, da mais trivial fantasia) comprovam que existem "outros mundos" e atestam de modo solene, "científico" e quase sempre ameaçador, que há um além e um outro lado. Não estamos sós neste universo povoado de estrelas que devem ser vistas para aquém da poesia e dos quadros.

A ficção científica marcou profundamente a minha geração de meninos nascidos nos anos 1930 e criados na transição entre os unguentos e a penicilina, entre o pequeno teatro de costumes e o deslumbrante cinema em *technicolor*, entre Júlio Verne e um Alex Raymond de *Flash Gordon no planeta Ming*, entre as historinhas de sacanagem com desenhos de Zéfiro e os nus ginecológicos da *Penthouse*, entre as discussões até alta madrugada sobre a teoria da relatividade de Einstein e a primeira viagem à Lua.

Fui, pois, marcado por alguns desses filmes que me impressionaram tanto quanto a *Vida de Cristo* de DeMille, película que me levou ao cinema pela primeira vez e que me provocou uma crise de choro quando vi os soldados romanos pondo uma dolorosa coroa de espinhos em Cristo.

Foi assim que no velho cinema Glória, em Juiz de Fora, assisti boquiaberto ao filme *Things to Come*, um poderoso e, então, complicado filme inglês de ficção científica, película que juntou, como fiquei sabendo depois, os talentos de William Cameron Menzies, Vicent Korda, Georges Périnal e Arthur Bliss, que escreveu a história; e curti empolgado com meu pai e irmãos *Destino: a Lua* (*Destination Moon*, produzido por George Pal em 1950), uma fita cheia de tecnicalidades que me valeu uma boa nota numa prova de português, quando a recontei usando minha própria linguagem.

Mas o primeiro "E.T." que vi na minha vida foi o imenso robô do clássico de Robert Wise *O dia em que a Terra parou*, filme que, em plena Guerra Fria, mostrava um "E.T." civilizadíssimo (Micheal Rennie) visitando uma Washington carregada de medo e sempre preconceituosa, imbuído da missão impossível de desarmar os líderes mundiais. Talvez essa história tenha sido a inspiração para o atual *Independence Day*, que – mais moderno, raso e cruel – faz com que se veja (e vibre) com a destruição da capital americana e seus símbolos de democracia e poder. Nos Estados Unidos, o povo aplaude delirantemente a destruição do Congresso Nacional no cinema...

Meu segundo "E.T." foi uma força destrutiva imaginária de outro clássico, *O planeta proibido*, um filme igualmente produzido nos anos 1950 que levava aos domínios da exploração planetária os dilemas que Shakespeare equacionou na sua famosa peça *A tempestade* e o velho Freud a toda a sua obra. Com ele vivi a possibilidade que seria explorada ao limite pela série *Star Trek*: a do papel do imaginário e da fantasia (de um incontrolável e destrutivo inconsciente) como força na vida humana.

A partir daí, assisti a tantos filmes do gênero que não tive mais memória para classificar de modo sistemático os "E.T." que vivenciei na tela. Mas minha observação mostra alguns padrões de seres extraterrestres de acordo com seu caráter.

Todos os "E.T." do bem têm forma humana e são apresentados como frágeis. Frequentemente são associados a mulheres e crianças em crise ou isolados, como no clássico *E.T. – O extraterrestre* de Steven Spielberg e no não menos famoso *Contatos imediatos de terceiro grau*, também de Steven Spielberg. Tais extraterrestres têm pena, compaixão e dependência de nós, terráqueos. Eles tendem a nos ajudar e querem o nosso bem: são como anjos que vêm anunciar algo positivo para a nossa civilização.

Em compensação, todos os "E.T." do mal, como os da série *Alien, o oitavo passageiro*, primeiro filme do gênero a incorporar suspense e terror numa nave interplanetária, imitando o clássico *2001: uma odisseia no espaço* (de Stanley Kubrick), mas indo além dele graças ao talento de Ridley Scott, mostram os alienígenas como subumanos. Como seres marginais, situados entre máquinas e insetos vorazes e ultra-agressivos, monstros que atacam sem razão. Tais "E.T." são representados como insetos, essas formas de vida mais mecânicas, regulares e instintivas que conhecemos.

Eles servem para situar novamente na nossa consciência uma fragilidade que nos faz humanos e, por outro lado, apresentam a possibilidade de que, afinal de contas, existem coisas do "outro lado". Mesmo que essas coisas tenham razões banais que a nossa pobre razão desconhece.

UM MUNDO SEM SEXO?

De quando em quando a indústria cultural olha o próprio rabo e produz joias como *Cantando na chuva*, *A mulher do tenente francês* e *A noite americana* – filmes que se contam a si mesmos, numa forma criativa, complexa e intrigante de reflexão.

Nos últimos meses, dois filmes americanos falam criticamente da televisão, de modo denso, indo muito além do ponto de vista crítico que Frank Capra estabeleceu quando realizou o seu magnífico *Meet John Doe*. Um filme, aliás, bem ajustado ao atual clima mundial, no qual a capacidade de manipulação do jornal e a ambição dos jornalistas são criticamente expostas e severamente questionadas.

Hoje, entretanto, penso nos filmes *The Truman Show* e *Pleasantville*, uma fita escrita e dirigida pelo laureado Gary Ross, que escreveu discursos para Bill Clinton e os roteiros dos filmes *Dave* e *Big*, fazendo nesta película sua estreia como diretor.

Mas se em *Truman* os anos 1950 – famosos pela Guerra Fria, pela segregação racial, pelo macarthismo e pela dura administração de Eisenhower – são evocados como uma metáfora perversa da ausência de liberdade num mundo totalmente controlado, naquele estilo do Orwell de *1984* e *Animal Farm*, um universo no qual tudo seria planificado e nada ocorreria ao acaso; em *Pleasantville* a representação dessa mesma década é muito mais complexa, contendo um saboroso toque de ambiguidade, numa leitura que oscila entre uma visão simultaneamente crítica, melancólica e nostálgica desse mesmo decênio. Em *Truman*, a narrativa gira em torno da pequena linha divisória que separa o liberalismo capitalista e o neofascismo da sociedade de consumo e de massa; em *Pleasanteville*, os anos 1950 (que prefiguram esse nosso final de século) são lidos como um universo fechado, porém honesto e decente. Nele, o preconceito e a estreiteza mentais são valores paralelos (se não convergentes) à honestidade e à busca de coerência.

A "história" do filme é trivial: um par de jovens irmãos de sexos opostos são catapultados para dentro de um programa de televisão dos anos 1950, chamado *Pleasantville*. Nesta série o universo segue uma rotina perfeita: os filhos obedecem aos pais, a cidade não tem crime, pobreza ou desonestidade. Tudo tem seu lugar e todos estão em seus lugares. Essa magnífica perfeição sociocultural é representada por uma cena brilhante: num treino rotineiro, os rapazes do time de basquetebol da escola simplesmente não perdem uma cesta! O preço desta perfeita coordenação entre individualidades e normas sociais, porém, é a repressão (sobretudo a erótica ou pessoal), representada pela ausência de cores. Um recurso formal banal que o diretor usa com muita criatividade, pois o preto e o branco da série se confundem com as cores que vão surgindo quando as personagens de *Pleasantville* gradualmente se transformam à americana: isto é, descobrem a si mesmas e impingem, por força de uma inevitável coerência consigo próprias, essas descobertas ao mundo em que vivem.

No fundo, e isso os críticos americanos que li não perceberam, *Pleasantville* é uma representação ideal dos valores mais caros da sociedade americana, exprimindo em preto e branco aquela combinação perfeita de individualismo com responsabilidade cívica e moral que foi tão profunda e paradigmaticamente dramatizada na peça *Our Town*, de Thornton Wilder, e tão formidavelmente capturada nos filmes de Frank Capra e John Ford, e recentemente denunciada como uma ausência crítica no livro *Habits of the Heart* (hábitos do coração, uma bela expressão inventada por Tocqueville, indicativa das coisas que fazemos sem pensar) pelo sociólogo Robert Bellah e seus colaboradores.

Enjaulados dentro da série televisiva que admiram e acompanham por um mágico consertador de televisão que tem o poder de os colocar em contato com os seus sonhos e fantasias, os irmãos reagem de modo diverso a toda essa perfeição social. O rapaz, fanático pelo show, respeita aquele estilo de vida que ele, filho de mãe divorciada e neurótica, deseja. Um mundo no qual os pais estão presentes na vida dos filhos e existe previsibilidade e rotina, ao contrário deste nosso mundo contemporâneo, pintado como globalizado, fragmentado e imprevisível. Sua irmã, porém, pensa de outro modo e, sendo mais "mulher" e espontânea, faz exatamente aquilo que vai mudar definitivamente aquela comunidade: desvirgina-se com o namorado, tirando *Pleasantville* do seu "Jardim do Éden" emocional e sociopolítico. Pois a descoberta da sexualidade é o passaporte para a humanização da comunidade, representada brilhantemente na fita pela transição do preto e branco para o tecnicolor.

Um mundo sem sexo, parece dizer esse filme, é preto e branco; já um universo repleto de sensualidade e erotismo, com suas contradições e sua irracionalidade, com sua capacidade para desejar "errado" o paradoxalmente, como mandam as paixões, contrariando condicionamentos morais, é um mundo colorido: um mundo inundado por matizes de luz que o paraíso de uma sociedade fascinada pelo controle (a sociedade americana lida por um certo ângulo) não tem.

Quando *Pleasantville* fica como o Brasil, um lugar onde as rotinas funcionam pela metade, o prefeito e os membros da Câmara de Comércio da cidade tentam inutilmente deter o tempo e ninguém tem certeza de coisa alguma, atingimos o clímax da narrativa, pois agora somos obrigados a redescobrir a imensa felicidade que é viver num mundo colorido.

Depois de conhecer o sexo e descobrir a insegurança, a incerteza e o bem e o mal no seu sentido trivial, banal e humano das pequenas e insignificantes maldades que doem mais do que o Inferno e consolam mais que o Paraíso. Depois de viver a sua plausibilidade subvertida, *Pleasantville* aceita que há um limite para a rotina e que, afinal de contas, não saber é de fato uma importante forma de sabedoria.

Sexo, imaginação, utopia, incertezas, subversão de rotinas. Tudo isso é apresentado como o oposto de um universo sem sal: um mundo reprimido em preto e branco. Não sei por quê, mas saí do cinema pensando muito na maravilha que é esse Brasil que tanto criticamos precisamente pelo excesso de cor e de emoção.

BELEZA AMERICANA

Tal como o aniversário do Descobrimento do Brasil, o filme *Beleza americana*, ganhador de cinco Oscars e de mais de meia centena de prêmios e indicações de melhor filme do ano por um sem-número de instituições, jornalistas e críticos cinematográficos importantes, não agradou ao público americano.

Assisti ao filme aqui em South Bend, cidade do Meio-Oeste, no norte do estado de Indiana, lugar onde os mitos americanos bons e ruins ainda funcionam, e notei como a história e as personagens incomodavam a plateia que, queda e muda, assistia às desventuras de Lester (Kevin Spacey), de sua família e de seus vizinhos.

Para mim, a história protagonizada por Lester, o pai e marido desencantado naquele rico subúrbio, descortina alguns dos mais importantes aspectos da vida social desses poderosos e globalizados Estados Unidos. Não se trata nem de um filme de denúncia, como *Los Angeles Confidencial*, nem de uma história romântica. Também não é uma aventura barulhenta ou um filme que glorifica o lado sadio (leia-se heroico) do cotidiano estadunidense. Pelo contrário, trata-se de um dos filmes mais ácidos jamais feitos contra o *American way of life*, daí esse desconforto crítico devido a um filme tão bem concebido, realizado e premiado.

Creio que o conceito-chave para desempacotar esse *Beleza americana* jaz na palavra hipocrisia. Na hipocrisia como um meio de vida e como estilo de sobrevivência. Como um mecanismo capaz de ajustar aparência com essência, exterior com interior, sala de estar com banheiro, fantasia com realidade. O gênio do filme está em pôr o dedo na ferida aberta da vida social americana, questionando se é realmente possível viver totalmente vinculado a instituições e normas formais de comportamento. Nesse sentido, *Beleza americana* desmonta o *American way of life*, um modo de viver no qual não deve haver nada secreto ou escondido, no qual todo mundo só tem vida pública e ninguém tem inconsciente, duplicidade e sentimentos destrutivos.

Na bela casa suburbana repleta de todos os símbolos do conforto moderno, vê-se que há uma insustentável duplicidade e, com ela, uma enorme e profunda hipocrisia. A distância entre os papéis que cada qual deve cumprir integralmente e a ausência total de relação entre as pessoas que cumprem esses papéis (no caso o pai, a mãe e a filha) desencadeiam e abrem as fraturas que constituem a narrativa. Assim, o filme manifesta, com rara e cruel lucidez, como a hipocrisia é o ingrediente básico da vida americana e o que ocorre quando alguém – no caso o herói, Lester – decide romper com as fachadas.

Um dos pontos mais interessantes e que mais desagradou aos americanos foi o modo pelo qual o filme trabalha a ausência de elos entre os membros da família. Outro ponto igualmente duro é descobrir como a mãe profissional é movida pela ambição e faz qualquer coisa pelo sucesso, enquanto a filha odeia com igual fúria ambos os pais. Outro tema crítico é como o filme nos faz descobrir que a única personagem que optou pela honestidade, pela liberdade e pela autenticidade dos sentimentos é logo transformada em marginal e, em seguida, em alvo dos desejos mais escusos e das fantasias mais loucas, a ponto de ter que ser eliminada. Ou seja: a verdadeira liberdade não existe nos Estados Unidos!

Se na sociedade brasileira as relações entre as pessoas obrigam a mentir e a calcular constantemente quem nos deve e a quem devemos, aqui, nos Estados Unidos, o problema é a ilusão de que tudo pode ser resolvido formalmente, por meio de instituições impessoais. No Brasil, todo mundo personaliza; aqui, todo mundo impessoaliza. No Brasil, o formulário e a lei têm sido detalhes; aqui, as amizades e as relações é que são perfumarias.

No Brasil, mentimos muito. A visão geral é que todo mundo tem o rabo preso. Aqui, o óleo do sistema é a hipocrisia: todo mundo finge seguir as regras, trabalhar com afinco, não ter preferências pessoais, não ter fantasias sexuais com categorias proibidas, amar o seu emprego e respeitar o seu chefe, ser inteiramente racional, equilibrado e objetivo.

São dois modos de vida que revelam duas moralidades interessantes. No Brasil, o preço da amizade e da ética do rabo preso é a corrupção e a incapacidade de, no plano público, separar o joio do trigo. Nos Estados Unidos, o preço de uma radical institucionalização da vida social tem sido o mal-estar causado pelo desencanto com um mundo que não tem lugar para as contradições, as dualidades e as ambiguidades. Tudo isso, enfim, que constitui o centro da tragédia e da "beleza americana".

ESPORTE & RACISMO

Acabo de ver *Duelo de titãs*, o novo filme do magnífico Denzel Washington. Vale a pena discuti-lo como uma boa reflexão acerca do esporte e, para além desse tema, de um drama que usa o futebol americano para falar das relações entre brancos e negros de forma excepcionalmente criativa.

O sistema racial americano é sempre discutido sob o ponto de vista político. Descreve-se sua profundidade quando ele é visto pela sua instituição mais abominável: a escravidão que estigmatizava o trabalho e minava todas as esferas da vida, sustentando uma moralidade baseada na desumanização dos negros. Mas, em nome da modéstia ou de princípios políticos, abandonava-se qualquer sugestão para a sua melhoria e até mesmo resolução.

Existem muitos dramas que caracterizam o ódio racial, a discriminação legal e política, o preconceito moral e o prejuízo social sem, entretanto, indicar uma luz no fim do túnel. Fala-se muito de conflito racial e mais ainda de *bigotry* (pronuncia-se *big-otery*) – um conceito que basicamente significa a hipocrisia de quem só enxerga o seu lado da questão e recusa terminantemente vislumbrar, ainda que superficialmente, o lado alheio –, mas não se ousa indicar um caminho a seguir.

Duelo de titãs é um filme excepcional porque contrasta fortemente com tudo isso. Além de mostrar o conflito e os triviais atos de violência entre brancos e negros, abre uma porta e sugere uma saída para essa trágica realidade cultural.

Baseado na vida de um técnico de futebol negro (Denzel Washington) que, em plena Virgínia nos anos 1970, vai dirigir um time de futebol cujo treinador era um branco, o filme caminha dos rotineiros lances de confronto racial para uma original mensagem de esperança.

O que permite essa passagem é o fato do técnico ser obrigado a "construir" um time de futebol baseado na excelência. Times de futebol, conforme sabemos bem no Brasil, não dependem de brancos ou negros, altos ou baixos, ricos ou pobres para darem certo. O que importa nessa estrutura é ser bom e vencer.

É precisamente isso que o filme brilhantemente elabora. Ou o nosso racismo nos destrói e nos torna perdedores, ou conquistamos nossas diferenças e partimos para a vitória. Cabe, é claro, ao trabalho dos técnicos – um negro e um branco – a "fabricação" desta equipe excepcionalmente mista que, ultrapassando as barreiras raciais, assume o hibridismo como algo positivo e torna-se campeã naquela Virgínia pós-segregacionista dos anos 1970.

Mas isso só acontece porque negros e brancos foram postos num caldeirão físico e emocional. Foi a convivência e a intimidade que dissolveu os pontos mais duros do preconceito. Levados pelo treinamento esportivo que mobiliza o físico e o mental, o time americano mulatizou-se e, eis o ponto, abrasileirou-se.

Gerenciar o preconceito por meio da intimidade e da pessoalidade é, como estamos fartos de saber no Brasil, uma "solução" imperfeita para a questão racial. Ela não é nem definitiva nem capaz de resgatar todas as injustiças. Mas é um "método" que, mesmo sabendo das diferenças, tem a capacidade de humanizar os parceiros. No fundo, esse filme profundamente americano descobre, na sua cintilante pós-modernidade, um mulatismo cultural que é o segredo das relações *sociais* no Brasil.

A OBESIDADE COMO BELEZA

Dizem que as manifestações mais humildes de uma sociedade são as mais reveladoras de sua índole e dos seus valores. A comida, a música popular, as anedotas, as novelas de televisão, os programas de rádio, o modo de falar, os filmes e o circo, tudo isso revela – sobretudo quando são rotineiros e triviais – o que vai por dentro de um sistema cultural, exprimindo de modo insuspeito, e quase sempre com clareza singular, suas tendências e preocupações.

É o que ocorre com o filme *O amor é cego* (*Shallow Hal*), uma comédia produzida e dirigida pelos irmãos Bobby e Peter Farelly, os mesmos que fizeram *Quem vai ficar com Mary*, e o mais popular e bem-sucedido, mas igualmente repleto de humor rabelaisiano, *Eu, eu mesmo & Irene*, com o impagável Jim Carey.

A palavra *shallow* significa "raso" e sem profundidade. Hal é o apelido de Harold, o herói do filme (interpretado por Jack Blake). Um sujeito tão vidrado em mulheres bonitas que transforma sua atração em obsessão e seu desejo em ansiedade. Com isso, Hal reduz todas as mulheres a uma questão de forma física e de aparência, o que é corroborado por seu companheiro Maurício (Jason Alexander), um amigo-modelo tão exigente relativamente à beleza física das mulheres que, numa das cenas mais engraçadas do filme, recusa o convite de uma belíssima gata para ir a um concerto-reunião dos Beatles (com o Eric Clapton substituindo John Lennon) só porque ela tem o segundo artelho do pé direito muito grande!

A busca exclusiva da beleza externa e física – das chamadas "aparências" – serve como motivo para o filme penetrar à sua maneira nas dualidades corpo/alma, interior/exterior, falso/autêntico, íntimo/público, aparência/essência, essas oposições que demarcam o campo de batalha da ideologia e da moralidade moderna e ocidental.

Sendo raso e "grosso", conforme diríamos no Brasil, Hal não consegue ver além dos dotes físicos das pessoas, até que num elevador enguiçado encontra um mago americano do "como melhorar sua vida, ganhar dinheiro e ser feliz", um tal de Tony Robbins (que faz o seu próprio papel) que o condiciona a finalmente enxergar, mais do que ver – eis o milagre carnavalizante desta comédia – o lado interior das mulheres. A tal beleza espiritual a ser eventualmente descoberta somente depois da paixão corporal – ou que jamais pode ser encontrada porque a feiura ou o aleijão não permite.

Agraciado com o ambíguo "dom" de enxergar as mulheres pelo seu lado interior, Hal apaixona-se por Rosemary, uma obesa que ele, entretanto, enxerga como sendo a bela, talentosa, sedutora e gostosa, Gwyneth Paltrow. Enquanto todo mundo nos Estados Unidos vê os gordos como perdedores, preguiçosos, comilões obsessivos e doentes, um Hal magicamente transformado pelo dom da visão interior ou essencial os enxerga como pessoas lindas, dignas de serem amadas e, mais que isso, como seres humanos atraentes, e, eis a chave do filme, "normais" ou iguais a qualquer um de nós.

Embora o filme esteja longe da perfeição, ele certamente toca numa questão importante: os problemas de uma pessoa que consegue enxergar os obesos e os deficientes físicos (Rosemary trabalha num hospital infantil ajudando meninos com doenças incuráveis) com um olhar igualitário, sem os constrangimentos que os padrões estéticos e morais implícitos que carregamos nas costas (ou melhor, nos olhos) obrigam e demandam. O contraponto da experiência é a denúncia dos padrões estabelecidos e a sugestão da necessidade de uma visão mais aberta ou "normal", relativamente aos gordos, aos doentes e aos deficientes físicos em geral, por mais repulsivos que possam parecer. Tudo isso envelopado numa tonalidade leve e permeado com cenas hilariantes.

Alguns críticos americanos acharam o filme burro e grosseiro.

Para mim, ele tem um lado premonitório e uma dimensão pedagógica. Numa sociedade de 281 milhões, dos quais 40 milhões são obesos e 58 milhões estão acima do peso, ou seja, são gordos, não deixa de ser sintomático o aparecimento de um filme no qual se procura ensinar as pessoas a lerem os gordos de um modo humano e simpático e, no limite, os transforme em objetos de atração erótica. Trata-se de mais uma receita na longa lista dos *how to do* americanos. Aquelas fórmulas que ensinam as pessoas a como proceder e normalizam a vida social, rotinizando e controlando tudo.

No caso deste filme, vale ressaltar a tentativa de normalizar a obesidade, ao mesmo tempo que se apresenta como modelo supremo de beleza interior uma beldade real materializada, como não podia deixar de ser, num corpo esguio.

Mas o fato concreto e complicado de aceitar o diferente como igual, evitando a complementaridade e o par hierárquico (gordo/magro; alto/baixo; homem/mulher; velho/novo etc.), continua sendo o alvo desta sociedade verdadeiramente obcecada em disciplinar, normalizar e aplainar sua vida social.

No fundo, esse filme mostra como a comédia, com sua aparente inocência e despropósito, é um instrumento oculto de domesticação da espontaneidade e de repressão da interdependência.

O FIM DO AMOR

A nova versão cinematográfica do livro de Graham Greene *Fim de caso*, publicado em 1951, tocou minha alma e deu-me um alento: afinal o cinema contemporâneo não estava reduzido à velocidade estúpida e à violência gratuita dos Stallones e Tarantinos.

Fui um leitor sério de Graham Greene, e quem me apresentou à sua obra foi Roberto Gonzaga, jornalista e escritor que trabalhava na Embaixada Americana quando ela se localizava na então Cidade Maravilhosa, o Rio de Janeiro. Com voz grave e serena, Roberto me falava deste escritor inglês que transformava histórias de espionagem e de detetive em sérios dilemas morais. Em paradoxos e questões sem resposta, engendrados pela incomensurabilidade dos valores e pelas muitas voltas da vida. Para os insensíveis, a vida permanece dura e indiferente – afinal, como me disse uma vez um colega escandinavo em Harvard, ela é feita de sangue, fezes e dor. Para os que não se satisfazem com a vida na sua manifestação imediata, cada evento significativo contém mensagens e há situações singulares, das quais não se sai facilmente.

Refiro-me às coincidências, aos encontros não esperados, aos acidentes e a tudo aquilo que colocamos debaixo das rubricas da "magia", do "milagre" e, mais banalmente, da "sorte" ou do "azar". Essas coisas que rompem com as rotinas do cotidiano e nos obrigam a refazer histórias, a reconstruir situações e a perguntar: por que foi comigo ou com meu amigo ou irmão? Essas situações que são, como sabem os antropólogos, a matéria-prima do pensamento mágico e da feitiçaria.

Pois bem, a narrativa de Greene trata deste problema, embora os tolos possam "ver" no filme (e no livro) uma complicada história de amor adúltero, termo fora de moda num mundo individual que legitima a busca da felicidade a qualquer preço. Tratando de um triângulo amoroso, o romance de Greene apresenta uma possibilidade fora do comum no que diz respeito ao seu desfecho. Nele, marido, mulher e amante não findam a história com vinganças mortais, fugas ou acomodação. Também não há aquele gesto carnavalesco, imortalizado por dona Flor de ficar com os dois e escolher não escolhendo.

O que se elabora em *Fim de caso* é o fato de uma pessoa ser tocada pela crença e pelo milagre. Por uma situação com dupla leitura: pode ser vista como uma coincidência ou como um milagre. Milagre resultante de uma prece proferida em desespero. O centro da narrativa não é o adultério com suas culpas, prazeres, sexualidade gloriosa ou ressentida, que tanto nos deleita, mas são as consequências não previstas desta situação. Vendo o amante debaixo de escombros, durante o bombardeio de Londres, Sara, a mulher casada que nossos olhos machistas tendem a ver como puta, fingida e desonesta, faz uma promessa: se Deus fizesse seu amante viver, ela terminaria aquele *affair*, aquele negócio diabólico no qual todos são sistematicamente enganados, e cuja moeda corrente é a mentira e a hipocrisia.

Vendo, imediatamente após o seu solene compromisso, o amante retornar, Sara tem diante de si um formidável problema: como desacreditar ou simplesmente esquecer as obrigações impostas pela dívida contraída pela promessa que realizou com uma entidade abstrata, invisível, distante e ausente, chamada Deus. O que faríamos se fôssemos tocados por um milagre deste porte? A graça que trouxe de volta à vida a pessoa que mais amamos, depois de estarmos convencidos de termos presenciado a sua destruição? Seria possível esquecer a promessa depois de ter recebido a graça?

Como desfazer palavras e intenções que foram ditas para Deus numa oração que também é um pacto de honra?

Esse é o verdadeiro "fim do caso" de que nos fala Graham Greene. Nesta sua história, a humanidade contém coisas insondáveis, como esse paradoxo que transforma um torpe adultério numa obra divina, fazendo com que – após o milagre – Sara conduza o marido e o amante a acreditarem em Deus. Um Deus que passou a ser objeto de Seu amor, substituindo a paixão humana e passageira que seria apenas um prelúdio de uma forma de relacionamento eterno, desconhecido para nós.

Um diálogo, central no drama, trata disso claramente:

– O fato de não nos vermos – diz Sara – não é sinal de que o amor terminou. As pessoas não continuam amando a Deus mesmo passando suas vidas sem Vê-lo?

– Mas esse não é o nosso tipo de amor.

– E haveria outra forma de amor? – finaliza Sara, sugerindo que qualquer amor, mesmo o mais distorcido, é apenas um ensaio para o grande amor que contém a esperança da paz e da serenidade, aquilo que se personaliza como a ligação com Deus.

PAIS, FILHOS E *THANKSGIVING*

Já falei do *Thanksgiving* como uma celebração tipicamente americana, acentuando o seu mito de origem: o fato de que essa festa corresponde à chegada dos Puritanos na América, quando tiveram que enfrentar os obstáculos naturais e sociais para se estabelecerem como fundadores de uma nova nação – de uma cidade em cima de uma montanha –, como manda a imagem bíblica que os inspirava.

Hoje, quero falar mais do rito propriamente dito. De certo modo, o *Thanksgiving* nada mais é do que um jantar formal, no qual a família se reúne e compartilha uma refeição. Mas esse repasto tem uma diferença: é que no *Thanksgiving* é obrigatório comer-se um peru assado, acompanhado de um molho de *cranberries* silvestres.

Essa obrigatoriedade culinária relaciona a refeição aos Puritanos, tirando-a da simples esfera da necessidade e ritualizando o jantar. Pois, como diz a lenda, os Puritanos, quando quiseram celebrar seus primeiros meses na nova terra, nada tinham para comer, exceto perus selvagens e "morangos" silvestres. Como sua ideologia era de gratidão a Deus, não reclamaram e fizeram a festa com o que possuíam no momento. É esse gesto original que funda a comemoração que o encontro do *Thanksgiving* até hoje deseja reproduzir, repetir e capturar.

Comer o peru significa rememorar esse fato de modo sensível (ou concreto), por meio de um prato que une todo o grupo pelos laços sagrados de uma comunhão. Pois comungar, como se sabe, é compartilhar de uma mesma substância, no caso, do corpo e do sangue de Nosso Senhor Jesus Cristo.

Por causa disso, é tradicional no *Thanksgiving* que as pessoas se vistam com esmero e tenham consciência explícita do momento em que se come, sempre iniciado com uma oração de agradecimento. Como uma refeição simbólica, o rito demanda produzir uma comida sagrada. Ele implica também reunir pessoas ligadas por substância (por procriação, consanguinidade, casamento, comida, simpatia, amizade etc.) – os chamados "parentes" – para esse dia de ação de graças.

Mas se fazer a comida é fácil, não é tão tranquilo reunir parentes nos Estados Unidos. Pois a ideia de uma reunião obrigatória (e ritualizada) contraria o espírito individualista que comanda a sociabilidade nesta terra. Realmente, como congregar os membros de uma família quando todos foram criados para se individualizar e quase todos vivem longe de suas cidades de origem?

Um filme intitulado *Feriados em família*, lançado neste momento, dirigido por Jody Foster e tendo como atriz principal a talentosa Holly Hunter, aquela mulher extraordinária do premiadíssimo *O piano*, fala dessas dificuldades melhor do que qualquer documento.

É que o filme situa sua trama nas várias fases desse complicado reencontro dos membros de uma família americana de classe média para celebrar o *Thanksgiving*. Ao fazer isso, ele mostra como esse movimento de volta ao lar tem um lado penoso, pois na sociedade americana, ser (e ter) parentes próximos é algo que conduz ao sofrimento e à limitação – é algo, dir-se-ia com o exagero sem o qual nada é examinado em detalhe, profundamente negativo. Por quê?

Porque numa sociedade que salienta a independência individual e a autoconfiança – e eu lembro que os heróis nacionais americanos são o Super-Homem, o detetive e o vaqueiro solitários –, a presença do pai, da mãe e dos irmãos indica que todo mundo foi criança, que todo mundo foi dependente, que todo mundo teve que aprender alguma coisa com alguém e, acima de tudo, que todo mundo foi procriado e veio ao mundo por obra (se não pela vontade) de outras pessoas.

Ora, aceitar que tivemos genitores que não escolhemos e que fomos criados sem saber as regras de nossa própria educação é algo duro de aceitar num sistema dominado pelo controle da individualidade, do *self*, da natureza e do futuro. Num sistema que se funda na crença de que um dia todos os segredos serão desvendados, e todas as ambiguidades e paixões serão, se não abolidas, pelo menos controladas, é complicado esse agrupamento coercitivo de parentes.

Como, então, reunir-se de bom grado com esses pais que nos tratam sempre como crianças, que testemunharam e às vezes fabricaram nossas fraquezas e que foram os nossos autores biológicos? Como conciliar esses fatos essenciais da vida, fatos que indicam ausência de escolha e acentuam as relações e a perda de controle com a crença na liberdade individual e, acima de tudo, no controle e na autonomia pessoal? Como harmonizar a ideia de que somos seres independentes, mas ontem mesmo éramos crianças inseguras e dependentes de adultos ignorantes e humanos como os nossos pais?

Esse elo profundo e doloroso com os pais que para nós, brasileiros, parece ser uma virtude testemunhar e reconhecer em todas as festas, pois a fraqueza dos pais corresponde à vitalidade dos filhos, é um problema nesta sociedade. É isso o que o filme *Feriados em família* constata nostálgica e comovidamente.

EM TORNO DE STANLEY KUBRICK, QUE EXIGE OLHOS BEM ABERTOS

Alguns *pundits* brasileiros liquidaram o filme *De olhos bem fechados*, do falecido Stanley Kubrick. Fácil falar em jornal para leitores muito preocupados com o dia a dia para darem importância a cinema ou a teses complicadas e, pelo que li, bombásticas e burras.

Sim, porque *De olhos bem fechados* fala menos de sexualidade do que de modernidade e individualismo. E diz mais das ilusões da liberdade e dos pântanos da fantasia, citando um Luis Buñuel de *O fantasma da liberdade* e um Billy Wilder de *O pecado mora ao lado*, do que pensa a nossa vã filosofia sexual, que decreta como morto o sexo no casamento estável ou estertorando.

Tem idiota que pensa que depois de 25 anos de casamento marido e mulher viram irmãos. Nelson Rodrigues, gênio em quase tudo que escreveu, dizia isso impunemente. Talvez porque não tivesse tido a coragem de realmente navegar na intimidade densa e resplandecente de sua própria sexualidade, essa viagem que faz com que se possa explorar todos os lados da nossa *persona* erótica, o que só ocorre quando se tem uma mesma mulher (ou um mesmo homem ou comparsa). No sexo, como ensinou Freud, é a persistência e a repetição que abrem as brechas para as experiências mais ousadas. Essas experiências que só podem existir quando se tem intimidade, essa joia rara de um mundo que confunde quantidade com profundidade.

Vendo *De olhos bem fechados*, lembrei-me de minha tia Amália, que contava histórias fantásticas e nos ensinava aquilo que passou ao largo dos comentaristas do filme de Kubrick: os dragões, dizia ela como um dado crítico para quem queria visitar os seus domínios, dormem de olhos abertos. O perigo começa quando fecham os olhos, arrematava ela para nossa surpresa e deleite.

No filme, ocorre o mesmo. Os palermas de plantão leram a história como o mito do macho ameaçado pela fêmea liberada e perigosa. Neste sentido o filme todo giraria em torno do ciúme e da dissimulação. Mas onde estão os triângulos primários e as vinganças, quando o que se vê na tela é uma brilhante teorização sobre os limites da fantasia, da modernidade e, consequentemente, do individualismo?

Será possível sustentar um elo social, sobretudo uma relação fundada na dimensão erótica da vida, sem que os sujeitos se imponham limites? Será possível, questiona Kubrick, aprofundar um elo amoroso sem que se fique sempre de olhos bem fechados, como os dragões, vendo tudo e, entretanto, deixando tudo passar porque é esse conluio que constitui o verdadeiro amor?

O que ocorreria, experimenta Kubrick, com uma relação aberta e ilimitada? Um laço no qual as individualidades englobam a relação e o que ela permite e promete fazer (e produzir) (em con)junto? A resposta é que a onipotência individualista ingênua lançaria os parceiros em círculos de culpabilidade e de busca cada vez mais artificiais, perigosos e insatisfatórios. Ciclos nos quais a busca ficaria cada vez mais difícil e distante, como as miragens e os cenários. Assim, a procura do dr. Harford, um Tom Cruise perdido no filme como queria Kubrick, termina em rituais pervertidos e frívolos, *à la* Marquês de Sade, ritos nos quais a ausência de limite define precisamente as sexualidades carentes, vazias e superficiais que se esgotam em si mesmas, desprezando o outro. Sexualidades que se contentam com os gestos largos e as cerimônias ocas, nas quais se evita o encontro e o conhecimento do outro, pois todos são iguais e disponíveis. A fonte de toda a criatividade humana, parece dizer Kubrick, está precisamente na possibilidade da negação, da frustração e de contraste. Da integração da sexualidade com a pessoa com seus erros, fantasias, mentiras e, sobretudo, frustrações.

De olhos bem fechados parece pôr uma pitada de sal grosso na ilusão moderna, segundo a qual não há limites e que o casamento acabou por exaustão ou cinismo. O filme, ao contrário, parece sugerir que temos que ter olhos bem fechados para separar o casamento da possibilidade de tudo querer com uma mesma pessoa. O segredo do amor, parece dizer Kubrick, jaz precisamente na capacidade de fechar-se numa relação. É na finitude e na culpa que jaz o amor profundo, amor que se contenta em ficar de olhos bem fechados para o namorado. De nada adiantam as desculpas oficiais do "eu não faço porque te amo". Vale, isso sim, a consciência de que o outro não pode se esgotar em nós. E que as nossas fantasias só valem como tal se são mantidas no escuro e se realizam com e pelo outro. E não contra ele ou ela, como ocorre quando são reveladas. E reveladas de olhos bem fechados, como quer o mestre Stanley Kubrick.

A PAIXÃO DE CRISTO

Dedico esta humilde reflexão aos críticos que acusaram o filme de Mel Gibson de ser violento e hoje estão elogiando *Kill Bill*, essa ode à violência como código social, de Tarantino.

O que mais chama atenção no filme de Mel Gibson?

Primeiro, a ausência notável dos batidos efeitos sonoros que, no nosso imaginário, têm permeado as versões teatrais e cinematográficas dessa história. Por mais de meio século, Hollywood tem nos ensinado a amar, fumar, dançar, matar, guerrear, destruir e rezar. Tudo isso por meio de protagonistas atraentes, de voz e gesto perfeitos, acompanhados de música, mobiliário e vestimentas impecáveis.

Como, pois, assistir a uma narrativa que pertence ao gênero "filme bíblico" sem esperar paisagem majestáticas, música sublime, efeitos fotográficos espetaculares e ter como atores aquelas figuras que os americanos dizem ser "maiores do que a vida", ou ouvir os romanos aristocratas e dominadores, os "bandidos", falando com o mais puro sotaque inglês, ao passo que os cristãos e escravos – os "mocinhos" – exprimem-se em bom e claro inglês americano?

Eis que o primeiro traço distintivo dessa paixão de Cristo de Mel Gibson é a sua total "des-hollywoodização", que surge logo na abertura do filme, quando, antes de qualquer imagem humana, ouvimos os sussurros incompreensíveis, mas pungentes, da prece em aramaico de um Cristo humano, molhado no suor frio do medo, que prenuncia a doação de sua vida a uma humanidade até então irredimível. A mistura do latim com o aramaico, línguas tão diferenciadas quanto seus falantes, começa o trabalho de desbastamento que Gibson decide impor à sua versão, provocando com isso um contraste agudo com os outros "Cristos" fabricados em Hollywood, os quais tinham cada gesto seguido por harpejos e raios de luz.

A essa diferença segue outra igualmente notável. É que a câmera fica sempre *com* e jamais acima ou abaixo dos personagens. Não há nenhuma cena na qual alguém situe o que se passa, dando uma explicação ou proferindo uma frase interpretativa que imediatamente dê sentido ao que se assiste. Reina, ao contrário, uma algaravia e uma polissemia bakhtiana, o que ressalta o papel das legendas. Pois, como o filme, é falado em duas línguas que ninguém – e sobretudo um povo monoglota, como o americano – entende, todos ficamos iguais perante a narrativa e à mercê de uma leitura obrigatória das falas dos personagens, o que produz um enorme sentimento de estranhamento. Ora, é exatamente essa perspectiva que se deseja quando o filme opta pelo tom anti-bíblico ou grandioso e quando ele se produz remetendo ao universo linguístico (e semântico) daquela época. O resultado é uma subliminar, mas forte presença humana, pois nada que vemos é muito claro. Mel Gibson consegue ultrapassar o mero realismo do cinema, para sugerir que somente a fé e a entrega ao próprio Cristo podem ser a chave daquele episódio no qual uma pessoa se deixa trucidar sem exclamar uma palavra de defesa – muito pelo contrário: perdoando seus torturadores.

Dentro da confusão reinante em todo o filme, contrasta a certeza e a serenidade de Jesus confiante na realização do seu destino. O cordeiro de Deus que, pela destruição do seu corpo com todo o sofrimento que isso implica, está ali – doando conscientemente ao mundo a sua mensagem e nela se transfigurando. Isso em meio a um caos de interesses e de sentimentos humanos, dos quais se distinguem o ódio e o ressentimento, o amor materno e fraterno, e o estranhamento dos discípulos quando se descobrem humanos e temerosos, como todo mundo, diante das autoridades constituídas.

O terceiro e último ponto é o tema da Paixão propriamente dita, algo que os críticos de plantão e o público em geral têm discutido sob o emblema da violência. Nisso, o que mais espanta não é o que o filme mostra – pois toda a iconografia cristã, sobretudo a barroca, essa que aparece nas nossas igrejas mais belas, revela precisamente esse mesmo Jesus chagado e supliciado –, mas a reação ao que é mostrado. Pois como se pode falar em violência, quando existe toda uma geração de cinéfilos habituados aos Tarantinos, Stallones e Stones dessa Hollywood que se esmera em abrir espaço para todo tipo de violência e reprime qualquer forma mais refinada de amor e erotismo?

Não tem sentido a acusação de violência quando o próprio tema do filme é expor a consumação pela dor física, pelo castigo imerecido e pela condenação injusta naquilo que foi certamente o fato distintivo dessa história: o autossacrifício de Deus encarnado em homem para realizar com eles uma nova aliança. Se todos os povos se julgam descendentes de deuses e nós, pobres ocidentais, somos filhos de um casal desterrado do Jardim do Éden, a boa-nova é essa Paixão de Cristo que faz com que Deus venha ao nosso encontro em carne e osso, para nos salvar e despertar em nós o sentimento de fraternidade e, sobretudo, de perdão universal. Daí o fato derradeiro e perturbador relativo a esse filme: é que ele foi feito por um católico. Num mundo no qual todo mundo pode ser tudo, esse filme motivado pela fé provoca a reação ligada a alguém que não teme ser ou pertencer.

OS PROJETOS CIVILIZADORES E OS SEUS HÓSPEDES NÃO CONVIDADOS

O maior privilégio de ser professor não é ensinar, é ser obrigado a entrar em contato com a imensa ignorância que reside em cada um de nós. Para ensinar é preciso aprender. Se existe alguma sabedoria no professor, essa sabedoria vem do fato de que quem ensina sabe que não sabe. O que é, permitam-me o salto mortal filosófico da pequena crônica, o maior de todos os aprendizados.

A postura que faz da ignorância o pretexto do saber é também a pedra de toque da antropologia que realizo. Uma "antropologia cultural" que nada tem a ver com a "Alta Cultura" dos críticos bem-falantes que, encadernados nas suas pós-modernidades, pregam e ensinam modos "universais" de ser e fazer.

Porque nesta antropologia o "cultural" refere-se ao lado substantivo e não à dimensão adjetiva do conceito. Eu explico: para o doutor em "artes", nem todo mundo tem "cultura". Mas, na minha antropologia, todo mundo tem cultura. Não ter cultura ou afirmar a ausência de cultura, como fazem os nossos chamados e bem falantes "críticos culturais", é uma forma contundente de ter cultura. Um modo claro de tornar a antiestima um elemento básico da vida social. No fundo, afirmar que "não há cultura no Brasil" significa dizer que as pessoas não seguem a nossa cartilha intelectual ou artística.

Como adjetivo, "Cultura" é usado como sinônimo de "Civilização", e tudo aquilo que é visto como diferente dos seus parâmetros é tido como primitivo, inferior, bárbaro, atrasado ou subdesenvolvido. Esta é a marca central de uma visão elitista do mundo. Dona do poder e das receitas para a tal "Civilização", "Bom Gosto" ou "Cultura", a elite promove o que julga que o "Povo" (visto como inculto, mas ingênuo, alegre, eventualmente criativo e inocente) deve aprender para poder "crescer", "amadurecer", "proteger-se" e "progredir".

Nada tenho contra essas receitas enquanto programas e agendas. O problema não é o programa, mas a ideia de que basta aplicá-lo para que tudo se transforme. Como se a sociedade fosse uma casa vazia e os grupos não tivessem valores que, por serem vivos, oferecem resistência ao que vem de cima e de fora.

Um dos melhores exemplos dessa visão "civilizadora" foi o programa da "boa vizinhança", inventado na década de 1940 pelo Departamento de Estado Norte-Americano. Interessados em manter a chamada América Latina imune do nazismo que já havia penetrado em seu meio, Nelson Rockefeller contratou Walt Disney e Orson Welles para usarem o cinema como instrumento de difusão de valores liberais no meio latino.

Welles, que, em 1941, havia feito o famoso *Cidadão Kane*, filmou o Carnaval e uma viagem de jangadeiros no Brasil. Vendo essas sequências no filme *It's All True* (produzido por Les Films Balenciaga em 1993), o que mais me impressionou não foi a "hollywoodização" da pobreza nordestina ou do Carnaval carioca de 1942. Foi, ao contrário, como os valores brasileiros vão dominando a cena, até que tudo é permeado pela maldição jogada contra o projeto por um pai de santo carioca que, como diz o próprio Welles, perfurou o roteiro do filme com uma agulha de aço emoldurada por um fio de lã vermelha, o que seria, de acordo com Welles, "a marca do Vodoo" (sic), que liquidou o empreendimento.

A maldição de que Orson Welles foi alvo mostra como os projetos civilizadores mais progressistas não são impermeáveis à cultura local que eles objetivam transformar. Assim, a feitiçaria foi o hóspede não convidado de Welles, tanto quanto o nepotismo, o autoritarismo e a roubalheira têm sido vorazes comensais dos projetos de modernização do Brasil.

COM POLANSKI, TOCANDO PIANO

Escrevo em plena Sexta-feira Santa. Antigamente não se fazia muito nesse dia, marcado pela proibição de comer carne e pela visita obrigatória à igreja, onde se beijava o corpo de Nosso Senhor morto e se ouvia um padre que, em geral, não sabia do que estava falando.

Quando, nesta Sexta-feira da Paixão, deixei o cinema depois de assistir a *O pianista*, esse maravilhoso filme de Roman Polanski, voltei ao plano das coisas sagradas e pensei nos meus saudosos pais louvando as películas que apreciavam como "filmes que enchiam as medidas". Filmes extraordinários porque cumpriam a função industrial (rendendo o dinheiro de sua produção), mas também inventavam novas perspectivas pelas quais podíamos rever antigas questões.

No contexto de uns Estados Unidos mobilizados por uma guerra e por muitos paradoxos, e de um Brasil igualmente dividido entre a sensatez da governabilidade responsável (que vê o país como um todo e sabe como é preciso aprovar certos projetos) e os rompantes ideológicos dos extremos, sobretudo dos extremos legalísticos, que, entre nós, são os mais reacionários, o filme de Polanski remete ao velho tema da compreensão humana, que, muitas vezes, chega pelas mãos de quem menos se espera.

Retomando o batido tema do extermínio étnico como política de Estado, burocraticamente praticada, com suas listas e tudo o mais que os nazistas realizavam com terrificante competência, *O pianista* conta uma história de sobrevivência. Ou melhor, relata uma acidental sobrevivência, já que tudo nesta vida é, a fundo e ao cabo, uma conta de chegar entre necessidades e acasos. Quem não poderia ter morrido de acidente de carro ou assalto no eixo Rio–São Paulo?

O que faz a grandeza desse filme é o seu paradoxal despojamento. Nele, tirando a formidável música de outro polonês chamado Chopin, nada cheira ao heroísmo americano banalizado pela Hollywood contemporânea, no qual o herói é forte, explosivo e onipotente. Ao contrário, portanto, da saga de Spielberg, o que se revela aqui não é a história de um planejador frio, destemido e determinado contra um nazista que era o seu oposto, como foi o caso de *A lista de Schindler*, mas o conjunto de vicissitudes que permeiam uma existência no inferno de uma brutal perseguição.

Longe dos triviais dualismos entre "os do bem" e "os do mal" – essas dualidades que o PT e todos nós estamos aprendendo a desconstruir –, Polanski trabalha com as contradições que minam as grandes polaridades e com os cotidianos que liquidam as grandes políticas de Estado. São esses pequenos gestos de solidariedade – quando um guarda salva o pianista do trem que segue com sua família para o campo de extermínio, e quando o oficial nazista aprecia a arte do pianista – que nos levam a refletir sobre a complexidade da condição humana, mesmo quando ela se reduz ao plano de um inenarrável sofrimento, como foi a experiência dos judeus no gueto de Varsóvia.

Se a política nazista alardeava o extermínio, dissolvendo a generosidade, a solidariedade humana, silenciosamente, refazia sua teia. Neste contexto, o que é rotineiro passa a ser extraordinário e o que é anormal – sofrimento, brutalidade, fome, morte – passa a ser parte do mundo diário. É exatamente nessas circunstâncias limítrofes que o confrade se transforma num traidor e o conhecido torna-se um brutal vampiro, do mesmo modo que o inimigo mortal pode surgir como um inesperado admirador.

Donde o desconcerto de descobrir que o bom ou o maucaratismo independem de ideologia, partido político ou posição ideológica. Em todos os lados existem amigos e inimigos, honestos e velhacos. O que mais perturba os que precisam de seitas e partidos para garantirem suas boas intenções é que, no fundo desse contexto de desumanidades, sobressalte uma bondade que não demande ou precise de um "muito obrigado".

Neste sentido, *O pianista* fala do grande mistério do dom: do fato de que todos temos a propensão, a obrigação e a necessidade de dar de volta o que recebemos. O que conduz ao mistério dos presentes (e favores) não solicitados e das obrigações sem retorno ou das recompensas que se tecem entre inimigos e estranhos.

O que mais me tocou foram esses presentes sem retorno que o pianista recebe em troca de sua arte que também não exige recompensa. Talvez ele tenha sido salvo porque era um artista e acreditava que, nesta vida, mais valem todos os pássaros voando do que um passarinho concreto na mão. Porque podia ficar sem comida, mas não dispensava a música. Essa música que, como o incenso, ultrapassa as fronteiras, comove deuses e demônios, e nos faz voltar a um piano que ajuda a "tocar" as contradições que estão no centro da condição humana.

AS LIÇÕES DO PIANO DE MAMÃE

Muito antes de Lévi-Strauss ter esboçado uma poderosa, original e imensamente criativa teoria social da música, no seu monumental *Mitológicas*, eu sabia o que a música era capaz de fazer com as pessoas. Graças ao piano e ao talento de minha mãe, Lulita, desde a infância eu ouvi aqueles sons que no final da tarde e diante de um pai calado, mas feliz ajudavam a fechar o dia, abrindo as frestas de luz do sonho, da fantasia e da beleza em estado puro e vivo que, dentre as artes, só a música sabe encarnar.

Mamãe fazia mais do que tocar. Ela comentava a melodia, recitava a letra e, excitadamente, falava do autor e das situações nas quais a música havia aparecido. Se era um Noturno de Chopin, ela falava do "tempo e da doença e do sofrimento de Chopin" (baseando-se, como descobri depois, no filme *À noite sonhamos*); se era uma marchinha de Carnaval, ela explicava as imagens de cada verso, revelando a grandiosidade e a autoestima positiva relativa ao Brasil de um Lamartine Babo e de um Ary Barroso. E se era uma melodia americana, digamos um Gershwin, um Hoagy Carmichael ou um Cole Porter, ela curtia o som e deixava para nós, filhos frequentadores dos cinemas, dos livros e dos cursos de inglês, a famosa "explicação de texto" que nos levava a uns Estados Unidos ainda em tecnicolor, um lugar onde – supúnhamos (que bela inocência!) – as pessoas dançavam à noite nos parques, só se andava do lado da calçada iluminado pelo sol e cantava-se na chuva.

Depois das rotinas do trabalho e do colégio, aquelas músicas todas nos davam o alento necessário para o sonho que, naquela época, era o futuro. Esse futuro que, pelo menos para mim, hoje fica cada vez menor e mais ralo, mas que sempre se estica quando eu ligo a vitrola e realizo o ritual de "ouvir música" com aquela atenção e seriedade que mamãe, com seu amor e talento pelo piano e por sua família, nos ensinou.

Como tudo que é humano, há melodia para tudo: para matar e morrer, para denegrir, vender, prostituir, curtir e sublimar. Existe até a música que exalta a dor e suspende a compaixão como as marchas militares e os cantos políticos partidários. A gente nasce chorando, mas cresce e se faz e desfaz com música.

É bom, pois, falar das músicas que até hoje conduzem ao autoconhecimento do Brasil pelos brasileiros e daquelas outras canções que tentavam traduzir o complicado *pathos* amoroso. As harmonias que serviam de mediação ou ponte entre o apaixonado e o objeto do seu amor. Ou, mais complicado ainda, entre os seres humanos e o próprio amor.

Pois são essas melodias que, já naqueles dias de conturbada transição da meninice para a vida adulta, ajudavam a dar forma a sentimentos e emoções complexas e frequentemente esgarçadas por cotidianos caóticos e contraditórios, carregados de frustração, decepção e ausência de esperança.

Quando o Brasil ia mal, mamãe tocava "Aquarela do Brasil". Quando a família estava deprimida, ela tocava o "Hino do Carnaval Brasileiro". Num caso e noutro, as letras ajudam a focalizar o que éramos, trazendo de volta imagens positivas de nós mesmos, ou reciclando a alegria irreverente e obrigatória do Carnaval. Na casa de um dos meus melhores amigos, as pessoas faziam isso com orações, com o pai patriarcalmente pregando um sermão depois de um terço solenemente rezado de joelhos. Lá em casa, a paulificação da política, a empáfia, a arrogância e a mediocridade dos tais "estadistas" de plantão se esvaíam nos acordes e nas harmonias das músicas que renovavam – com uma lufada de alegria – o ar pesado das preocupações com o salário, com a educação e com as doenças.

Contra o feio de uma rotina feita de desenganos e mentiras, de promessas não realizadas, fazíamos mais música do que reza. Nos dois casos, porém, o som cadenciado mistura, como fazem o incenso e a mirra, o sagrado com o profano, esse mundo com o outro, esse presente carregado de limites com o amanhã sempre esperançoso e ilimitado.

Foi ouvindo música americana que estive nos Estados Unidos muito antes de conhecer a realidade americana. Foi ouvindo música que pedi beijos de um número infinito de mulheres lindas e sedutoras (mulheres da noite e das taças de cristal). Foi ouvindo música que andei pelos jardins cobertos de poeira de estrelas, lugar imaginário onde se dançava uma valsa que eu não sabia com uma moça que eu ainda haveria de conhecer. Foi com a música que eu aprendi que ficar loucamente apaixonado era repetir dentro de si mesmo um "dia e noite" (noite e dia) compulsivo e tão impossível de evitar quanto as batidas do meu coração, cujo signo tinha o rosto da pessoa amada. Foi a música que me disse existir um amor eterno e uma pessoa definitiva, uma mulher que seria minha para sempre. Foi com a música que eu reconciliei – como mamãe fazia misturando, com a precisão de suas mãos ágeis, as teclas pretas com as brancas – a monogamia dos elos exclusivos com as memórias dos amores fugazes, as rotinas amorosas que constroem e as aventuras que fazem o coração bater mais forte, no risco que só as grandes canções traduzem de modo cabal.

Não sei por que estou escrevendo essas coisas. Meu propósito era falar de política, como todo mundo. Mas me permita o leitor escapar do comentário exclusivamente social que demanda e, no limite, devasta e exige. Hoje, lendo sobre esse poder mágico da música, quem sabe a gente vai poder se abrir ao alento dos sons harmoniosos. Vez por outra é bom ser receptivo ao que nós, humanos, fizemos de bom para nós mesmos. Em vez de pedir (como na oração e no discurso) para vir-a-ser. Ouvir (como na música) e simples, serena e corajosamente ser, para poder gozar e contemplar.

A FORÇA DA MÚSICA

Uma notícia no jornal *O Globo* (de 29 de outubro) sobre o cantor de rock Rod Stewart provoca esta crônica. Como outros quatro milhões de ouvintes, eu também comprei o seu disco *The Great American Songbook*. Meu motivo era menos o interesse pelo seu estilo de cantar do que a curiosidade em ouvir um roqueiro recitando velhas e queridas canções que eu mesmo sinatreio embalado pelo carinho e pela paciência dos amigos.

A novidade do disco consiste na regravação de 14 composições americanas clássicas: os chamados *great standards*, que ensinaram a dançar, marcaram o coração, abriram espaço para declarações de amor bem-sucedidas e promoveram fantasias de ser cantor em muitas pessoas de minha geração. Aqueles que nasceram nas primeiras décadas do século passado e cuja vida decorreu numa espécie de esquizofrenia melódica: de um lado, os grande sambas nacionais gostosa e obrigatoriamente tocados em serenatas e saraus caseiros; do outro, os grande boleros dançados na zona, e, numa terceira margem, a música americana que Stewart recantou, literalmente gozada nas festinhas em casa de amigos, sobretudo os que tinham irmãs e reuniam muitas daquelas "meninas" das quais, como me ensinou o saudoso Ary Vasconcelos, a gente – solidário com a nossa segmentação psicológica – só via o rosto. Músicas que dançadas a dois permitiam uma intimidade muito especial com o corpo feminino.

Que músicas foram essas que chamaram a atenção para um Rod Stewart como um cantor capaz de ir além do mero contemporâneo? Foram composições de gente como George e Ira Gershwin, Jerome Kern e Dorothy Fields, Gus Kahn, Sammy Fain, Cole

Porter, Rogers e Hart, Hoagy Carmichael e muitos outros. Quem comprou o disco, deleitou-se em ouvir um roqueiro traduzindo sua experiência de vida como pobre, coveiro e ex-jogador de futebol em canções tão comoventes como "You Go to My Head", "It Had to Be You", "That Old Feeling", "Every Time We Say Goodbye" e a inefável "These Foolish Things".

Claro que Stewart, que acaba de tirar um tumor maligno da garganta, vai gravar mais esse tipo de música. Quem sabe há aí uma suavização diante da vida e do mundo que, diga-se logo, estava no centro mesmo dessas melodias, que até hoje têm a capacidade de comover seus ouvintes?

Não cabe analisar os motivos do cantor. Mas cabe, sim, falar do poder mágico dessas canções que traduziram tanto o seu tempo (no caso em pauta, a grande depressão americana dos anos 1930, as guerras mundiais, o sucesso do estilo de vida americano que produziu uma imensa riqueza, um compreensível otimismo e um poder aterrador) quanto a tentativa de todos os artistas de capturar a nossa perene frustração diante da finitude, as agruras do esquecimento e da indiferença, o desejo inoportuno, o fato de que todos somos passageiros e que, em certos momentos, encontramos a companhia perfeita, descobrimos a sintonia certa e vivemos plenamente a magia do encantamento, da paixão e do amor.

Em contraste com a chamada "música erudita", a "música popular" leva à imitação. Muitos compositores, sobretudo os que produziam nos Estados Unidos uma sociedade onde o sexo era reprimido por um puritanismo sufocante, tinham plena consciência de que suas canções eram veículos para todo tipo de diálogo. Do que fala das banalidades do cotidiano – a ponta de cigarro com batom, o bilhete de avião para algum lugar romântico, as gangorras de um parque infantil – como prova de amor e, diríamos nós, de saudade (como na música "These Foolish Things"), à tentativa de reter o momento mágico da presença da pessoa amada em todo o seu brilho e beleza erótica (quando diz: no dia em que eu estiver terrivelmente deprimido e, como o grande Manuel Bandeira, com vontade de me matar, eu vou pensar na sua aparência nesta noite, como na música "The Way You Look

Tonight"). Isso sem esquecer a declaração de amor, tão definitiva quanto contraditória, de um "tinha que ser você" ("It Had to Be You"), promessa e lealdade amorosa numa sociedade individualista que prega a escolha que faz com que cada qual esteja comprometido com seu amor-próprio, ou a tristeza dos adeuses inenarráveis, como na comovente canção de Cole Porter que harmoniza a dor que se sente "todas as vezes que dizemos adeus, eu morro um pouco, eu me questiono um pouco" (no belíssimo "Every Time We Say Goodbye"), ou a sensualidade de um "Let's Do It" e de "I've Got You Under My Skin" desse mesmo Porter, ou, ainda, a sexualidade contrabandeada de "Makin' Whoopee", de Kahn e Donaldson.

No prefácio de *Explorações: ensaios de sociologia interpretativa*, eu recorria à experiência de um concerto para questionar a relação entre indivíduos livres para escolher e decidir e a sociedade. Diante da orquestra que executava impecavelmente uma música, eu perguntava: mas quem era o objeto e quem era o sujeito? Ou mais claramente: era a orquestra que "tocava Mozart" ou era "Mozart que tocava" a orquestra?

Essa, penso, é a questão que, sem tirar méritos, responde ao sucesso de Rod Stewart e à permanência de Frank Sinatra como o melhor médium (ou cavalo) dessas grandes melodias.

Agora você sabe por que se canta no banheiro. Certas melodias têm tanta vida que obrigam à sua manifestação, mesmo pelos maus cantores. Eles não cantam nada, mas são, sim, cantados por essas grandes músicas.

IMAGENS DO BRASIL E DOS ESTADOS UNIDOS NA MÚSICA POPULAR

A voz de Frank Sinatra inspira este comentário. Essa voz tão ítalo quanto americana que soube levar a sério o amor definido como frivolidade (*it was just one of those things*), tragédia (*don't know why, there is no sun up in the sky*), delicada prece (*there is a somebody I'm longing to see*), fidelidade (*I'll be loving you, always*), magia (*you do that voodoo that you do so well*) ou abusada sensualidade (*I've got you, under my skin*).

Amor que assumia tantas faces quanto eram os grupos étnicos que faziam a América e, no meio de um impetuoso individualismo que tudo compartimentalizava, e de uma igualdade perante a lei que promovia um sentimento geral de democracia, trazia outra forma de conjunto através do apelo a um sentimento comum e paradoxal. Pois como entregar-se à demanda amorosa quando o amor a si mesmo como indivíduo é igualmente um dever e um direito?

Em 1945, Sinatra celebrou o fim da chamada Segunda Grande Guerra gravando uma das poucas canções que falam dos Estados Unidos como sujeito, numa perspectiva na qual a América é lida como um todo. Trata-se da música "The House I Live In (What Is America to Me?)", escrita em 1945 por Earl Robinson e Lewis Allen.

O que mais chama a atenção nessa música é o conjunto de imagens de conteúdo cívico e moderno que respondem ao seu refrão e à pergunta-título: *what is America to me?*

Ora – diz a música que eu reproduzo livremente –, a América é um nome, um mapa e uma bandeira. É uma certa palavra, democracia. Isso é América para mim. Em seguida, abrindo mais o leque, surgem outros elementos. A América é também um pedaço de chão, ruas, comerciantes e povo, crianças brincando nos playgrounds e todas as raças e religiões. É o lugar onde eu trabalho, é o trabalhador ao meu lado, a grande e a pequena cidade, a atmosfera de liberdade e o direito de falar o que se pensa. Isto é a América para mim. Mais: a América é também as coisas grandes e pequenas, a banca de jornais e os arranha-céus, os casamentos e as igrejas, o riso e as lágrimas, os jardins em flor, um ideal que não cessa de crescer e, muito especialmente, o povo. Isto é a América para mim.

O que intriga é a descrição de uma coletividade por meio de símbolos modernos. Assim, a América é sobretudo um território soberano e livre. É igualmente atividade capitalista e informação: é chão, casa, comércio, dinheiro, jornais, trabalho, gigantismo e tecnologia (arranha-céus), mas sem perder de vista a fé, os jardins, a dor e a alegria: o sonho que cresce motivado pela igualdade e liberdade como valor. E dominando o conjunto, o conceito que ilumina a letra e representa uma tradição: a América não se define como uma cultura ou sociedade; ela é, acima de tudo, um sistema político, uma nação e, como tal, uma democracia!

Que contraste faz essa América definida pelo civismo moderno com o "País tropical" de Jorge Ben Jor e, sobretudo, com o Brasil da "Aquarela do Brasil" de Ary Barroso, de 1939. Músicas – será preciso recordar? – nas quais o Brasil é definido não por espaços externos e credos políticos universais, mas por sua natureza paradisíaca singular e, mais que isso, pela experiência proporcionada por essa natureza lida como rica, farta, bela, dadivosa, convidativa e sedutora.

Tanto Ary Barroso quanto Jorge Ben Jor reportam-se, como antes deles fizeram Antonil (em 1730!) e Gonçalves Dias (na sua célebre "Canção do Exílio", de 1843) – para ficar em exemplos ilustres, sem esquecer, é claro, o "Hino Nacional" –, menos ao Brasil que ao sentimento inefável de "ser brasileiro", por meio do trinado de suas aves, a beleza de suas noites, céus, estrelas e palmeiras. Por sua natureza idealizada em paraíso, não por suas instituições sociais e políticas reais, decepcionantes e incompletas.

Imagens do Brasil e dos Estados Unidos na música popular

Para ser americano, basta se deixar governar por regras externas.

Mas, para ser brasileiro, é preciso sambar, gingar, misturar, beber, dormir e cantar; numa palavra – ser – mais do que, como mostra o caso americano, pertencer. Exagero? Sem dúvida, mas não é exatamente isso que essas músicas exprimem?

"The House I Live In (What Is America to Me)"
Earl Robinson e Lewis Allen (Abel Meeropol) – 1945

What is America to me
A name, a map, or a flag I see
A certain word, democracy
What is America to me

The house I live in
A plot of earth, a street
The grocer and the butcher
Or the people that I meet

The children in the playground
The faces that I see
All races and religions
That's America to me

The place I work in
The worker by my side
The little town the city
Where my people lived and died

The howdy and the handshake
The air a feeling free
And the right to speak your mind out
That's America to me

The things I see about me
The big things and the small
That little corner newsstand
Or the house a mile tall

The wedding and the churchyard
The laughter and the tears
And the dream that's been a growing
For more than two hundred years

The town I live in
The street, the house, the room
The pavement of the city
Or the garden all in bloom

The church the school the clubhouse
The millions lights I see
But especially the people
– Yes especially the people
That's America to me

"Aquarela do Brasil"
Ary Barroso – 1939

Brasil, meu Brasil brasileiro / Meu mulato inzoneiro
Vou cantar-te nos meus versos:
O Brasil samba que dá / Bamboleio que faz gingar
O Brasil do meu amor / Terra de Nosso Senhor
Brasil / Brasil / Pra mim / Pra mim

Ô ô abre a cortina do passado / Tira a mãe preta do cerrado
Bota o rei congo no congado / Brasil / Pra mim Pra mim
Deixa... cantar de novo o trovador / À merencória luz da lua
Toda a canção do meu amor /
Quero ver essa dona caminhando
Pelos salões arrastando / O seu vestido rendado
Brasil... Brasil / Pra mim... pra mim

Brasil / Terra boa e gostosa / Da morena sestrosa
De olhar indiscreto / O Brasil samba que dá
Bamboleio que faz gingar / O Brasil do meu amor
Terra de Nosso Senhor / Brasil... Brasil... pra mim... pra mim

Oooh esse coqueiro que dá coco /
Onde eu amarro a minha rede
Nas noites claras de luar / Brasil... Brasil

Oooh ouve essas fontes murmurantes /
Onde eu mato a minha sede
E onde a lua vem brincar / Oh esse Brasil lindo e trigueiro
É o meu Brasil brasileiro / Terra de samba e de pandeiro
Brasil... Brasil / Pra mim... pra mim...

COTIDIANOS

VENDO TELEVISÃO NA AMÉRICA

Enganam-se os que pensam que os meios de comunicação de massa e muito especialmente a televisão têm apenas a função de moldar consciências. Pois o que as diversas TVs nacionais revelam é que nem sempre o vídeo desempenha funções explicitamente políticas e atrai os seus espectadores porque tem uma dimensão exclusivamente pública ou eminentemente comercial. De fato, se a televisão tem sido muito apropriadamente pensada como braço do poder, o que a observação também revela é a sua multiplicidade de papéis. A experiência americana, por exemplo, mostra que a TV tem muitas caras, cada qual relacionada à sociedade na qual atua, transforma, constrói e também ajuda a enxergar.

Sendo um meio de comunicação instantâneo e mais plástico do que o jornal (que pode ser guardado e lido sem ajuda de nenhum aparelho), a televisão se relaciona a imagens reais – a rostos, vozes e pessoas concretas, imagens vivas e expressivas de situações, objetos e corpos. Ademais, o simples fato da TV estar dentro de nossas casas faz com que ela engendre uma enorme mistura de intimidade com cumplicidade. Realmente, a TV facilita a intimidade (a ponto de confusão) entre programas e espectadores, um traço ausente do jornal diário no qual a "notícia" e o "comentário" (ou o lado público da sociedade) predominam.

Tal função é nítida aqui nos Estados Unidos, onde dos 600 programas colocados no ar diariamente os mais famosos e os mais interessantes de um ponto de vista humano são, sem dúvida alguma, os chamados *talk shows* – os programas de entrevistas.

Se no Brasil a televisão sobe e desce com as novelas – essas dramatizações intermináveis do mundo diário nacional –, aqui nos Estados Unidos a discussão exemplificada, mas íntima de um tópico problemático precisamente porque tem elos com a vida pessoal, domina a curiosidade popular. Num caso como no outro, a televisão atua sobre a sociedade provendo modelos, temas, gestos, atitudes e falas, mas ela igualmente reflete padrões culturais estabelecidos ou emergentes que, por isso mesmo, o "povo" toma como importantes e discute sem correr riscos e sair de casa, sem ter que ler livros ou colocar uma gravata.

No Brasil, o que domina a cena televisiva não é apenas a notícia, o esporte ou a previsão do tempo, é a novela. A antiga narrativa relacional que se faz com (e não contra) o leitor. O drama no qual todas as personagens estão interligadas, são interdependentes e atuam sobre os destinos umas das outras. Assim, a rede que conseguiu reinventar o gênero controla amplamente a programação. O sucesso da novela reflete a importância da família e dos elos pessoais no caso brasileiro, já que vivemos realmente num mundo no qual os amigos e parentes são muito mais importantes para a nossa felicidade do que o conjunto de leis que governam a economia, a política ou o trânsito. Dentro deste universo relacional, as novelas mostram como se sobrevive a tanto amor, a tantas emoções e a tantos paradoxos quando a casa se entrelaça com a rua. De fato, não há novela na qual não se procure um descendente perdido, roubado ou desaparecido, onde não se apresente a tentação do incesto e onde a boa e leal amizade seja traída por um individualismo e uma ambição desmesuradas.

Nos Estados Unidos, o que domina a televisão são os programas de entrevistas com auditório, nos quais um anfitrião famoso, cujo programa tem o seu nome, debate com a calma de um analista temas tabus, banidos pela sociedade. Por exemplo: Jenny Jones discute casamentos de homens idosos com jovens em flor; Phil Donahue aborda o drama do incesto; Gordon Elliot entrevista homossexuais masculinos não assumidos; Oprah Winfrey fala de abuso sexual na família; Susan Powter conversa com freiras sobre suas vocações e dilemas pessoais; Geraldo ataca de J. O. Simpson. Tudo isso na presença dos perpetuadores e vítimas dos assuntos em pauta!

Fico impressionado pela temática e pelo feitio dos programas. Nos *talk shows* brasileiros, os entrevistados são postos numa posição superior como autoridades em algum campo, ou como celebridades. Com raras exceções, ninguém se interessa pelas pessoas comuns, a não ser, é claro, quando essas pessoas vivem uma tragédia.

Aqui nos Estados Unidos, porém, a par da temática explosiva, discutida por gente como nós, existe o confronto de personagens. Assim, se um marido é traído, o amante de sua mulher surge no palco para falar aberta e americanamente do caso. É como se o programa fosse um misto de psicanálise e júri, pois o que nele se fala é "provado" ou contestado de modo a permitir a emergência de uma "verdade" americana, acima de qualquer suspeita. Neste sentido, o entrevistador opera como um juiz-analista e não como um professor, estrela ou maestro (como é o caso do Brasil).

O que mais impressiona no *talk show* é a revelação de intimidades. Neste sentido, esse gênero de programa resgata a intimidade emocional e pessoal que a sociedade americana vem perdendo e, no fundo, rejeita, devido à sua imensa impessoalidade. Se não se pode falar em incesto no trabalho, na escola e muito menos na família, fala-se nos programas de entrevistas que suprimem não tanto a liberdade que sobra no campo político, mas a intimidade e o calor humanos que faz tanta falta na vida social.

UM TERCEIRO PARTIDO?

Os Estados Unidos transmitem uma incrível sensação de ordem. Por quê?

Sejamos quadrados: a burguesia, que construiu o capitalismo e, com ele, a sua ordem moral, é uma classe centrada no individualismo e na compartimentalização. "Um lugar para cada coisa, cada coisa em seu lugar", diz o dr. Teodoro Madureira, segundo marido de dona Flor e criatura que Jorge Amado, conscientemente ou não, usa como ilustração para a vida dentro da ordem – essa vida que convencionamos chamar de "burguesa" pela sua calma e tranquila confiança no governo, nas leis e, acima de tudo, no dinheiro ganho com honestidade e gasto com inteligência e parcimônia.

Nada mais representativo disso no mundo moderno do que a "fila". Ou, como dizem os portugueses, a "bicha", nos chamados "países adiantados", bicha que realmente funciona e é um dos melhores exemplos desta calma e incrível confiança nas normas sociais. Fila que faz com que cada qual aguarde com segurança a sua vez, fila que permite ser atendido com base no critério do *first came, first serve* (o que chega primeiro é primeiro servido), e que torna todo mundo igual porque, na fila, todos são consumidores de alguma coisa, não importando a idade, o sexo, a cor da pele, o tipo de roupa ou o nome de família. Assim, em vez daqueles olhares de sofrimento e daqueles suspiros (ou surtos) de impaciência, como sempre ocorre no Brasil, onde todos se consideram importantes e especiais, temos aqui olhares quase bovinos que exprimem uma inabalável convicção no "sistema" que, acreditam todos (nós do Terceiro Mundo talvez mais que eles, do primeiro), ainda funciona.

Existem suspeitas de que o sistema burguês começa a entrar em crise. É pena, porque no Brasil e em outros países (como o Chile) muita gente está convencida de que falta muito pouco para sermos como eles: adiantados, grandes, desenvolvidos, hiperconsumistas e obviamente felizes. Mas, quando chegarmos lá, eles serão muito diferentes, provavelmente muito mais parecidos conosco do que gostaria a nossa vã sociologia ou economia. É, diria Marx, mais uma gangorreada da história.

Mas os sinais dessa dialética que faz com que as sociedades troquem de lugar estão claramente presentes. No sistema econômico, a perda da eficiência industrial para os grandes derrotados da Segunda Guerra Mundial: a Alemanha e o Japão. No sistema jurídico, as dúvidas sobre leis que protegem a todo custo a liberdade individual, como a Emenda Constitucional nº 5; e, no sistema político, o desmascaramento da hipocrisia que tem movido o sistema, com a expulsão por conduta sexual imoral do senador Bob Packwood e com as opiniões do general Colin Powell.

Fiquemos, por enquanto, com as opiniões do general, um negro candidato em potencial à Presidência da República, que, contrariando tabus, diz que os Estados Unidos precisam de um terceiro partido. De fato, não se sentindo bem nem no reacionário Partido Republicano, nem na arena populista do Partido Democrata, Powell levanta a possibilidade de um terceiro partido – um partido intermediário, que possa fazer a ponte entre a "direita" e a "esquerda" americanas, polos sem dialética ou imaginação.

Mas o número três não é bem-visto nesta terra que representa a si mesma como dual e que sempre imaginou que o tudo ou o nada, o preto ou o branco, o leste ou o oeste, o sul ou o norte constituem as opções de uma moralidade suficiente e superior. Se não existe purgatório, santo padroeiro ou mediação, como falar num terceiro partido que fatalmente introduziria no universo político estadunidense a nossa tão conhecida lógica do "mais ou menos"?

Contra Powell já vocifera o líder reacionário Newt Gingrich, direitista vitorioso que deseja retomar os velhos valores americanos. Gingrich simplesmente assevera que, sem os dois partidos, uma pessoa, mesmo eleita, não pode governar, pois seria dona – pasmemos todos! – de um poder vazio.

Para mim, modesto observador da cena ianque-tupiniquim, a reação de Gingrich é a prova de que a cultura burguesa não gosta de quem aceita o meio-termo, a mulataria e a ambiguidade que, afinal, também fazem parte do mundo.

Ademais, a proposta de Powell perturba porque ainda ontem os nossos militares entendidos de política instituíam o sistema bipartidário no Brasil, asseverando a sua eficiência como um instrumento mais capaz de representar a vontade popular. Que ironia para as teorias da democracia, a percepção do general Powell, de que apenas dois partidos, como já sabia dona Flor, não é suficiente, pois todo mundo precisa mesmo de três para ser mais feliz. Pois o três representa a própria relação com seus erros e acertos. O três é a sábia e a sempre próxima (mas invisível e paradoxal) terceira margem do rio.

TEMPOS DE FURACÃO

A manchete de hoje é o estrago provocado pelo furacão Marilyn nas Ilhas Virgens americanas. Depois do Humberto e do Luis, o Marilyn, com seus ventos de 140 km por hora, tem arrasado esses paraísos tropicais que são o centro da indústria turística. Mas, por trás dos motivos práticos relacionados às perdas materiais, o fato desses furacões virarem notícia e serem alvo de intermináveis discussões revela algo mais profundo, mostrando um certo modo de conceber a natureza.

De fato, aqui a natureza é concebida de modo paradoxal: às vezes ela é vista como uma intrusa, uma hóspede não convidada na festa de uma sociedade que tudo controla; em outras ocasiões a natureza é lida como positiva, como uma esfera dotada de inefável tranquilidade e arrebatadora beleza, dando à sociedade uma medida de sua pequenez diante da imensidão do universo. A visão negativa trata a natureza como um domínio com seres e manifestações especiais sobre os quais os homens têm um controle ilusório ou parcial.

O lado positivo da natureza se revela no estilo americano de lidar com os animais – sobretudo com os animais domésticos, que aqui gozam de supercidadania –, como bichos radicalmente integrados na sociedade que os trata com mais consideração do que certos seres humanos. A coisa é tão profunda que os cães são parte integrante da família americana feliz, constituída de dois carros, um menino, uma menina e um cachorro.

Essa concepção positiva criou um setor voltado para os animais domésticos, atingindo as artes e o lazer, como fazem prova os filmes de Walt Disney, as séries de televisão de Lassie e os locais especiais (como a Disney World e os zoológicos), onde os heróis são os patos, os ratos, os cães e todo tipo de animal que os americanos respeitam, amam e protegem. A coisa é tão complexa que o Pato Donald, o Camundongo Mickey, o Rin-Tin-Tin, a Lassie, o Pernalonga e, hoje em dia, o Rei Leão competem com os seres humanos como heróis nacionais.

Mas a natureza tem também o seu lado paradoxal, como o sexo que é tomado como um impulso natural que nós temos obrigação de controlar. É também neste lado negativo que se situam as nevascas, os terremotos, os tufões e os furacões, que perturbam precisamente porque não podem ser transformados em propriedade privada e controlados como tudo o mais.

Qualquer que seja o caso, entretanto, a natureza é vista como separada da sociedade. Como algo relativamente independente, o que contrasta com outros modos de conceber o mundo natural. Pois em muitas sociedades os animais, o sol, a lua e as estrelas têm personalidade humana e são capazes de interferir na vida social. No nosso folclore, abundam as histórias do "tempo em que os animais falavam", como prova de que a visão popular brasileira ainda vê sociedade e cultura como esferas interligadas.

Resulta dessa concepção um noticiário cravado nos furacões que têm até nomes. No passado, a maioria era mulher. Hoje, com o movimento feminista, há furacões masculinos e femininos. O Luis, por exemplo, é um furacão macho que ainda na semana passada destruiu algumas ilhas do Caribe e passou perto de Porto Rico. Mas, nestes últimos dias, quem tem feito um estrago enorme é o Marilyn, que – tal como o seu totem humano, a loura Marilyn Monroe – arrasou com as Ilhas Virgens americanas.

É curioso notar que aqui fala-se interminavelmente no furacão como um desvio. Como uma espécie de criminoso que a natureza fabrica para perturbar. E tome aula de meteorologia, um assunto que se liga à obsessão americana do controle e da agenda, constituindo-se numa ciência, com um canal especial de televisão – o Wheather Chanel (canal meteorológico) – que transmite informações e documenta o tempo 24 horas por dia! Aqui, em contraste com o Brasil, fala-se mais do furacão do que de suas vítimas.

Em compensação, quando uma cidade é atingida por um desses hóspedes não convidados, lembrando-nos que apesar de toda a ciência ainda estamos longe de controlar tudo, ninguém diz que a culpa é do presidente da República. E o presidente sempre vai se solidarizar com as vítimas, algo que jamais ocorreu no Brasil, onde os presidentes geralmente governam trancafiados nos seus palácios – um costumezinho, diga-se de passagem, bem em tempo de mudar.

A FÚRIA DO CONSUMO

Todo país tem a capacidade de despertar coisas estranhas em seus visitantes. Vi brasileiros em Paris, autênticos suburbanos de classe média, falando de vinhos, queijos e comidas como se fossem aristocratas e tivessem raízes profundas na civilização de Descartes, De Gaulle e Jean-Paul Sartre. Em Londres, surpreendi uma vez um brasileiro fantasiado de inglês, com chapéu-coco, guarda-chuva e colete – um verdadeiro dândi britânico, prestes a ocupar um cargo na City. Aqui nos Estados Unidos tenho visto de tudo. Desde os que viraram americanos e começaram a falar português com sotaque aos que se tornaram professores francos e duros, prontos a dizer "não gostei" ou "você está errado", seguindo o mais antipático dos modelos ianques junto aos seus patrícios. Encontrei também gente que mimetizou a grande América de classe média, adotando valores liberais e não admitindo mais nenhum costume brasileiro – "todos muito atrasados", "superados" ou "menores".

Até em aldeias indígenas vi gente virando nativo, usando o cabelo como o dos índios e pintando seus corpos como mandava o figurino tribal. Seja como for, e as reações são muito variadas, cada terra tem seus usos, como diz o velho ditado, e – digo eu – tem a sua capacidade de despertar dentro de cada um de nós alguma coisa.

Os Estados Unidos dos anos 1990 têm despertado menos o exemplo da democracia, como foi o caso dos anos 1970 (quando, no Brasil, vivíamos um pesado regime autoritário) e muito mais um consumismo descomedido, quase compulsivo. Assim, tenho sido testemunha de processos e, sem exageros, verdadeiros surtos de consumo obsessivo que envolvem pessoas e grupos em intensas expedições de compra aos shopping centers, onde torram um bom dinheiro adquirindo tudo o que veem.

A melhor história de consumismo que conheço, o episódio mais revelador deste comportamento de "ter que comprar de qualquer jeito" que testemunhei, teve como cenário um supermercado e envolveu uma família. Foi assim:

Num belo dia de outono na Nova Inglaterra, Papai Bolsista, Mamãe Brasileira e os dois filhinhos muito espertos foram fazer compras num supermercado. "Tinham" que comprar certas coisas para a casa e, como estavam chegando aos Estados Unidos, as excursões de compras com a família eram um modo de conhecer a cidade e as suas lojas, e de participar do famoso *American way of life*, que consiste fundamentalmente em consumir.

A visão do supermercado (creio que seu nome era Stop and Shop, um dos primeiros a serem abertos em Boston) deslumbrou o grupo. Papai Bolsista fez uma imediata litania sobre os méritos da vida democrática e do capitalismo, enquanto Mamãe Brasileira, mais prática, percorria as infindáveis prateleiras, fazendo loas à limpeza, à iluminação, à higiene, às embalagens e ao brilho dos espaços que revelavam uma sociedade perfeita. Enquanto isso, os petizes iam descobrindo e mostrando as novidades: "Olha esse negocinho aqui", "Vejam essa coisinha ali" etc. Não tinha limites a mistura de curiosidade com deslumbramento dessa família brasileira metida naquele verdadeiro hangar de consumo.

Como havia muito que ver e fazer, o grupo familiar espalhou-se, com os pais indo para um lado e os meninos para o outro. E assim cada qual explorou o que pôde e comprou o que quis.

Coincidiu um encontro de pais e filhos em frente a umas prateleiras que vendiam todos os tipos de enlatados. Ali havia pacotes de biscoitos e carne cujos preços competiam com o poder de atração das suas embalagens. E todos foram pegando o que podiam.

Em casa, reuniram felizes em cima da mesa da sala de jantar o butim que os havia transformado em autênticos consumidores. Foram abrindo vorazmente os pacotes e provando o seu conteúdo. Afinal, comprar desperta o apetite. E toca a comer biscoitos, bolos de carne e aveia, tudo debaixo de felizes exclamações de felicidade.

Foi quando houve o alarme! O menino, depois de ter devorado um pacote de biscoitos, abre uma lata de peixe e reclama choroso que aquela comida estava podre. O pai, conhecedor das normas americanas, explode que não era possível. Correm mãe e pai para o teste final e comprovam que a criança estava certa: o peixe cheirava a coisa podre, o produto era, como se diz atualmente, "inconsumível". Conferiram os pacotes. E qual não foi a surpresa quando viram que, na volúpia do consumo, estavam degustando comida de gato e de cachorro.

ESTRANGEIRISMOS

Quando menino, ouvi um dia esta feia expressão "estrangeirismo" da boca de uma professora de português, confessadamente apaixonada por Castro Alves e pelo idioma de Camões. Para ela, tudo que vinha de fora era negativo, se não perverso. Sua manifestação mais patente surgia nas palavras americanas recém-aprendidas nos filmes musicais ao chiclete, sobretudo o chiclete, através da enorme penetração do então chamado "imperialismo americano", hoje mascarado como "globalização".

Naquela época, reagi à observação como uma manifestação de neurose e de paroquialismo. Hoje, depois de ter percorrido um bocado do mundo e de ter vivido na Europa e nos Estados Unidos, a admoestação da velha professora volta de quando em vez à minha mente. Talvez sua observação sobre o "estrangeirismo" como algo feio e perverso não fosse tão errada, penso.

É que o estrangeiro é o estranho, o fora de lugar. Marginal por definição, cada estrangeiro reage sempre de mais ou de menos a certas situações. Lembro-me de um americano que, no Carnaval carioca, queria ir à biblioteca estudar ("para aproveitar os feriados trabalhando") e de um francês que, diante do suicídio de Getúlio Vargas, sorria como querendo saber das reações locais diante de um fato tão inusitado quanto chocante. O americano foi severamente repreendido – ninguém, dissemos a ele sem nenhum riso carnavalesco, podia pensar em trabalhar no Carnaval, que esquecesse o programa e viesse se divertir conosco... Já o francês que sorria apontando o jornal, esse quase tomou porrada.

Hoje, vejo bem como esses são casos clássicos de "estrangeirismo". Exemplos de reações fora do lugar que mostram como o *nosso* cotidiano pode ser mal interpretado. Lembro-me também de uma inglesa que se fazia passar por classe alta londrina, mas que de fato era uma mera (e presumo honrada) operária que, no Brasil, resolvera adotar todos os símbolos sociais das camadas aristocráticas britânicas, de modo a criar um tipo que um colega inglês um dia me disse, quando a conheceu, só existir em livros. Na realidade, um tipo como aquele era absolutamente impossível.

Há, assim, o estrangeiro que vira inglês no Brasil, assumindo na terra distante a sua nacionalidade e o seu introvertido e até mesmo discreto, mas paradoxalmente, evidente nacionalismo. E há também o caso do brasileiro que, em terra estranha, torna-se mais realista que o rei. É esse tipo de "estrangeirismo" que quero falar.

O que ocorre com o brasileirinho que vive nos Estados Unidos ou na Europa? Geralmente ele não vira brasileiro em Paris, pois tendo vergonha de sua sociedade e de sua língua torna-se logo um educado francesinho que "conhece Paris como a palma da mão"... Ou que "nasceu no Brasil por acaso, mas é um francês de espírito", possuído que está pelo herdeiro espírito cartesiano que tanto ama, estuda e tenta imitar...

Claro que nem sempre as coisas funcionam e o francesinho dá um fora ou, num impulso, uma banana, mostrando que por trás do verniz jaz o baianinho ou o suburbano metido a sebo.

Nos Estados Unidos, país que conheço melhor e onde tenho vivido por muito mais tempo, encontram-se tipos igualmente curiosos que por meio do seu comportamento arrevesado ou simplesmente exagerado, repleto de "estrangeirismos", deixam ver certos aspectos da cultura americana.

Assim, há o brasileiro que, diante de uma sociedade fortemente individualista e compartimentalizada, resolve tornar-se mais autoconfiante do que o Alan Ladd de *Shane* ou o James Bond. Percebendo que nos Estados Unidos é legítimo recusar convites e revelar um espírito de confronto, e confundindo individualismo com egoísmo, tais pessoas tornam-se grosseiras e egoístas. Deste tipo de confusão resulta frequentemente um pão-durismo que dá medo e vergonha, pois, pensando que austeridade é equivalente a sovinice, tais patrícios só querem aproveitar-se dos outros e contar tostões e "onças" de manteiga.

Quer dizer, interpretando a autoconfiança, a liberdade individual e o individualismo sem pensar na sua contrapartida ou o seu lado coletivo – que implica sempre uma noção aguda das responsabilidades públicas e sociais –, tais patrícios viram fantasmas vivos de certos componentes da sociedade americana. Assim, quando pensam que *são* americanos, *estão* americanos; ou seja: estão apenas mediunizando socialmente uma parcela do sistema. E como fazem isso de modo exclusivo, o resultado é sempre uma caricatura ou, como diria minha velha professora, um "estrangeirismo".

A CRISE DO ORÇAMENTO AMERICANO

Acostumados a crises periódicas, se não estruturais, nós, brasileiros, não damos muita atenção à crise do orçamento do governo americano. A não ser que se precise de algum serviço daquele governo, como um passaporte ou um atestado, a crise não passa de uma notícia que não nos perturba ou apavora. No entanto, trata-se de um sério problema que revela as tensões de uma sociedade extremamente limitada em termos de latitude política.

Eu me explico: os Estados Unidos têm um sistema de governo realmente federativo, fundado na ideia de um equilíbrio entre os poderes que o constituem. Assim, o cenário normal é que os poderes Executivo, Legislativo e Judiciário se policiem mutuamente, num equilíbrio instável e complementar. Essa hipótese positiva sempre operou tranquilamente e tem servido de exemplo para os teóricos dos sistemas de governo que sugerem a sua implementação em todos os recantos do planeta, como um dos pontos mais centrais do regime democrático, já que essa concordância federativa conduz à transparência e à contabilidade políticas, duas palavras-chave do jargão dos entendidos de democracia.

Mas tal federalização não fica somente no jogo doutrinário, onde tudo funciona, como ocorre entre nós, mas se projeta em práticas burocráticas e administrativas complexas, nas quais todas as unidades do sistema têm uma real autonomia. Assim, todos os ramos do Executivo, dos quais dependem uma série de serviços essenciais realizados através dos ministérios (lá chamados de departamentos), têm verbas próprias. Quando tudo funciona bem, o Congresso e a Presidência aprovam o orçamento federal, que é repassado a esses órgãos prestadores de serviços, como os consulados. Mas quando há um impasse sobre quanto gastar, como acontece no momento, o sistema fica ridiculamente paralisado.

Como o sistema como um todo opera na base do tudo ou nada, do preto ou branco e do ganha ou perde, os republicanos – que têm maioria no Congresso e já cruzaram o Rubicão político – querem cortes violentos nos programas sociais de Bill Clinton. Assim, eles não aprovam uma proposta cujo ponto básico é manter muitos desses programas sociais que evidentemente produzem o tal famoso déficit público, mas que são a espinha dorsal de um capitalismo com responsabilidades sociais. Sem partidos intermediários, sem figuras mediadoras, sem a ética do jeitinho e da malandragem, um impasse desse tipo imobiliza o sistema americano. E quem leva a breca são as pessoas que dependem do sistema federal, como os bolsistas pobres, os aposentados e os veteranos de guerra.

Tudo isso mostra os limites da doutrina democrática clássica em tempos de globalização, quando não há mais comunistas para criticar e competir com o sistema, e quando os prêmios internos são gigantescos. O impasse revela também que a nossa chamada "bagunça partidária", por permitir mais flexibilidade, tem suas vantagens.

Ao lado da crise do orçamento do governo americano, há a crise do cachê do cantor e compositor carioca, glória da música popular brasileira. Paulinho da Viola, que, ao saber que seus companheiros do grande show da noite do dia 31 de dezembro haviam recebido R$ 121 mil, e ele uns minguados R$ 33 mil, ficou, leio nos jornais, "magoado, chocado e chateado".

O episódio revela que os grandes artistas nacionais funcionam de modo tão amadorista quanto os antropólogos. Para mim é sempre um problema falar em honorários quando sou convidado a realizar certos serviços, especialmente conferências. Sobretudo quando o convite parte de uma pessoa conhecida, situação que me deixa inteiramente constrangido para falar de (e em) dinheiro.

Uma vez, cobrei uma ninharia para realizar uma palestra para um grupo de empresários milionários, e, tal como ocorreu com o

Paulinho da Viola, fiquei possesso ao descobrir que outros conferencistas haviam recebido até dez vezes mais que eu. "Você, com esses preços, avilta o mercado", disse-me um amigo, exorcizando de modo franco a minha modéstia burra e anticapitalista.

A partir do episódio, cobro – e cobro bem – quando posso, e jamais quero saber quanto os outros receberam. Assim evito a comparação que é sempre problemática e, com isso, passo por cima de uma possível dor de corno, digo, de grana, que pode me tirar o sono.

Ora, esses dois episódios insólitos mostram, cada qual a seu modo, como o sistema "deles" é franco em relação a dinheiro e como o nosso ainda trata o sonante como algo sujo sobre o qual pessoas de bem não devem falar. Mas como não falar se o mundo é tocado a dinheiro? Com a palavra Paulinho da Viola e Bill Clinton.

CONTROLE ELETRÔNICO OU A MANIA DOS CELULARES

Falamos muito em globalização, esquecendo que ela tem por base dois processos sociais bem conhecidos dos antropólogos: difusão e aculturação. A difusão fala da viagem (ou do trânsito) de uma entidade cultural de um sistema para outro. A aculturação se refere ao modo pelo qual um objeto vindo de fora é reinterpretado pela sociedade que o adotou e como ele é redefinido em termos da cultura local.

Tomemos alguns exemplos marcantes e visíveis entre nós.

O que ocorreu com o liberalismo quando ele chegou ao Brasil, que era uma sociedade escravocrata? Sabemos que o liberalismo elitizou-se e foi reinterpretado como uma ideologia que dava mercado para os inimigos e proteção clientelística para os amigos. No Brasil, portanto, o credo liberal serviu para estabelecer uma radical liberdade para as elites, mas a outra perna do liberalismo, a da igualdade, foi inibida ou cortada. Dela não se falou, porque uma prática igualitária iria romper com os elos clientelísticos e exigir um tratamento igual perante a lei para o ex-escravo e para uma multidão de subordinados que, no Brasil, deveriam permanecer nos seus devidos lugares.

E com os jornais, o que ocorreu com eles no Brasil? Ora, os jornais foram usados para veicular notícias e promover uma discussão importante da liberdade social, econômica e política e, simultaneamente, como revelou Gilberto Freyre num estudo clássico, para vender escravos! Assim, os primeiros jornais brasileiros combinavam a expressão de ideias modernas com classificados que ajudavam a comprar, vender e denunciar a fuga de escravos.

Algo semelhante sucedeu com o processo eleitoral, que com o voto livre abre oportunidades para a renovação da elite, mas simultaneamente cria e restabelece verdadeiras linhagens de políticos, servindo para legitimar o nepotismo e o clientelismo. Com os partidos políticos acontece algo semelhante, pois que articulam novas ideias, mas também rearticulam laços de patrocinato e reativam as lealdades regionais e pessoais, quase sempre perdendo de vista a problemática nacional.

E com os automóveis o que tem ocorrido? Ora, entre nós, os carros são muito mais entidades de expressão de superioridade social do que instrumentos de transporte. Por isso valem mais como veículos simbólicos, tanto matando quanto ajudando a transportar pessoas. Seu valor expressivo – como meios de dizer alguma coisa, como veículos de demonstração de bem-estar financeiro – é certamente tão grande quanto o seu valor instrumental, como um meio de transporte de pessoas.

O caso mais interessante, talvez, dessa complexa interação entre itens "globais", modernos e universais e o lugar que acabam ocupando em contextos locais, onde mudam de sentido, é o dos telefones celulares.

Sabe-se que os celulares viraram moda no Brasil. Não há pessoa de prestígio que não tenha ou queira ter o seu celular. Em restaurantes, cinemas, teatros, aviões e até mesmo nos mictórios públicos encontramos pessoas falando nos seus aparelhos. A coisa chegou a tal ponto que o presidente da República proibiu a sua entrada nas reuniões palacianas.

Outro dia, viajando para São Paulo, contei dez celulares em uso no saguão do aeroporto Santos Dumont, como a comprovar não só o valor do novo item tecnológico, mas sobretudo o seu poder de conferir status. Pois os que o usavam faziam caras e bocas, como que ajustando sua linguagem corporal ao novo objeto que simbolizava o último grito na modernidade. Quanto ao teor da conversa, entretanto, nada notei de urgente, sério ou importante. O uso me falava mais de uma "forma" ou "estilo" do que de uma substância.

Observando a cena, desenvolvi a seguinte hipótese: na sociedade brasileira, o celular serve como instrumento de comunicação pura e de controle social. Fui ao teste da ideia e logo descobri no meu círculo de relações pelo menos duas mulheres bonitas cujos maridos exigiram que usassem o celular. Uma pessoa comentou que era para controle ou, como disse, mostrando sabedoria e malícia: "Uma ilusão de controle, já que telefone não tem olho para ver."

Na semana seguinte, conversando com uma amiga que visitara o Nordeste, fui informado que as famílias mais ricas têm vários celulares. Assim, há o celular da mamãe gostosa, do papai poderoso e do vovô riquinho. Há também o celular do capanga, do matador, da amante e os celulares dos meninos, pois todos têm que telefonar e controlar mutuamente.

Jean-Paul Sartre, um filósofo muito popular nos anos 1950, dizia que o inferno eram os outros. Se vivesse hoje no Brasil, acrescentaria: sobretudo quando têm telefone celular.

COMPARTIMENTOS + RAÇAS = ETNIAS

Uma impressão perturbadora que todo brasileiro tem dos Estados Unidos diz respeito ao modo pelo qual os americanos ordenam a diversidade de línguas e culturas que fazem parte do seu sistema social.

De fato, se no Brasil pedestres, bicicletas, carroças, caminhões, automóveis e cavalos se confundem nas vias públicas, nos Estados Unidos tudo é separado e discriminado, de acordo com o preceito que determina um lugar para cada coisa e coloca cada coisa em seu lugar.

Esse princípio da compartimentalização governa o espaço e também o relacionamento entre as coletividades, criando o que se chama de etnias e engendrando um mapa citadino obviamente multiétnico, segregado que está em áreas exclusivas: em bairros cujas denominações exprimem a nacionalidade de seus habitantes: Chinatown, Little Italy, Harlem, Little Brazil etc.

Criando micropaíses (etnias) dentro de um país, a sociedade americana divide com pouquíssima ou nenhuma ambiguidade negros e brancos, italianos e judeus, poloneses e hispânicos. Como as sociabilidades se ancoram no espaço, atravessar uma rua equivale, às vezes, a cruzar uma fronteira...

A reação de quase todo brasileiro a esse modo de classificação é quase sempre negativa. Habituados a lerem a si mesmos como misturados, a maioria recusa classificar-se irrefutavelmente numa só categoria, considerada estreita ou imprecisa para aquilo que cada qual se considera étnica ou culturalmente. No polo oposto, muitos norte-americanos, sobretudo negros, se sentem traídos quando descobrem que brasileiros com pele mais escura do que a deles classificam-se como "brancos".

Se os brasileiros tendem a ler o sistema étnico americano como rígido e potencialmente racista, entre outras coisas porque nele não há espaço para intermediários, os americanos enxergam o modo brasileiro de classificar etnias como hipócrita e mistificador: a cegueira da cor disfarçaria uma malandra (se não mistificadora e mentirosa) supremacia racial branca.

Tais reações podem ser compreendidas se tivermos em mente o ponto crítico desses sistemas. O fato de que, embora existam "mulatos" ou "mestiços" tanto nos Estados Unidos quanto no Brasil, na sociedade brasileira, esses mestiços, como chamou atenção o historiador Carl Degler, têm um reconhecimento cultural explícito, servindo de "válvula de escape do sistema", enquanto que, no caso americano, eles submergem como "brancos" ou "negros", incrementando a dualidade.

Essa eliminação dos intermediários mostra como o sistema americano persegue a compartimentalização dos tipos étnicos, organizando-os em grupos autocontidos, contrastantes, autônomos e socialmente coerentes ou "puros", tendo um verdadeiro horror pela ambiguidade e pelo meio-termo. No Brasil, pelo contrário, o sistema de classificação privilegia o intermediário, funcionando com base na hierarquia e na gradação.

A obsessão com a fronteira que inventa tipos puros e com o mulatismo como valor engendra formas de preconceito contrastantes naquilo que um dos mais argutos estudiosos desse assunto, o sociólogo Oracy Nogueira, chamou de "preconceito de marca" e de "origem". O primeiro, vigente no Brasil, opera de modo contextualizado e dá ênfase à aparência ou fenotipia. O segundo, típico dos Estados Unidos, funda-se na descendência, tem um caráter essencialista e desemboca na segregação e no ódio racial. Ou seja, no Brasil a aparência determina a classificação racial. Um sujeito de cor branca é tido como "branco" mesmo se seus pais e irmãos tiverem a pele escura. Aqui nos Estados Unidos, porém, uma pessoa pode ser clara, mas se um dos seus ascendentes for negro ela será classificada como negra.

O ponto crítico não é ingenuamente insistir que o estilo brasileiro é melhor ou que o americano é mais justo, mas compreender que cada uma dessas sociedades engendrou modalidades diversas de classificação étnica e adotou estilos diferenciados, embora convergentes, de lidar com o problema. O preconceito americano desemboca num racismo vociferante e explícito que segue o credo do "iguais, mas separados". Nele, os obstáculos são claros. Já o preconceito brasileiro fica escondido. Somos "desiguais, mas estamos juntos". O que tem dificultado a percepção do racismo como problema político-sociológico dentro daquilo que Florestan Fernandes, outro grande estudioso do assunto, chamou com propriedade de "o preconceito de ter preconceito".

Ao fim e ao cabo, vale notar que ambas as sociedades têm consciência de que há muito que reparar junto às etnias que tiveram suas cidadanias feridas e aviltadas pela escravidão, pelo preconceito e pela discriminação.

RACISMO, PRECONCEITO E SEGREGAÇÃO

Leio, espantado, que o Departamento de Justiça dos Estados Unidos está investigando 36 incêndios de igrejas de negros naquele país. Claro que a maioria dos incêndios se concentra nos estados do Sul, onde 33 templos foram queimados, ao passo que os três incêndios restantes ocorreram nas cidades de Nova York, Nova Jersey e Washington, fora portanto do chamado cinturão racista da América.

Não se trata de uma ação esporádica, porque os incêndios se concentram nos meses de maio e junho, revelando certamente um surto racista – mais um surto de negrofobia prática que tem caracterizado a história da grande democracia americana.

Aliás, nesse sentido, o próprio vice-secretário do Departamento de Justiça, John Schmidt, disse que se tratava de uma "epidemia" e que isso era pior do que uma "conspiração", já que num caso trata-se de um dado inconsciente, a doença atuando por si mesma e involuntariamente, ao passo que a conspiração é uma ação voluntária, deliberada e consciente. Na doença, trata-se de algo oculto e interno, algo difícil de tratar e de coibir e que, ademais, pode atingir qualquer um; na conspiração, a sociedade tem meios de agir, uma vez que os conspiradores têm que aparecer para assumirem a responsabilidade do que fazem, caso contrário não haverá a divulgação de suas ideias e propostas.

Como explicar esses fatos? Como enquadrar esses incêndios dentro da sociedade que mais tem feito para coibir o racismo e mais tem levado a sério o seu credo de igualdade de todos perante a lei e as oportunidades?

De um ponto de vista brasileiro, a primeira coisa que chama a atenção nesse episódio é o termo com o qual as vítimas foram classificadas: "igrejas de negros". Seria possível replicar aqui no Brasil a mesma categoria? Usamos, na sociedade brasileira, a expressão "coisa de negro" ou "serviço de crioulo", ou "negrada" para designar trabalho mal realizado ou incompetência e feiura em muitas situações, mas creio que seria complicado para nós utilizar a expressão "bairro de negro" ou "igreja de negro", até mesmo para designar as famosas religiões afro-brasileiras, como o candomblé e a umbanda, de vez que hoje em dia os seus templos ou terreiros congregam pessoas negras e brancas, ricas e pobres. Aliás, uma das cenas que mais têm me comovido quando visito essas "igrejas" é justamente testemunhar os brancos ao lado dos negros nas longas filas de consulta, todos irmanados pelo sofrimento ou pela gratidão, à espera daquele abraço prolongado e sentido da mãe de santo que é sempre uma negra retinta. Ou seja, mesmo nesses locais, que foram formados pela imaginação e pela perseverança do ex-escravo e do pobre, a irmandade do culto tem sido maior como fator de integração social do que a diferença de cor. Impossível, pois, replicar no Brasil a mesma classificação. Difícil encontrar essas "igrejas de negros", seja para queimá-las, seja para frequentá-las...

Ora, o que não se acha num sistema, mas existe em outro, é um dado formidável para o entendimento das duas sociedades postas em confronto. Assim, não é preciso ir muito longe para descobrir que nos Estados Unidos há não só igrejas negras, como roupas, cabelos, gestos, música, filmes, literatura, política, sexo, bairros e religiões de cor. De fato, tudo o que existe na sociedade pode ser lido como branco, como negro e como pertencendo a quaisquer outras etnias ou culturas. Qual o seu ponto de integração? Ora, ele jaz numa legislação e numa ordem que é burguesa e branca. Trata-se de um sistema liberal que garante, conforme estamos cansados de saber, a igualdade de todos perante a lei.

Mas, mesmo nesse sistema, esse surto racista revela alguns pontos. Primeiro, que apesar de tudo os Estados Unidos são também uma sociedade, e, como tal, eles também estão sujeitos a perversidades e a contradições que são parte de todo sistema social. Se todos são iguais perante a lei, alguns americanos sentem que os recursos que são gastos com os negros (e com os chamados "hispânicos") é dinheiro desperdiçado. Se os negros, portanto, têm o direito à igualdade, os brancos têm o direito à crítica. Um pouco além da crítica, mais além da santa e justa impaciência (que fale o Movimento dos Sem-Terra) eclode a violência...

Como conciliar esses dois princípios: o direito imanente à igualdade e o direito de criticar e de, eventualmente, mudar o sistema? Aí está, como diria Hamlet, a questão...

NAO HÁ "RUA" NA AMÉRICA

Nas cidades grandes brasileiras, a rua é também usada para o encontro, a conversa, a troca de informação que acompanha alegre o prazer inesperado do encontro com esta ou aquela pessoa. Daí a sua energia, confirmando um conhecido misto de prazer pela coincidência – a "sorte" de ter encontrado casualmente o amigo –, o que logo se transforma em contentamento.

Gilberto Freyre escreveu muitas vezes que, no século passado, o Brasil com suas ruas ocupadas por gente de todos os calibres sociais, com suas janelas coloridas e seus negros e negras usando batas e turbantes tinha uma diversidade humana patente, algo de "oriental" para ficarmos na superfície do que parece um estereótipo.

Quando, em 1972, visitei o Egito, fui virtualmente perseguido pela observação de Gilberto Freyre, porque, em pleno Cairo, tinha na cuca a paisagem urbana de Belém e do Recife. A única coisa diferente era a língua, a vestimenta e as paradas clássicas para orar, quando todos assumiam aquela genuflexão muçulmana tão conhecida. No mais, era tudo igual: a mesma alegria, os mesmos gestos, a mesma congestão de corpos, automóveis, bicicletas, carroças, vendedores ambulantes e, no meio de tudo isso, grupos de homens mais velhos calmamente trocando ideias e observando o que no Brasil chamamos de "movimento".

Quer dizer: essas ruas são vias de transporte e também locais de encontro. Espécies de residências transitórias de grupos, áreas de encontro a serem apropriadas por certas categorias sociais. No famoso romance de Manuel Antônio de Almeida *Memórias de um sargento de milícias*, publicado em folhetim entre 1852 e 1853, que Antonio Candido pôs na ordem do dia com uma esplêndida análise estrutural em 1970, todo o espaço urbano do Rio de Janeiro é marcado por sua ocupação pelos mais diversos grupos profissionais. Há o "canto (esquina) dos meirinhos (oficiais de justiça)", como existem as áreas dos ciganos, dos feiticeiros e, claro está, das camadas pobres e nobres da população, com o palácio do rei sendo o espaço culminante da pirâmide social.

Aqui nos Estados Unidos, a grande distinção relativamente ao espaço é que a "rua" é muitíssimo mais via de acesso do que local de encontro. Como se a função utilitária englobasse e inibisse o seu eventual uso simbólico. Tanto que a rua nos Estados Unidos é, a princípio, despersonalizada, sendo classificada por números e pontos cardeais, o que no limite indica um triunfo da racionalidade iluminista, parte constitutiva desse mundo social que sempre dá ênfase ao controle, naquilo que toma como transparente e na racionalidade.

Assim, em vez de artérias que consagram categorias profissionais: rua do Ouvidor, da Quitanda, dos Ourives, dos Pescadores; figuras sobrenaturais: av. Nossa Senhora de Copacabana, rua São José, São Pedro, de Santo Antônio; vultos históricos: av. Pedro II, Getúlio Vargas, Marquês de Itú; e até emoções: rua da Saudade, da Alegria, da União, da Consolação etc., os americanos têm ruas numeradas! Artérias que seguem um padrão geométrico e recusam as sinuosidades naturais tão peculiares das cidades portuguesas, conforme ensina o historiador Sérgio Buarque de Holanda.

Ora, convenhamos que é mais fácil marcar um encontro na rua da Saudade do que na rua Leste 71! E que é mais acolhedor reunir-se para um papo na esquina da rua da Praia com a Pedro Álvares Cabral do que na interseção da Oeste 82 com a Sexta Avenida. Não que o encontro seja proibido nos Estados Unidos. Ele é apenas desencorajado, havendo até mesmo leis contra o *loitering*, que pode ser traduzido como o "ficar parado à toa", à espera de um amigo ou de algum incauto. Aqui não há procissões religiosas e os desfiles são raros.

Com isso temos a impressão de que os americanos vivem num deserto urbano. Rodamos por ruas vazias de gente e por varandas e janelas sem caras curiosas: aqueles tipos tão brasileiros que se divertem olhando o "movimento" das ruas e bisbilhotando a vida alheia.

Como tudo o mais, o desenho urbano reflete uma disposição cultural, um certo modo de construir o mundo. Do lado americano, a existência voltada para dentro, vida sem dúvida ajudada pelo clima frio, que faz com que ficar em casa (ou no clube) seja melhor do que ir para a rua. Do lado brasileiro, um estilo social no qual o exterior se intercala complementarmente ao interior e no qual o espaço da "casa" tem como seu outro lado a abertura da "rua".

Jean-Paul Sartre, mestre do individualismo tardio e, por isso mesmo, radicalizado como "existencialismo" pelos franceses, dizia que "o inferno são os outros". Nós, Zés da Silva deste lado do planeta, retrucamos que o inferno é precisamente a ausência do próximo. A visão do outro como inferno engendra esses mundos fartos de recursos, mas paupérrimos de interação humana. Um universo de ruas sem nome e sem cor...

CENAS AMERICANAS:
OS PROFISSIONAIS

No Brasil, país construído por monarcas e nobres deslocados, uma sociedade na qual trabalhar ainda é uma vergonha, pois a labuta se relaciona ao braço do escravo, o amadorismo ocupa um espaço importante no cenário social. Ou melhor, tendemos a rejeitar o profissionalismo porque ele se liga ao trabalho. E trabalhar não é equivalente a estudar, a ter emprego – sobretudo emprego público – e, sejamos otimistas, até bem pouco tempo, a governar.

Aristocrática em valores, nossa sociedade considera que bom é trabalhar escondido, "dando a impressão", como diz Gilberto Freyre, "da mais oriental e mole das preguiças". Com isso evitamos a competição aberta, sinal de igualdade, fazendo crer que os superiores nascem sabendo, ao passo que os que se dedicam abertamente ao trabalho são, por isso mesmo, inferiores.

E como poderia ser de outro modo se os nossos artesãos, os nossos "profissionais" eram todos escravos ou membros das camadas inferiores de uma sociedade que demarcava a superioridade social pelo símbolo do nada fazer, mas "mandar", "ordenar", "supervisionar", "discutir" e "legislar"?

Nestes Estados Unidos, sistema explicitamente constituído pela união de unidades políticas e administrativas teoricamente independentes umas das outras, país fundado sem aristocratas e sem religião oficial, cujo credo formal é a igualdade de todos perante a lei e a liberdade essencial de todos, visando o bem comum, nada é mais sério do que a palavra "profissionalismo".

Palavra que implica em saber fazer e em racionalidade perante o mundo. Categoria que denota um saber para alguma coisa, em oposição ao saber puro. Saber que modifica, resolve e inventa – verbo que se inscreve, sem o menor favor, na história e na grandeza dos Estados Unidos, centro de virtualmente todas as inovações modernas: do telefone aos onipresentes cartões de crédito, que dão alma à humanidade contemporânea.

Sendo uma cultura de profissionais, esse estilo se reflete em qualquer local de trabalho americano. Seja no modo de falar (todos os médicos têm que ser tratados por *doctor*, mesmo sendo jovens ou velhos conhecidos), seja nos gestos (aqui não se toca num policial, pois a aproximação física denota uma insuportável intimidade, incompatível com a autoridade que requer deferência e distância, mais do que necessária numa sociedade de credo igualitário).

Sobretudo nas vestimentas, pois aqui os profissionais usam uniformes. Tanto que a sociologia do trabalho americana consagrou o termo *blue-collar* (trabalhador de colarinho-azul) para denotar o uso do macacão azul, sinal do trabalho manual, em contraste com o *white-collar*, para o trabalho que exige um modo de vestir mais formalizado, ligado à cor branca.

Os trabalhadores americanos são, portanto, visíveis com seus macacões e "cintos de utilidades", nos quais, tal como os caubóis e o Batman, ostentam suas ferramentas de trabalho. Tomemos o policial que é o modelo desse profissionalismo: um cinto de utilidades divide seu corpo em duas partes. No cinto, o agente da lei carrega um rádio, cartucheiras, algemas, revólver, cassetete, telefone sem fio e Deus sabe mais o quê.

Pois bem: num sábado vadio e duro de passar, tivemos um problema com uma fechadura e precisei chamar um profissional para abri-la. Em pouco mais de dez minutos, tinha diante de mim um verdadeiro e orgulhoso profissional em fechaduras. Seu cinto de utilidades denotava sua filiação à boa linha profissional dos Batmans, dos médicos e dos policiais. Lá havia de tudo: do telefone celular a um sem-número de hastes de aço, desses que o Tom Cruise de *Missão impossível* usa para abrir qualquer caixa-forte em questão de segundos.

Quando bati os olhos naquele imponente "profissional" fiquei seguro de que em cinco minutos tudo estaria resolvido. Mas, para nossa surpresa, quanto mais o homem mexia, menos a porta abria. E assim foi ele, como um cirurgião, usando um instrumento após outro, e nada.

Depois de uma hora de trabalho desistiu e candidamente me aconselhou a arrombar a porta com um alicate, o que foi obrigado a fazer, utilizando o velho método do arrombamento à galega, tão conhecido e praticado por todos os amadores no Brasil e em Portugal. Frustrado e envergonhado, o especialista saiu sem cobrar, mas deixou aqui em nossa casa seu orgulho profissional.

No final do dia, perguntei a Celeste se, afinal de contas, o profissionalismo também não tinha seu dia de derrota. Afinal, como dizia o grande Goethe, de que valem as chaves complicadas se elas não podem abrir as fechaduras?

Cenas americanas: Os profissionais

CENAS AMERICANAS: OS LIMITES DO CIVISMO

Aqui nos Estados Unidos, a sensação da semana é o caso do menino Johnathan Prevette, morador da cidade de Lexington, no estado da Carolina do Norte. Esse pequeno Johnathan de Lexington (o território classifica mais do que a família na América) tornou-se notícia e celebridade porque foi flagrado por sua professora beijando uma de suas colegas. Pego com a boca na botija, o menino teve sua primeira experiência com esse civismo delirante que julga todas as situações como iguais. Se do lado positivo todos são iguais perante a lei, o civismo delirante ou – como diria Nelson Rodrigues – o civismo burro coloca todos os gatos no mesmo saco e, a princípio, pune todo mundo como politicamente incorreto. Numa sociedade englobada pelo civismo, tudo torna-se político e legal. Até mesmo um beijo dado a pedido numa colega do ensino fundamental!

A punição do menino foi severa, e as ameaças, exageradas: não fosse pelo noticiário jornalístico que logo pegou o caso pelo seu lado louco, teria sido expulso de sua escola e julgado por *sexual harassment* (assédio sexual).

Junto desta situação ridícula, porém, faz extraordinário sucesso aqui o filme estrelado por Diane Keaton, Bette Midler e Goldie Hawn, *O clube das divorciadas*, uma fantasia de vingança de três mulheres de meia-idade devidamente trocadas por jovens amantes que, como mandam as normas da cultura americana, tornam-se esposas dos seus ex-maridos.

Dir-se-ia que são dois assuntos diversos, mas eu penso que o sucesso do filme e o ridículo do caso Johnathan fazem parte de um mesmo conjunto de fatos reveladores numa sociedade com dificuldades de relacionar-se consigo mesma. Eu explico: se o ideal de igualdade individual for levado aos seus limites, o elo adulto-criança perde o sentido. Então começam a surgir os casos de filhos que processam os pais (como já ocorreu) e de crianças que não podem mais clamar inocência das leis para beijarem suas namoradas.

A mesma lógica se aplica ao filme que arrecada milhões de bilheteria. Nele, o que se verifica é a total ausência de solidariedade entre marido e mulher, quando este, divorciando-se da companheira de décadas, tira tudo dela, até mesmo os seus bens materiais. Ou seja, como a felicidade individual engloba todas as relações, o "direito" à felicidade justifica tudo. Daí o sucesso do filme que mostra essas três ex-esposas praticando uma vingança estilo Monte Cristo nos seus egoístas, injustos e cretinos ex-maridos.

Há uma relação clara entre individualismo desabrido e ausência de solidariedade social. De fato, quanto mais eu me penso como um ser autônomo da sociedade — os heróis americanos são todos exemplos dessa independência do sistema —, menos eu devo levar em conta as relações que tenho com os outros. Mas — eis a contradição — são essas relações que me fizeram o que sou, porque mesmo aqui as pessoas se autoeducam desde o berço e todo mundo precisa de elos para se tornar humano! Ademais, como viver sem relações? Como liquidar essa sociabilidade que nos torna contraditórios, falíveis, ambiciosos e, por tudo isso, humanos?

No caso das crianças, esse dilema surge numa enorme pressão para que elas se comportem como adultos. O resultado é uma falsa maturidade, expressa em todos os lugares, sobretudo em filmes nos quais meninos e meninas são vistos como seres capazes de viver sozinhos, protegendo-se e derrotando bandidos; ou, ao contrário, como vítimas de agentes diabólicos ou como encarnação do próprio Mal. No limite, portanto, o individualismo desenfreado tende a inibir a solidariedade familiar.

O filme *O clube das divorciadas* mostra o outro lado da moeda, pois revela como o amor erótico é complicado num sistema individualista. Como posso enfrentar as contradições de gostar de duas pessoas ao mesmo tempo, uma experiência banal entre os seres humanos e, ao mesmo tempo, sustentar os valores e os compromissos de meu casamento monogâmico?

Como todos sabemos, a solução de muitas sociedades, inclusive a brasileira, foi a de instituir uma terceira posição. Assim, se ter amante (curiosamente trata-se de uma palavra feminina e masculina ao mesmo tempo) é ilegal, o papel é absorvido pela sociedade. Com isso, pessoas com mais de 40 anos sabem distinguir a paquera, a paixão e o romance do amor matrimonial. Como não temos uma cultura do divórcio, vivemos numa cultura do perdão e da resignação.

Mas aqui nos Estados Unidos não há retorno nem perdão. Aqui todo mundo quer encontrar o amor, mas não quer ter marido ou mulher. Afinal, além do amor que todo mundo busca, o cônjuge sinaliza perda da liberdade, compromisso, exploração e, o que é pior, relacionamento!

OLIMPÍADAS

O que faz os Jogos Olímpicos serem tão atraentes? Qual o seu papel social no mundo moderno? Que sentido tem esse conjunto de rituais de autossuperação, praticados com um afinco somente igualado pela paixão e pela frustração que eventualmente despertam? Que efeito eles têm em países como o Brasil, que somente agora começam a sair da periferia das modalidades esportivas que consagram os grandes ideais olímpicos, como o atletismo, a ginástica e a natação – os chamados esportes individuais –, essas modalidades verdadeiramente olímpicas de competição?

Primeiramente, vale acentuar uma trivialidade sociológica: não há sistema que viva sem a alternância que produz a sua renovação. Não há sociedade que não tenha modos variados de ler a si mesma, leituras múltiplas (e até mesmo divergentes) que permitem passar do mais negro pessimismo à mais angelical positividade. Ademais, ninguém vive somente como um "caipira" atolado no seu próprio localismo, preocupado com os problemas da casa, dos afilhados, dos parentes, dos amigos e dos correligionários. De vez em quando é preciso realizar o esforço de olhar para cima e para o horizonte, em busca do descortino que permite refletir melhor sobre o que se foi, o que se queria ser, o que se poderia ter sido e o que se é.

Ora, nada melhor que o esporte para promover essa experiência de confronto mundial sem guerra, pois, nos Jogos Olímpicos, países se confrontam mais para disputar do que para vencer. Deste modo, o conflito torna positivo o elemento que, nas guerras de verdade, é o dado mais destrutivo da humanidade: o fato de que na confrontação só se pode vencer! Eliminando a desonra da derrota e a arrogância da vitória, o ideal olímpico permite realizar uma leitura positiva das diferenças, provocando um exercício interessante de leitura do mundo.

Além dos recordes, acontece muita coisa no tempo das Olimpíadas. No fundo, trata-se de um rito de passagem coletivo, cíclico (ocorre de quatro em quatro anos) e, mesmo abrangendo toda a comunidade esportiva mundial, nem por isso deixa de produzir eventos locais que por ela são orquestrados. Em toda Olimpíada, portanto, o problema mais interessante é o de como dosar o ideal do espírito olímpico (que é um ideal universal no mundo moderno), com as características locais que naturalmente são particulares.

O global remete a valores gerais e a uma perspectiva idealizada. Nele fala-se de uma interpretação contemporânea dos ideais gregos antigos, reforçando-se a ideia de que se pode efetivamente ser motivado apenas para competir e não somente para vencer. Ora, humanizar o ideal do mercado por meio de um sem-número de eventos esportivos, afirmando que o básico é tomar parte, é uma notável transformação da vida diária, quando todas as mensagens falam somente em vencer, em ser o primeiro, o mais produtivo ou o mais rico. Por tudo isso, os jogos revelam igualmente o fundo de hipocrisia que guia o mundo burguês, pois tudo é feito em nome da glória do esporte, mas com o patrocínio de alguma marca que gera dinheiro!

Já o local endereça a tudo aquilo que guardamos dentro de cada um de nós. A língua nacional, os gostos e os corpos que foram moldados por cada uma de nossas sociedades e histórias. Curioso observar como num jogo de basquetebol, futebol ou voleibol os atletas se movem obedecendo às técnicas gerais da modalidade esportiva que praticam, mas seus corpos se movimentam de modo nitidamente diferenciado. Os americanos negros possuem uma elasticidade de bailarinos; os gregos, os italianos e os espanhóis têm uma certa dureza corporal que revela talvez sua extremada preocupação com a honra e a vergonha; os membros da antiga União Soviética, hoje fragmentados em muitos países, mostram uma incrível habilidade que denota anos e anos de prática e de disciplina incessantes, como se seus corpos estivessem ainda dentro daquele esquema ditatorial que demandava tudo pela pátria socialista.

Mas até mesmo os americanos, que sempre posaram como universalistas é como um povo sem cultura local, expressam nos jogos o seu lado singular. Seja pela torcida entusiasmada, seja pelas cenas de divulgação das coisas locais – comidas, prédios, praças, universidades etc. –, seja, ainda, pelo modo com que demonstraram no cerimonial de abertura a sua visão da totalidade humana, representando os cinco continentes por meio de grupos coloridos, isto é, através da cor de sua pele, um problema óbvio no sul daquele país que até hoje marca um sistema profundamente igual, mas separado pelas marcas étnicas.

Como todo ritual, as Olimpíadas escondem e revelam...

RITUAIS MODERNOS

A modernidade pode negar os rituais e até mesmo ridicularizar (como faz a "arte pós-moderna") os momentos solenes com os quais marcamos a primeira e a última vez. Desdenhando começos e fins, a modernidade que nega os eternos, mas se quer igualmente imortal, prefere ficar com o miolo, deixando o nascimento, a virgindade e a morte para os antigos.

E, no entanto, precisamos que demarcadores sociais recheiem o instante a ser esquecido com aquele "algo mais" que eventualmente os imortaliza. Toda sociedade se debate entre rotinas e excepcionalidades – entre fazer o pão e invocar os deuses.

Os Jogos Olímpicos são uma circunstância magnífica para a discussão desses temas. Primeiro porque é um momento altamente ritualizado, mas sem deixar de ser capitalista e moderno. Segundo porque é produzido para toda a humanidade, mas só pode ser realizado num só lugar: numa dada cidade e em certo país. Finalmente porque realizando-se de quatro em quatro anos é um evento cíclico que, tal como ocorre com os ritos clássicos de calendário, engendra certa expectativa, permitindo sintetizar e medir avanços e tradições.

Assim, se os jogos são parte de uma gigantesca máquina de fazer dinheiro, eles devem operar dentro de uma certa moldura. É fato que os atletas hoje em dia não são mais amadores, mas a tradição do esporte pelo esporte, que marcava as modalidades olímpicas, continua exercendo pressão sobre o evento, controlando a ânsia capitalista de realizar lucros e modelando os estilos de perder e vencer.

Como outros milhões de observadores, não pude deixar de ver o marketing oculto em todos os momentos desses jogos: nos uniformes dos atletas, nos seus calçados e calções, nos cronômetros que legitimavam os recordes (confirmados pelos computadores da IBM) e nos telões que anunciavam suas devidas marcas registradas e suas exclusividades contratuais. A Coca-Cola, por exemplo, levou a Atlanta, onde tem sua sede mundial, parlamentares brasileiros de esquerda e de direita, como a mostrar que nesses eventos o capital deixa de ser superestrutura que divide as preferências políticas e passa a ser a própria base que tudo ordena e por isso mesmo tudo ultrapassa, até mesmo quem se diz contra ele. Sem o dinheiro, não há realidade olímpica, é certo. Mas sem os estilos rituais dos esportes e a atmosfera de amadorismo, os jogos não levantam voo.

Em 1984, estive em Los Angeles com um time de colegas antropólogos observando e discutindo os jogos como rituais. De tudo o que observei, lembro-me de algo notável: a emergência de um virulento patriotismo americano que não focalizava nenhum evento ou destacava qualquer atleta que não fosse ligado aos Estados Unidos. Para alguns de nós que imaginavam que os Estados Unidos, devido à sua posição de gigante econômico, seriam mais altruístas relativamente aos outros países, foi uma surpresa testemunhar a gana e a mesquinhez com as quais os comentaristas e o público americano diminuíam os adversários estrangeiros e glorificavam os nativos.

Um dos exercícios mais difíceis do mundo moderno, esse mundo que a telecomunicação faz encolher, é a orquestração equilibrada entre o local e o global.

Como, então, ordenar um evento mundial sem dissolver as identidades nacionais que, afinal, promovem a energia que é o próprio foco da disputa, razão maior dos jogos? Como vestir a camisa nacional sem, entretanto, abandonar os ideais olímpicos que dizem que competir é mais importante do que vencer? Mas quem pode ser perdedor numa ordem mundial que diariamente escalona os países por meio de vitórias e recordes?

Por tudo isso, eventos como os Jogos Olímpicos servem como exemplos das dificuldades da globalização. Falar em globalização é mais fácil do que praticá-la. Ser global é fácil quando se está no centro e se é o primeiro. Mas mesmo nessa posição o global não cria um coração e uma alma, pois todos competem vestindo os uniformes dos seus respectivos países.

Onde, então, está o global? Como um Deus sem Igreja, o global surge no ritual de abertura (nascimento) e de encerramento (morte) dos jogos, quando os atletas, os dirigentes e o público tomam consciência do planeta e, com ele, das diferenças que no caso os une a todos como seres humanos diferentes e intrigantes.

É por meio da ritualização que a humanidade se supera.

O PERFIL DO RICAÇO AMERICANO

A ciência social latino-americana fala mais dos pobres do que dos ricos. De acordo com a lógica elitista que nos faz estrangeiros perante nós mesmos, temos o pendor de falar mais dos que estão por fora e por baixo do que dos que estão por dentro e por cima – o que seria equivalente a falar bem de nós mesmos, algo muito difícil de fazer no Brasil.

O resultado é uma farta literatura sobre os pobres e os excluídos, enquanto contam-se nos dedos trabalhos que retratam os ricos e os bem-sucedidos. Falando mais do fracasso do que do sucesso, ignoramos o êxito e talvez aí esteja não diria o centro, mas uma das dimensões da nossa famosa "fracassomania".

É como se o estudo dos miseráveis confirmasse a tese das elites, segundo a qual o Brasil é um país errado: uma sociedade onde nada funciona e na qual todas as ausências históricas desejáveis coexistissem com presenças sociais indesejáveis. Não fomos agraciados com revoluções ou luta de classe, como a França e a Inglaterra, mas com golpes, escravidão, mistura de raças, Carnaval, com uma invejável tolerância (sempre lida como esculhambação e baderna) e com um clima capaz de bichar os cérebros.

Mas, como aqui na América tudo se move ao contrário, vale a pena citar o livro *The Millionaire Next Door*, dos professores americanos Thomas Stanley e William Danko, um detalhado estudo de como vivem os americanos que nos últimos vinte anos ganharam um milhão de dólares.

Stanley e Danko investigaram em profundidade mais de mil novos milionários. Embora saibam que hoje em dia a posse de um milhão não tem o mesmo significado do passado, seu trabalho revela muito sobre como se fica rico nos Estados Unidos. Ou melhor, revela muito da riqueza que é viver num sistema onde se acredita de pé junto que o trabalho permite enriquecer.

Vale a pena, portanto, examinar a nota que leio sobre esse assunto no *Wall Street Journal* de 12 de novembro, revelando que a média dos ricaços tem 57 anos, é um homem casado e tem três filhos, que ele é proprietário de seu negócio, que trabalha de 45 a 55 horas por semana, que tem uma renda anual média de 131 mil dólares, que na média seus bens estão na casa dos 3 milhões e 700 mil dólares, que sua residência é modesta, valendo cerca de 320 mil dólares, que ele é um rico de primeira geração e não tem conexões sociais ou nome de família, que dirige um carro velho e que, embora tenha frequentado uma escola pública, seus filhos irão para escolas particulares, que são muito caras nos Estados Unidos. Pena que nada seja dito sobre a cor ou origem étnica desses novos-ricos, o que não deixa de ser um dado significativo quando se trata dos Estados Unidos.

Ao lado desse impressionante perfil geral, onde o nome de família, a relação de parentesco com políticos, a participação na política ou ter emprego no governo não contam e as horas de trabalho semanal revelam uma notável disposição para o batente, eles não operam negócios nada glamourosos. Assim, os novos ricaços não são artistas, produtores de cinema ou escritores famosos, mas atuam em áreas que não chamam atenção, como casas funerárias, boliches e pequenas fábricas.

Ademais, não vivem como nababos. Não colecionam quadros, amantes, carros, casacos de pele ou moram em casa com cascata na piscina. São pessoas que evitam chamar a atenção e vivem como "pessoas comuns", reforçando sem saber a velha ideologia americana da igualdade perante a lei e da modéstia no gasto, traços que impressionaram tanto Tocqueville quanto Max Weber e Gunnar Myrdal.

De fato, trata-se de um grupo que fez a si mesmo, o que reforça o valor do trabalho nesta sociedade onde as pessoas realmente acreditam que com esforço se pode ficar rico. Para comprovar tal tese, lida como ingênua pelos nossos sociólogos de plantão, inclusive por este cronista, dados do imposto de renda americano mostram que esse grupo está crescendo. Hoje, pasmem os leitores, eles devem ser 3,5 milhões, o que revela como é importante acreditar numa sociedade aberta e sem fronteiras relativamente à sua capacidade de inventar riqueza.

Finalmente, a nota mostra que os novos donos de 1 milhão são sovinas. Jamais gastaram mais do que 600 dólares por um terno, nem mais de 200 dólares por um par de sapatos, dirigem carros velhos e colecionam cartões de supermercado, desses que – coisa cafona – permitem desconto nas compras.

Tudo isso prova o valor do trabalho e, mais que isso: o trabalho como valor. Pelo menos nos Estados Unidos, onde um cara com 1 milhão no banco continua acordando às cinco da manhã e economizando dez centavos...

UM GESTO SIMBÓLICO

Os jornais americanos noticiaram com exemplar generosidade a *Service Summit* – a conferência de cúpula de três dias que, no final de abril, reuniu na cidade de Filadélfia o atual presidente e os ex-presidentes dos Estados Unidos para lançarem um programa intitulado "Futuro da América".

A reunião, que teve um inconfundível estilo americano e só poderia mesmo ser realizada aqui nesses Estados Unidos, vale a pena ser pensada em termos dos seus significados, todos – a meu ver – importantes para o estilo brasileiro de fazer política. Esse estilo marcado por pequenas vendetas, miúdas preocupações partidárias e pessoais e inamovíveis divisões ideológicas.

De saída, o encontro americano revela como o país mais rico, poderoso e o que mais cresce no mundo tem governantes preocupados com o bem-estar social e político de sua massa de pobres. Clinton, Bush, Carter, Ford e Nancy Reagan (representando Ronald Reagan, que está doente) são cinco pessoas a lutar contra a pobreza que faz 40 milhões de vítimas de um implacável capitalismo que continua inventando indigentes.

São cinco pessoas contra os críticos de todos os matizes que não perdoam nenhum gesto nobre por parte de presidentes e ex-presidentes; são cinco personalidades que sabem dos seus limites no turbilhão de um processo político complexo, no qual os componentes locais e nacionais se misturam às dimensões globais dificultando as decisões. É tudo mentira e demagogia? É possível, desde que não se esqueça de que a demagogia também funciona, senão como explicar os nossos ritos de mudança eleitoral quando somos invadidos por promessas imbatíveis de supercandidatos que, eleitos, nos chutam pra escanteio ou nos dão uma banana?

Mas esses cinco têm um importante ponto em comum: conhecem bem a importância do mundo simbólico, aquele universo do drama e da expressividade que, como dizia Cristo, é capaz de mover montanhas. Assim, tanto Clinton quanto os outros sabem que uma visita a uma vítima de um crime, doença ou catástrofe vale muito mais do que mil proclamações oficiais no nobre e frio pátio do Congresso Nacional ou da Casa Branca. Reconhecem que num mundo universalizado pela *mass media* um contato direto e pessoal com o eleitor comum reconstrói a esperança democrática contida no ideal de um governo pelo povo e para o povo. Entendem que o povo quer ver o seu presidente na Casa Branca, tomando o seu vinho, fazendo seus discursos formais, viajando de avião e visitando outros chefes de Estado no exterior, onde tudo é pompa e circunstância, mas nada substitui a emoção de deixar que uma pessoa comum possa sentir o calor de sua mão e a sua presença como alguém que também sofre, é dotado de solidariedade humana e tem o sentido profundo da humildade. Tais gestos fazem com que se acredite nas instituições federais e no Estado que, afinal de contas, o presidente comanda, representa e, num sentido bastante concreto e visível, encarna.

Ademais, o gesto simbólico tem o poder de demarcar fases da existência, separando momentos históricos e abrindo novas fronteiras e perspectivas. Toda sociedade precisa dividir o antes do depois, o tempo de falar do tempo de fazer. Não há nova etapa que não seja cercada por algum evento simbólico em que os mais altos dirigentes, representando o que o povo quer, exprima esse desejo de reescrever o mundo por meio de algum ato cerimonioso.

Conscientes, portanto, do valor incomensurável daquilo que o papel de presidente tem o potencial de dizer e provocar (e não apenas de "fazer") – e não custa lembrar, nesse contexto, que os reis davam a bênção e tinham o poder de curar certas doenças –, eles se reuniram com representantes de 150 comunidades de 50 estados, várias autoridades governamentais, líderes de poderosas firmas multinacionais e lideranças civis para propor uma formidável mobilização no sentido de melhorar o futuro das crianças americanas.

Ora, falar de crianças implica em falar em cidadania e discutir os seus pontos fortes e fracos. E nesse país mais rico do mundo, todo mundo sabe que é vergonhoso ter uma massa de pobres que parece crescer a cada ano. Mais: é vergonhoso ter tantos milionários e uma classe média que goza de todos os confortos em comunidades repletas de gente pobre e desalentada: vítimas do desemprego, do preconceito, do vício e, sobretudo, do desânimo.

II

O presidente Clinton inaugurou a reunião de Filadélfia dizendo que era preciso criar um conceito de "supercidadão". Daí a sua pergunta inicial, dispensando o discurso elegante: "Vocês estão prontos para trabalhar?" Do mesmo modo e seguindo o mesmo espírito, o ex-presidente George Bush, do partido adversário, declarou: "Hoje somos todos americanos. Não somos democratas, nem republicanos, nem judeus, nem ricos ou pobres, ou negros ou brancos."

O que esses políticos faziam é impensável para muitos de nós, brasileiros. Sobretudo os da elite que tudo sabem, que enxergam as entrelinhas e conhecem todo mundo. Que já viram tudo, não acreditam em coisa alguma e, claro está, detestam o trabalho manual! O trabalho com o corpo que todos estavam realizando e que, aqui nos Estados Unidos, dignifica e traz esperança, mas que, no Brasil, até hoje é sinal de escravidão, exploração e de coisa "cafona" e barata.

Esse ritual político teve três temas importantes.

O primeiro foi a ênfase na cidadania como uma condição ligada ao trabalho rotineiro; o segundo foi a saliência da totalidade. Finalmente, em terceiro lugar, havia o tema básico de prestar um "serviço" à comunidade. De sair de si mesmo e de suas preocupações mais rotineiras e individuais, para alcançar o outro. E quem fala em outro fala obviamente em comunidade e em espaço público.

Neste sentido, recriou-se o mito da democracia liberal fundada no velho modo de produção capitalista. Marx denunciou a operação do sistema econômico e todos sabemos quão implacável e contraditório ele é. Mas Marx não queria destruir a ordem liberal – fundada na liberdade e na igualdade – que paradoxalmente fazia o sistema funcionar.

Como manter o sistema político tornando a ordem econômica mais humana é certamente um desafio que passa pelos Estados Unidos e chega ao Brasil, cujo governo faz esforços para desmontar uma ordem patrimonialista e, eis o perigo, corre o risco de ser mais liberal que os liberais. Aqui nos Estados Unidos, é muito clara a oposição entre o que determina a lógica da economia e o que acena os ideais da política. Se os valores políticos dizem que democracia é voto universal, igualdade política, acesso e proteção contra o Estado, eles também falam de um mínimo de bem-estar para todos. Mas no reino da economia tudo é diferente. Nele vale – entre outras coisas – guardar, economizar, lutar contra o competidor, aproveitar-se da onda de consumo, usar a ingenuidade do consumidor, realizar acordos com outros produtores para garantir preços altos e pagar menos por mais trabalho. Tudo se passa como se a esfera política fosse altruísta e a econômica, egoísta!

Não é por acaso que, nos Estados modernos, o grande conflito não é mais entre operários e patrões que, junto com o aparelho de Estado, oprimiam os trabalhadores. Mas se define como sendo uma luta permanente entre a capacidade interventora do Estado tanto contra empresas desonestas quanto contra indivíduos com índole ou intenção criminosa.

Ora, é esse deslocamento da chamada "luta de classe" pelos conflitos entre o poder do Estado e os interesses dos seus cidadãos (sejam eles multinacionais, pequenos negociantes ou meros indivíduos) que o ritual de Filadélfia tão bem simboliza.

Porque a saída para esse mundo jaz no incremento ao serviço e ao trabalho público voluntário e altruísta. Jaz na redescoberta do compromisso coletivo que existe em cada cidadão. Jaz na redefinição dos elos morais que devem ligar as pessoas com as suas comunidades.

No caso americano tal voluntarismo nada tem de novo. Ele nasceu com os Estados Unidos dos livres e dos iguais e faz parte do credo americano. Ele está na Constituição e nos discursos presidenciais quando todos fazem como Kennedy e questionam: "Não indague o que o seu país pode fazer por você, mas o que você pode fazer pelo seu país." Coisa de basbaques, diriam os nossos críticos de plantão...

Realmente, se o Brasil tem se aguentado pelos laços de solidariedade, eles que desembocam na caridade; aqui, a coletividade tem sido sustentada pela filantropia, que é impessoal, institucional, não se faz na casa, mas no universo público da rua e traz de volta ao indivíduo livre e descomprometido com os outros a visão de sua sociedade como responsável pelo seu sucesso.

Para nós, ibéricos, católicos e relacionais, a caridade é feita em nome do outro: dou para meus amigos, faço isso porque é você, dou para os pobres e em nome de Deus. Para esses individualistas, herdeiros de Calvino, porém, a filantropia se faz pelo prêmio dado competitivamente ao melhor e não a A, B ou C.

Tudo indica que a reunião de Filadélfia foi um exercício para juntar caridade com filantropia. No Brasil, ao contrário, precisamos tirar da velha caridade uma nova filantropia.

No fundo esses ex-presidentes seguiram a magistral observação de Thomas Mann sobre o papel simbólico dos reis, no seu livro *Sua alteza real*:

> A dignidade é criada pelo espírito, ele é o inimigo mortal e nobre adversário de todo conformismo humano. Representar, estar em lugar de muitos na medida em que nos expomos, ser a expressão enobrecida e disciplinada da multidão – naturalmente representar é mais sublime do que simplesmente ser, (...) por isso o chamam de Alteza...
> Ele desceu da carruagem e, manto jogado nos ombros, seguiu por uma ruela curta, numa calçada coberta por um trilho vermelho, entre o povo que o aclamava. Passou por uma porta ladeada de loureiros, sobre a qual se armara um baldaquim, subiu uma escada ocupada por criados aos pares, sustentando

lampiões... Ia a um jantar festivo, coberto de condecorações até os quadris, as ombreiras franjadas de major nos ombros estreitos, seguido por seu séquito, no corredor gótico de uma Câmara Municipal. Dois criados que corriam à sua frente abriram, apressados, uma vidraça antiga, já precária nos caixilhos de chumbo. Pois lá embaixo, na pequena praça, comprimia-se o povo, à luz fumegante das tochas. Chamavam e cantavam, e ele parou na janela aberta, curvando-se, expondo-se por um momento ao entusiasmo deles, e agradeceu, saudando...
Sua vida era despida de cotidiano e de veracidade; compunha-se de vários momentos tensos. Aonde quer que chegasse, era sempre dia de festa e de comemoração, o povo glorificava a si mesmo nessa festa, a vida cinzenta se iluminava, revestindo-se de poesia. O faminto tornava-se um homem normal, a espelunca, uma choupana pacífica, imundas crianças de rua eram (viravam) educados menininhos e menininhas em roupa de domingo e cabelo alisado com água, um poema nos lábios; e o cidadão embotado, com casaco e cartola, tomava consciência de si mesmo, comovido.

Oxalá os nossos presidentes entendessem isso.

A PROPÓSITO DO FUMO E DO CIGARRO

O fumo foi descoberto e domesticado pelos nativos das Américas. Tal como o milho e a batata, este não existia na Europa antes da descoberta do chamado Novo Mundo em 1492. Entre os "índios", porém, o hábito de fumar se restringia a certas pessoas e ocasiões e a certos momentos rituais.

Quando vivi com os índios Apinayé de Goiás, testemunhei que o fumo era usado pelos curadores para enxergar a alma dos mortos ou das criancinhas que a perdiam quando ficavam traumatizadas. Quando isso ocorria, o curador (*vayangá*, na língua dos Apinayé) tomava a criancinha nos braços, fazendo-lhe uma massagem na cabeça, de modo a prender sua alma ao corpo. Ato contínuo, soprava a fumaça do seu mágico charuto sobre sua fronte, para ver se a alma da criança estava bem assentada. Deste modo, o fumo fazia o papel daquela poeira que a gente enxerga (mas não vê) todas as vezes que o sol incide em ângulo por uma fresta do telhado ou da parede. A fumaça do fumo, portanto, deixava ver o invisível.

A modernidade e seu substrato econômico, o capitalismo, deram ao fumo outra dimensão. Primeiro liberando-o do seu confinamento ritual e medicinal, depois tornando-o um produto livre, para ser consumido por todos os grupos e categorias sociais em todas as situações. Os critérios sociais de consumo (que muitas vezes eram ritualizados e obrigatórios) foram substituídos pela vontade individual. Na modernidade, vale a teoria segundo a qual cada um fuma o que quer e quando quer.

Com isso inventou-se a indústria do cigarro, e suas glamourosas peças publicitárias transformaram o cigarro na própria essência da sociabilidade. Uma pessoa estava só e fumava porque, "o cigarro era um bom companheiro". Se duas pessoas se encontravam, um cigarro oferecido com carinho e simpatia iniciava um ciclo de reciprocidade, selando uma relação. Se havia um grupo, o cigarro servia como seu espírito, e sua fumaça, expandindo-se pesadamente no ar, assinalava, como os sinais indígenas, que tudo ia bem.

Em geral, o cigarro surgia no meio de cenários prazerosos: festas, encontros amorosos, reuniões entre pessoas de sucesso. A Segunda Guerra Mundial instituiu o cigarro como uma personagem que, tanto quanto os soldados, os canhões, os aviões e as metralhadoras, ajudava a vencer o inimigo. E tome cigarro quando os soldados se preparavam para lutar, e tome cigarro quando estavam no *front* e tome cigarro quando se feriam e até mesmo quando morriam. Aliás, a gente sabia que um amigo do mocinho havia falecido quando o cigarro lhe caía romanticamente da boca, como se o ato de fumar fosse o seu derradeiro elo com o mundo dos vivos.

Outras cenas modelares marcaram o uso do fumo graças a uma propaganda maciça imitada pela vida que, por sua vez, foi imitada pela publicidade no círculo vicioso entre símbolo e realidade que nos engolfa. Uma delas, super-romântica, era a do galã acendendo dois cigarros simultaneamente: um para ele, outro para a beldade que o acompanhava. Quantos anos eu não tive que esperar para fazer o mesmo, quase tocando fogo na minha própria gravata? E quando o galã, solitário e com o coração partido, apagava o cigarro com o pé direito na calçada, dando aquele olhar de que "afinal de contas, nem tudo estava perdido"? Ou quando a fumaça do cigarro na mesa do bar desenhava o rosto da mulher amada que não mais gostava de nós?

Ora, tudo isso fez do cigarro o companheiro de imagens do homem e da mulher na nossa sociedade. O ato de fumar era o símbolo das relações entre pessoas – e o "me dá um cigarro", um pretexto que iniciava a grande amizade ou o eterno amor que só a tragédia iria destruir. Isso para não falar do cigarro estilo Marlboro, traço que ajuda a compor o rosto viril do caubói que enfrenta a neve e o trabalho árduo com o seu pito.

A propósito do fumo e do cigarro

Agora tudo isso muda com a guerra que o governo e a sociedade americanos declararam ao fumo. Obrigando a indústria do cigarro a pagar pelos estragos que faz, proibindo anúncios glamourosos em cores, controlando a venda e mostrando a relação negativa entre cigarro e saúde, é certo que essas imagens serão rapidamente substituídas e transformadas em imagens tabu.

Resta apenas o enigma da sociabilidade e dos valores que fazem e desfazem o bom, o desejável e o ruim. De fato, tudo isso me leva a acreditar que, realmente, os homens fazem (e desfazem-se) a si mesmos...

EM TORNO DO CIGARRO
E DO ATO DE FUMAR

Não fumo mais, mas nem por isso desdenho do cigarro como um importante objeto cultural, como algo mais do que um toco de alcatrão aceso que faz mal à saúde. Compreendo que o cigarro e o ato de fumar vão além do vício e, para ser melhor combatido, deve ser visto como um fato social abrangente.

Fui fumante e compreendo a emoção proporcionada pelo cigarro: pelo primeiro fumacê do dia que masculiniza o café com leite que cheira a mundo doméstico, pelo cigarro de depois do prazer amoroso quando olhamos para a fumaça esvoaçante como testemunha viva do nosso sentimento de plenitude, pelo cigarro fumado quando se aguarda a mulher ou o amigo no aeroporto, pois é esse cigarrinho que compartilha conosco a preocupação e a insegurança da espera.

Tomei consciência do cigarro como coisa proibida porque no meu tempo as pessoas de bem não fumavam na frente dos seus superiores sem pedir licença. Um dos meus amigos, homem-feito, jamais aparecia diante da mãe com um cigarro nos dedos. Meu pai, avesso ao fumo e ao álcool, banira o cigarro de nossa casa. Para ele, fumar era coisa de farrista inveterado – "capadócio" – e objeto que pertencia ao mundo da noite e do pecado. Mulher e cigarro era uma relação-tabu para a geração de papai. Um dia, a filha do vizinho, a Rosinha, apareceu fumando em casa. Os pais não falaram nada, mas meu pai ficou indignado. Para ele, só as putas fumavam.

Estava claro que o cigarro era um símbolo da igualdade entre os sexos e categorias sociais, como também era um instrumento de ligação entre universos sociais e pessoas num mundo social cada vez mais individualizado, massificado e paradoxalmente solitário. Fumar, e sobretudo "filar" (ou pedir) um cigarro, significava relaxar e trocar confidências com os iguais.

Por tudo isso, o cigarro surgia para mim como um objeto proibido e sexualizado. Uma vez, na Belo Horizonte dos anos 1940, compramos escondido uma carteira de cigarros Beverly com ponteira na venda da esquina. Fomos, meus quatro irmãos, nossos amigos e eu, para o gabinete de papai, onde fumamos nossos cigarros bancando adultos. Chamamos Marta, a filha do vizinho, para se juntar a nós. Inspirados pelo cigarro, pedimos à menina que dançasse nua para nós. Envolta numa nuvem de fumaça, a menina exibia seu corpinho misterioso, sem nenhum apêndice, fazendo com que nós, os mais velhos, imaginássemos estar naqueles lugares proibidos que nossos pais iam de noite, sozinhos. Titia nos pegou no meio da orgia e nos denunciou solenemente a papai, que me valeu, como mais velho e cabeça, uma boa surra.

Mas com o cigarro ficou aquela sensação de sexualidade que só aos adultos era dado conhecer. Posteriormente, homem-feito, encontrava nele esse modelo perfeito de definição da sedução sexual nos bailes e nos bares, quando acendia um cigarro e soltava a fumaça movendo a cabeça estudadamente de um lado para o outro.

Ah! O ritual de acender o cigarro. Primeiro era preciso tirá-lo da carteira metodicamente, batendo com ela firme, na quina da mão. Isso fazia aparecer vários canudos imaculadamente brancos. Tirava-se um deles, esticava-se o objeto com os dedos e, colocando-o na boca, preparava-se para o ato final e mais importante: acendê-lo ou torná-lo vivo. Aceso, o cigarro era consumido com gestos dramáticos que acompanhavam uma precisa gramática social.

Podia exibir nervosismo, quando era tirado dos lábios com velocidade e a fumaça acumulada na boca era solta num sopro violento, um expirar forçado que imitava um suspiro enfumaçado. Podia revelar amor e paixão quando era aceso com os olhos fixos no rosto da namorada e em seguida tragado lentamente, a fumaça sendo expelida pausadamente, deixando que suas nuvens envolvessem a mulher, o que prenunciava o elo amoroso. Podia indicar seriedade e preocupação quando o cigarro era aceso no momento de iniciar uma prova ou, no meu caso específico, de iniciar a leitura de um livro ou a confecção de um texto.

Hoje tudo isso mudou muito e o cigarro passou a ser um instrumento de doença e de morte. Até onde sei, ninguém fez ainda uma arqueologia ou história social do cigarro. Minha tese, entrementes, é que essa invenção indígena foi adotada na Europa colonial porque é um objeto relacional.

Não se fuma para celebrar a solidão, mas para complementá-la. Solta-se a fumaça para incensar algum Deus, ou para perturbar, como ocorre hoje em dia, alguém situado por perto. A fumaça religa as pessoas, e a oferta do cigarro pode ser o início de uma paixão inesquecível ou de eterna amizade. Quem não gostaria, mesmo hoje, de acender o seu cigarro no cigarro de uma Ava Gardner, como acontece no filme *As neves do Kilimanjaro*?

O IMPOSSÍVEL ACONTECE

Sempre nos referimos ao que jamais deve ocorrer – o impossível, o imoral, o tabu ou o indesejável – por meio de figuras de linguagem. Para coisas impossíveis, como um ricaço ou político brasileiro serem honestos, diz-se: isso só vai acontecer "quando minha avó andar de bicicleta!", quando "a galinha criar dente!", ou no "Dia de São Nunca, de tarde...". Antigamente, falava-se também em ir para a Lua ou para alguma terra distante como a China (ou o Japão), o que, no campo das metáforas, parecia mais complicado que deixar o próprio planeta.

Hoje tudo está mudado. As metáforas continuam funcionando mais como figuras de linguagem (ou símbolos) do que como sugestões de realidades impossíveis. Isto porque, no mundo moderno, as avós estão andando de bicicleta e fazendo ginástica, a biologia mexe com os códigos genéticos e pode bem fazer as galinhas criarem dentes, e "ir pra China" ficou mais fácil do que viajar para Santos ou Niterói em dias de feriado. Ademais, andar na Lua passou a ser um assunto, se não corriqueiro, pelo menos resolvido. Deixou de ser uma impossibilidade e passou a ser fato histórico concreto a ser algum dia repetido.

Uma história veiculada pela internet exemplifica bem esse ocaso das metáforas do impossível, obrigando-nos a pensar na sua redefinição.

Num memorável mês de julho de 1969 a missão *Apollo 11* atingiu a Lua fazendo de Neil Alden Armstrong o primeiro homem a pisar em nosso satélite. Aquela Lua que, até então, era nossa madrinha, pertencia a São Jorge e presidia o crescimento dos vegetais e a menstruação foi, graças à ciência moderna, diretamente explorada, fotografada e filmada. A tecnologia fez com que a Lua deixasse de ser o astro que por suas muitas fases era equacionado com o feminino, para se tornar mais um corpo celeste comprovadamente vazio (ou repleto) de humanidade.

Mas o astronauta fez mais do que pisar na Lua, pois que ele sacramentou a sua posse com uma frase que até hoje marca fortemente o evento, emoldurando-o como uma grande narrativa tão a gosto, aliás, da mentalidade ocidental. Assim, quando Neil Armstrong pisou na superfície empoeirada da Lua, ele disse – americanamente, combinando solenidade com casualidade – que seu gesto era "um pequeno passo para o homem [mas] um passo gigantesco para a humanidade". Com tal fala, o astronauta deu uma inesperada dignidade àquilo que seria um mero episódio na história da tecnologia.

O esplendor da frase, definindo tão bem o que significava pisar na Lua, revela como os homens continuam capazes de ter plena consciência da grandeza dos seus gestos, mesmo quando estão verdadeiramente atolados por alta tecnologia. Ou seja: até num mundo governado por computadores e pela extrema automatização há lugar para a consciência da grande história, conforme demonstrou Neil Armstrong com sua brilhante frase. Frase que mostra como a nossa humanidade não nos abandona, mesmo nos momentos mais gloriosos ou mais trágicos de nossas vidas.

Naquele instante de luz, porém, quando retornava ao módulo lunar, o mesmo Neil Armstrong produziu outra sentença que, por ser indecifrável e aparentemente sem importância ou sentido, ficou fora dos registros oficiais que, afinal de contas, marcam os grandes acontecimentos históricos. Se no desembarque lunar o astronauta produziu uma sentença de efeito, no retorno à nave que o conduziria de volta à sua rotina de homem comum no nosso planeta ele pronunciou um trivial, mas enigmático: "Boa sorte, sr. Gorski." Exclamação que sendo menor e não tendo a mesma majestade da outra adormeceu nos registros da missão. Quanto mais não fosse porque ela talvez estivesse se referindo a algum astronauta soviético, àquela época rival perigoso dos americanos e da NASA.

O impossível acontece

Vinte e seis anos depois, numa entrevista coletiva dada em Tampa, Flórida, no dia 5 de julho, o próprio Neil Armstrong, hoje um próspero homem de negócios aposentado, desvendou o mistério daquela estranha frase.

Quando ele era menino e jogava beisebol com um amigo, uma bola mal rebatida caiu próximo do quarto de dormir de um vizinho dos seus pais que era justamente o casal Gorski. Ao apanhar a bola, o jovem Neil Armstrong não pôde deixar de ouvir uma indignada sra. Gorski gritar para o marido: "Sexo oral?! Você quer fazer sexo oral?! Pois você vai ter sexo oral no dia em que o menino do vizinho andar na Lua!"

A FAMA DE DIANA

Quando a linhagem aristocrática do oitavo Earl Spencer produziu Lady Diana Frances Spencer, no dia 1º de julho de 1961, ninguém poderia supor que um destino glorioso, talvez o maior das moças de sua geração e segmento social, fosse terminar de modo banal num sujo e poluído túnel parisiense, por meio dessa trágica trivialidade urbana e pós-moderna que são os acidentes de automóvel.

Desastres que – Deus nos tenha! – independem dos traçados das ruas, da honestidade dos policiais e até mesmo dos modelos dos carros, pois Lady Di veio a falecer dentro de um Mercedes-Benz de última geração, o sonho de consumo de todo motorista.

O anúncio globalizado de sua morte, realizado pela alta tecnologia que dispomos, desnuda impiedosamente uma incrível sensação de desamparo, aumentando nossa angústia diante da fragilidade da condição humana. Tomando ciência da morte chocante e brutal, ficamos a nos perguntar de que vale a velocidade da informação se não temos consolo, ou remédio, ou alento, ou esperança diante da passagem desequilibrada para o outro mundo que teve essa malograda Diana Spencer, que foi também Princesa de Gales.

A consciência instantânea da morte trágica apenas aumenta nossa sensação de impotência, mostrando que todos somos iguais perante a vida e a imponderabilidade das coincidências – essas matérias-primas daquilo que antigamente chamava-se "destino".

A surpresa televisiva apenas exprime, portanto, e não sem um alto grau de crueldade, como a vida é banal e injusta, provando aquilo que todo brasileiro já sabe desde que nasceu: que Deus escreve mesmo por meio de linhas tortas que nós, humanos, temos a obrigação de endireitar...

Dura tarefa essa de descobrir o sentido onde só há a banalidade da coincidência e o truísmo terrível do "só morre quem vivo está!". E isso vale até mesmo para princesas e para seus namorados multimilionários, mesmo quando eles se chamam Dodi Fayed e têm no seu invejável currículo propriedades em Paris, Londres e Los Angeles e namoradas tão gostosas quanto as de um Jorginho Guinle.

Mas de que vale tudo isso agora?, perguntou uma cruel voz dentro de mim na noite em que, na paz do meu leito norte-americano e morrendo de saudade dos meus filhos e netinhos, tomei conhecimento da triste novidade.

Nós não controlamos os fatos, mas temos um relativo controle de sua interpretação. Há quem diga, com miopia, que tudo é construído e fabricado. Quero crer que não. A morte de Diana, Princesa de Gales, não foi inventada. Mas o texto que vai adornar o seu falecimento físico está em franca elaboração. Ele vai das acusações aos *paparazzi* a uma perturbadora reflexão sobre a fama que incensa as personalidades, a ponto de exigir que elas sejam sempre e cada vez mais fiéis às suas projeções públicas e idealizadas.

Se a fama era gloriosa no mundo antigo, quando a divisão entre público e íntimo funcionava e dava sentido ao mundo social, hoje, quando tudo ficou menor em virtude de uma diabólica tecnologia de informação e comunicação, é muito complicado separar a "casa" da "rua". De fato, todos os sites que visitamos na internet, todos os questionários que preenchemos e virtualmente todas as informações que liberamos para qualquer agência, empresa ou instituição são implacavelmente registrados numa memória monstro. E lá ficam os nossos dados a serviço de quem quer que queira usá-los. Em geral esse uso é do tipo *paparazzi*, pois ele retorna às nossas casas por meio de glamourosas solicitações de compra de novos produtos.

Se nós, pessoas comuns, não podemos ter paz, que dirá uma pessoa como Diana. Essa Diana que viveu o mito de Cinderela casando com um príncipe herdeiro de verdade, futuro rei de um dos reinos mais poderosos do planeta: a velha Grã-Bretanha do rei Arthur e dos cavaleiros andantes, reino que, paradoxalmente e para aumentar ainda mais a sua glória, fez a grande revolução industrial e, com isso, inventou a modernidade.

Quem não se comoveu com a visão televisiva, quase íntima, de seu casamento com o príncipe Charles no dia 29 de julho de 1981 na catedral de São Paulo, um ato que paradoxalmente fazia explodir no nosso mundo desencantado e tocado pela dura realidade do mercado e do dinheiro a ternura das mitologias e a maravilhosa magia dos grandes rituais de passagem?

Quem não pensou, olhando aquela união, que afinal de contas o amor podia ocorrer e vencer as distâncias impostas pelas categorias sociais que são cegas, surdas e mudas?

E quem não pagou para ver como a modernidade de um mundo encolhido e certamente muito menor que os seus mitos iria tratar aquela união?

Eis, numa cápsula, o início da fama de Diana...

II

Antigamente a história terminava quando Cinderela e Branca de Neve se casavam com seus respectivos Príncipes Encantados. As histórias tinham limites porque existia um "fim" que demarcava a fronteira entre a intimidade dos eventos (a própria narrativa que era contada por alguém que obviamente "conhecia" as personagens) e a sua razão pública, quando os fatos vinham à luz na forma de um texto ou "conto de encantamento". Hoje, os *paparazzi* a prolongam, revelando o que aconteceu "depois", na intimidade das alcovas do castelo. Com isso, as histórias deixam de ser contos e passam a fazer parte da banalidade da vida, pois descobrimos que, no apagar das luzes, o príncipe e a princesa são humanos e vulgares como nós.

Naqueles tempos antigos, a casa era bem diferente da rua, que não podia invadi-la impunemente. O mundo se dividia em dois universos bem demarcados, cada qual com leis próprias, sendo muito diferente dessa modernidade representada pelas nações mais burguesas do Ocidente – Estados Unidos, França, Alemanha, Inglaterra... –, nas quais os indivíduos têm que sempre ser cidadãos, sob pena de serem acusados de incorreção política.

Eu me lembro do momento em que ouvia de minha tia Amália essas "histórias de princesas encantadas" narradas com invejável calma e em dias de chuva (quando a gente não podia "brincar lá fora") para mim e para meus quatro irmãos na varanda ou na sala de visitas. Titia, dona da cena e das histórias, ficava sentada numa confortável cadeira de vime e nós, meninos, no chão frio de um azulejo molhado pelo sereno da chuva.

Um dia, não querendo que o fim acabasse com o encantamento, perguntei: "E aí, o que aconteceu depois?" Ao que titia respondeu: "Bem, isso já é da vida deles. Depois do casamento, eu já não sei mais o que aconteceu com esses dois..."

A morte de Diana trouxe de volta essa questão. É que no tempo de Cinderela não havia rádio, jornal, cinema, televisão, telégrafo sem fio e, obviamente, *paparazzi* e tabloides.

As pessoas sabiam que o mundo tinha divisões e havia uma garantia de que essas partes não batiam de frente. O que era feito na rua – como o adultério e o crime – era da rua. As casas e os castelos, por seu turno, eram encantados. Estavam protegidos das intrusões e das crueldades do mundo e da vida: dos duros olhares de fora. Naqueles espaços internos, Cinderela, que hoje é uma respeitável e jovial avó de seis netinhos, segurava todas as barras, engolindo com nobreza e estoicismo a doença, a frustração, a traição e até mesmo a morte. Cinderela sabia que o encantamento do castelo comportava necessariamente o desencanto, e que a ternura tinha como contraparte o desprezo e a desesperança.

Não tendo televisão, e nem sendo dona de um cartão Smiles, Cinderela era uma prisioneira do seu papel. Não viajando e tendo poucos amigos, ela pôde "segurar" o seu papel, permanecendo fiel às suas dimensões coletivas que sempre controlam, quando não reprimem de modo violento, as suas dimensões pessoais. Assim, ela não comparou suas experiências e sua vida a outras vidas, e, não tendo televisão ou cinema, ela não tinha como querer "começar tudo de novo", como nós acreditamos que podemos fazer.

Cinderela teve sorte. Os valores que recebeu dos seus ancestrais sempre foram dominantes. Honrando esse código e não podendo discuti-lo ou torná-lo relativo pela comparação, Cinderela evitou crises e pôde "aturar" o seu Príncipe Encantado, pois logo descobriu que, tirando as fardas elegantes e o título pomposo, ele era um mero mortal como os outros.

Por não ter tido a imprensa falada, escrita e televisiva, Cinderela reteve sua intimidade, podendo chorar, gritar e amar sem ser vista. Seu papel exigia uma coerência pública. Mas estava claro que ninguém pode desempenhar um papel o tempo todo.

Ademais, Cinderela é uma heroína e não uma celebridade. Ela foi uma boa rainha, e boas rainhas não ficam famosas. Não tendo o tambor da fotografia e da imprensa para exagerar sua beleza, seu medo, sua generosidade e os seus problemas, Cinderela – mesmo divorciada – jamais iria se transformar no seu oposto, numa "Princesa Desencantada".

Ora, as Princesas Desencantadas são aquelas moças que abandonam o título aristocrático e se transformam em pessoas magicamente famosas sem terem um motivo certo para tanto. Se tivesse se divorciado, que teria feito Cinderela, além de ter se casado com o príncipe? Nada vezes nada. É exatamente essa fama vazia, fama que é muito diferente da celebridade construída pelas estrelas de cinema que por ela lutaram, que faria com que Cinderela se tornasse uma vítima dos tabloides. Pois ela seria apenas uma fama inautêntica, uma fama – tirante a generosa caridade que prestava – sem lastro: sem o talento e o trabalho que eventualmente a justifica.

Essa foi a fama, a triste e mortal fama, de Diana.

PARA ONDE FOI A MAGIA?

Leio estarrecido na revista *Veja* (de 2 de julho) que o leilão de 79 vestidos da princesa Diana rendeu 3,25 milhões de dólares. Quer dizer: aqueles modelitos horríveis do varapau de 1,80 m que era Diana venderam como pipoca em cinema americano, sendo comprados até mesmo por uma colunista social brasileira, a sra. Hildegard Angel, que arrematou, pelo telefone, uma peça de 45 mil dólares!

Leio entre o divertido e o curioso n'*O Globo* de 5 de julho que o "playboy mais famoso do Brasil", Jorge Guinle, está publicando seu livro de memórias, *Um século de boa vida*, narrativa na qual resolve contar tudo a respeito das estrelas de Hollywood com quem conviveu nos anos dourados do cinema, do Rio de Janeiro e da era em que os filhinhos de papai eram politicamente corretos quando ouviam jazz, bebiam desbragadamente e comiam todo mundo.

O que esses eventos têm em comum?

Ora, eles revelam para onde foi a magia e têm a virtude de desnudar o que chamamos de "fama", mostrando que ela nada mais é do que aquela aura que os chamados selvagens – ou "primitivos" – designavam pelos nomes de "mana", "orenda", "manitu" e outros bichos. Ou seja: àquela força acima da sociedade e da natureza que irracionalmente marca e constitui a personalidade de certas pessoas, paisagens e objetos.

O tema é relevante.

Para a maioria das pessoas que assistem na TV a uma nave móvel chegando ao planeta Marte e leem um bombástico artigo de jornal sobre as maravilhas da internet e dos computadores, nosso mundo é regido apenas pela racionalidade. Pobre dos antigos que, atrasados, acreditavam em deuses e fantasmas. E que supunham, como os nativos das ilhas Trobriand, que para se fazer uma canoa ou uma roça de inhame era preciso uma boa dose de magia propiciatória – aquela mágica destinada a assegurar férteis pescarias e boas viagens e comidas.

Nós, modernos, que já decretamos a morte de Deus – pelo menos enquanto a vida vai bem e quando temos saúde –, estamos prestes a enterrar também a religião e tudo o que vem com ela.

Mas eis que nos deparamos com esses fatos ligados à gente famosa e somos obrigados a falar em "fetiche" e a imaginar que talvez tenhamos feito uma troca das mais burras, pois substituímos Deus pela fama e pela glória deste mundo.

Se não é isso, como então explicar o sucesso de venda desses leilões e desses livros, cujo centro é exatamente a promessa fútil de conviver com algum objeto que foi magicamente fixado pelo contato com alguém que é famoso?

Tudo se passa como se a religião que foi expulsa de um lugar (ela não é mais usada para explicar as tempestades) tivesse ido para outro (mas a magia do contágio e da simpatia ainda cobre de encantamento essas relíquias dos ricos e famosos). A magia deixou os barcos, os mares e os lares e foi parar na publicidade e nos jornais, de onde faz o seu retorno triunfante na forma de fotos e crônicas.

Somos hoje descrentes da magia que anunciava o infortúnio, mas acreditamos tanto na fama que queremos saber como o Jorginho Guinle comeu a Lana Turner.

Num mundo de impessoalidade e distância, um mundo em que todos são teoricamente iguais e desconhecidos entre si, a magia consiste precisamente em poder tocar o objeto que vestiu e acariciou o corpo de um ente famoso. Tal como as relíquias dos santos que até hoje provam a sacralidade de algum templo ou lugar. Quem comprou um vestido de Diana estava atualizando aquilo que Sir James Frazer, o primeiro grande antropólogo a teorizar sobre a magia, chamou de Lei de Similaridade, o princípio segundo o qual o semelhante produz o semelhante e a parte reproduz o todo.

Se os Maori da Nova Zelândia falam de um "*hau*", de um "espírito da coisa", uma alma que está contida em cada presente dado, nós que somos racionais, evoluídos e civilizados, falamos em "glamour" e "it", em "charme" e "sex appeal", essas "qualidades mágicas" que marcam a "personalidade" daqueles santos modernos – de Guevara a Warhol, de Madonna a Cole Porter, de Naomi Campbell a Pelé.

É como se o vestido de Diana tivesse guardado um pouco de suas qualidades. A parte, dizia Frazer, pode ser tomada pelo todo. O vestido é a metáfora da dona. É sua encarnação e representação. Possuí-lo é como ter Diana em casa.

Do mesmo modo e pela mesma lógica, ouvir as histórias das intimidades dos famosos, saber de suas incontinências e abusos, de suas frustrações e fantasias, é descobrir que são como nós. Daí poder invocá-los com mais força no nosso cotidiano feito de modismos e tolices.

Quem foi que disse que a nossa civilização era civilizada?

LENDO O MUNDO E AS ESTRELAS

O pior analfabeto não é quem não sabe ler, mas quem não consegue ler o mundo. Pois para ler a vida não é preciso escola, computador ou diploma. Basta sabedoria. E ser sábio é saber transformar os fatos em mitos e anedotas. Coisas com início, meio e fim. Arte complicada essa de transformar o contínuo e o irreversível – a vida que ninguém sabe onde começou e ninguém sabe onde vai terminar, pois ela é contínua na sua quase sempre proverbial indiferença e singularidade – em texto palpável. Em narrativa com moral e heróis, tirando da continuidade do mundo algo distinto, singular e separado, passível de ser repetido e ser dotado de reversibilidade. O seu sal, como se diz há muito tempo...

Para as pessoas comuns o sal da vida consiste em descobrir como realmente vivem aqueles que admiramos: que escreveram livros, pintaram quadros, obraram esculturas ou que vemos nas telas grandes e pequenas desempenhando papéis. Como será Fulana (a megaestrela) ou Fulano (o superintelectual) em carne e osso? Sem o manto dourado da TV, da revista e dos nossos sempre embasbacados colunistas de plantão?

Um dia, lendo um livro sobre Hollywood, fiquei sabendo que na época dourada do cinema americano as festas eram orgias e uma dada estrela tomava banho de champanhe.

Coincidência ou não, quando ainda estava ligado na trágica morte de Diana descubro, lendo o *Jornal da Tarde*, que as celebridades são especiais precisamente porque fazem exigências especiais. Ou seja: a celebrização, o "it" e o "glamour" são produtos de uma relação especial entre uma pessoa e as empresas com as quais trabalha, inclusive a mídia. Fico então sabendo que John Travolta exige, como um Cristo moderno, 12 assistentes pessoais, além de um avião; que Demi Moore, além do rotineiro jatinho particular, recebe um helicóptero, *personal trainers*, assistentes e, pasmem, só lava seus cabelos com água mineral francesa Evian, cuja garrafinha custa mais de dois dólares; que Geena Davis tem uma equipe destacada para empoar seu corpo com pó de arroz; que Sharon Stone obrigou o estúdio a construir uma academia de ginástica para que ficasse em forma durante as filmagens.

Mas o que efetivamente surpreende na vida dessas celebridades todas é verificar que elas, além dessa fama e desses caprichos, querem também ter o nosso glorioso anonimato.

Como ter o melhor dos dois mundos nos leva à boa resenha feita pelo meu colega da USP, Vagner Gonçalves da Silva, sobre os diários do famoso antropólogo Bronislaw Casper Malinowski, um dos ídolos da antropologia social moderna. Um texto no qual um dos fundadores (ao lado de Franz Boas) da moderna antropologia registra impressões íntimas de sua vida com nativos da Melanésia, entre 1914 e 1918.

Curioso verificar que a reação aos diários de Malinowski tenha sido tão azeda no mundo anglo-saxão, onde alguns críticos importantes, como Clifford Geertz, tomaram a narrativa como uma prova escandalosa de que uma antropologia científica era impossível. Pois como ter objetividade científica sentindo, como foi o caso de Malinowski, todas aquelas emoções e tendo todos aqueles preconceitos?

Tal como no caso dos artistas e políticos, o público puritano se sente traído quando descobre que seus presidentes têm sexo, que seus escritores eram bêbados, que suas superestrelas são infantis e que seus ídolos intelectuais tinham os pés de barro. E ficam ainda mais nervosos quando se sabe que no caso de Malinowski ele foi o seu próprio *paparazzo*.

Ora, uma tal decepção só pode ocorrer quando se tem uma visão muito idealizada e infantilizada das pessoas que se tornaram famosas em algum campo. Para nós, brasileiros, que somos muito mais ligados à humanidade básica de todo mundo, não causa muito problema descobrir que o galã é gay ou que a estrelinha inocente é ninfomaníaca. Afinal, como todos nós sabemos muito bem, ninguém é de ferro... Ser humano, supomos sem precisar de maiores revelações, é ser coerente e contraditório.

O que o diário de Malinowski e as indiscrições dos *paparazzi* revelam é o lado humano dos ídolos. São as provas de que a coerência que transforma as pessoas em "modelos" é algo artificialmente construído e mantido pelo sistema à custa, frequentemente, da própria celebridade que acaba se matando, como fez a malograda Marilyn Monroe.

O caso de Malinowski é interessante também porque o seu diário, no sentido preciso da palavra, contrasta francamente com a atitude de outro gigante dos estudos etnológicos, o grande Franz Boas, que, na mesma época, mas num outro lado do mundo, entre as tribos da Colúmbia Britânica, descobria como dar voz ao nativos era fundamental na construção do moderno relato antropológico.

É que Boas, sendo um judeu-alemão e não polonês aristocrata submetido a uma poderosa influência inglesa, via suas experiências com os nativos não como parte de uma experiência científica, como Malinowski explicitamente queria, mas como uma vivência histórica e cultural que deveria ser tratada como algo singular.

Em suma, Malinowski era um romântico na intimidade e um iluminista em público. Mas, para Franz Boas, que sempre foi um romântico e que jamais supôs que a antropologia pudesse ser uma ciência natural, todo antropólogo tinha sempre que se haver com os seus fantasmas.

CARIDADE E FILANTROPIA

A capa da revista *Newsweek* de 29 de setembro estampa uma foto do milhardário Ted Turner emoldurada pela gloriosa e surpreendente legenda que diz: "Doação de 1 bilhão. 'Eu estou advertindo os ricos!'" No corpo da revista, uma reportagem reveladora informa a um brasileiro atônito que, nos Estados Unidos, doadores ricos, pobres e remediados deram um total de 150,7 bilhões de dólares – o equivalente ao Produto Nacional Bruto de um país relativamente rico, como a Turquia – para organizações filantrópicas.

Quer dizer: o bilhão que Ted Turner deu às Nações Unidas, para um fundo especial de ajuda às crianças, vem se somar a outros tantos bilhões que todo tipo de cidadão doa sistematicamente nos Estados Unidos para instituições beneficentes. Aliás, o jornal *O Globo* do dia 21 diz que George Soros, homem de negócios de origem húngara e conhecido campeão da filantropia, acabara de doar 500 milhões de dólares para a Rússia. Em ambos os casos, esses indivíduos estão doando mais do que o governo do seu país, numa prova contundente de que o individualismo moderno não pode esperar pelo Estado para resolver questões prementes. E que o mundo globalizado parece promover um deslocamento ou pelo menos uma redefinição do papel dos Estados nacionais.

Em contraste, o nosso Brasil das reformas do Estado ainda não se dispôs a encarar a filantropia como um dado irrecusável da modernidade, do liberalismo e da livre-iniciativa. Continuamos lutando e debatendo para reformar apenas o Estado, enquanto a sociedade é deixada de lado. Uma sociedade movida pelos velhos, "bons" e intocados clientelismos, que até hoje usa o Estado como instrumento de caridade pessoal.

Continuamos a resistir à filantropia clamando pela velha caridade do Estado, através da ideia de "políticas culturais" de cunho fascistoide que, em geral, se resumem em ser meros programas de promoção pessoal e de ação entre amigos. Os nossos milhardários apenas confirmam o velho ditado: pai rico, filho nobre, neto pobre...

Mas Turner e Soros não estão sós. Eles encabeçam uma lista de 20 milionários que recentemente doaram entre um bilhão e 15 milhões de dólares para causas sociais. E essa lista é apenas o topo de uma montanha de doações que, em 1995, envolveram duas dezenas de gigantescas fundações encabeçadas pela Fundação Ford que, diga-se de passagem, uma vez generosamente beneficiou este seu cronista com uma bolsa para concluir seus estudos de doutoramento na Universidade de Harvard. Nos Estados Unidos, a área da religião recebe 46% de todas as doações; em segundo lugar vem a esfera educacional.

Esses são dados perturbadores para quem cresceu imaginando que os capitalistas andavam de fraque preto, usavam cartola, fumavam charutos e tinham o coração tão duro quanto as portas dos cofres que guardavam suas imensas fortunas obtidas pela exploração do trabalho dos oprimidos.

Realmente, como entender essa disponibilidade em doar de uma sociedade na qual o egoísmo e a busca da realização dos interesses individuais foi legitimada e institucionalizada como dominante?

O que esses fatos parecem demonstrar é que o capitalismo, ao contrário do que pensam os seus críticos, também tem consciência social, sendo por isso mesmo capaz de redistribuir riqueza por meio de canais insuspeitos. O que Ted Turner, George Soros, Bill Gates e o falecido Roberto Goizueta revelam não é apenas o egoísmo e a sovinice que supostamente estariam presentes quando se acumula grandes somas de dinheiro, mas um notável desprendimento que também é engendrado por essa mesma acumulação. Ou seja: se o dinheiro cria superioridades e diferenças, se ele aristocratiza e diviniza, ele também engendra a consciência da humildade, do golpe de sorte e do destino, fazendo com que alguns megamilionários vejam a si mesmos menos como figuras predestinadas, como era certamente o caso dos ricos no tempo de Marx e Engels, e muito mais como pessoas especiais precisamente porque, sendo megarricaços, não perderam a consciência de que são, no fundo, apenas *regular guys* – pessoas comuns: gente que veio de baixo.

Outro aspecto que essas doações levantam é a ausência exemplar de filantropia na sociedade brasileira, um sistema no qual, pelo menos até agora, os milionários doadores são exceções que confirmam cabalmente o fato de o nosso sistema estar inteiramente fundado na caridade.

Mais uma vez Brasil e Estados Unidos se colocam numa curiosa polaridade. Lá, na pátria da livre-iniciativa, há a filantropia; aqui, no país do nepotismo e das amizades, não há filantropia, há caridade.

Como explicar o contraste?

II

Convém observar que a filantropia é um sentimento e uma doutrina que diz respeito ao amor e à consciência da humanidade no seu sentido universal. A filantropia nasce da crença de que todos os homens são iguais e todos têm as mesmas necessidades independentemente dos seus países e culturas. É uma ideologia moderna, criada a partir da ideia de que a natureza humana é a mesma em todos os tempos e lugares e que os homens são primeiramente seres humanos universais, e brasileiros, argentinos, ingleses ou americanos por acidente ou obra do destino.

Fruto da igualdade política, a filantropia contém um paradoxo.

De um lado, ela exprime uma aguda consciência da superioridade financeira que a sociedade de consumo justifica e garante. Na América capitalista, os milionários sabem que podem quase tudo. Eles constituem a classe dos VIP (*very important person*), eufemismo que designa de modo envergonhado os privilégios dos ricos numa sociedade de iguais. A filantropia, portanto, acentua a desigualdade, pois mostra a olho nu quem, numa sociedade de iguais, tem muito mais do que os outros. Tanto que essas quantias gigantescas são doadas para as causas simpáticas aos doadores. Quer dizer: o ato filantrópico é um ato de escolha pessoal, o que transforma a generosidade, que, como a justiça, deveria ser cega, em poder e prestígio.

Nos sistemas fundados na igualdade perante a lei, a distinção econômica acoplada ao inevitável fenômeno da concentração de renda produz mal-estar. Fulano pode porque tem mais dinheiro... Ora, esse mal-estar que está na raiz do sistema capitalista moderno produz seus remédios. Um deles é a celebrização dos milionários e das figuras famosas; outro é, evidentemente, a filantropia. Por meio da filantropia o super-rico pode dar de volta aquela quota de superlucro que recebeu do sistema, de certo modo garantindo que ele continua igual, pois a doação seria, num nível concreto, a prova de que tem consciência dos seus deveres cívicos.

Nesse sentido, a filantropia é um "dom", um "presente" e, como tal, ela reintegra no mundo moderno a lógica do dar e do receber, base de todo cimento social em todos os grupos humanos. Pois quem doa faz com que o receptor do presente fique a ele ligado por laços de dívida e de gratidão. Marcel Mauss, o grande sociólogo francês que estudou esse assunto melhor do que ninguém, dizia que nada era mais importante para o tecido social do que o presente que gerava o ideal de dar, de receber e de ser obrigado a devolver o que havia sido recebido.

Com isso, a doação filantrópica obriga a homenagear o generoso presenteador, que pode, no ato mesmo da doação, estipular o seu destino, como aliás fazem todos esses milionários. Tanto que os beneficiários às vezes recusam o presente, pois o encaram como um verdadeiro cavalo de Troia.

Isso é sobretudo verdadeiro no caso dos presentes financeiros às universidades, quando a doação é ofertada com condições para estabelecer certos programas ou criar certas pesquisas. Não acreditamos mais que as pessoas são deuses, como no Egito antigo, e, no entanto, todas as vezes que visito um campus universitário americano não posso deixar de me lembrar da equivalência entre seus prédios nomeados pelos seus filantropos e as pirâmides.

A identidade sendo dada pela associação do nome do doador ao prédio e à vida universitária ou urbana, o que imortaliza o milionário-filantropo.

Essa possibilidade de dirigir o "dom" distingue a doação filantrópica da mera esmola que é dada sem indicações de como será gasta. Um amigo diz que toda esmola começa com uma boa intenção, mas acaba provocando algo ruim, pois vai facilitar o vício ou a preguiça do ganhador. Eu que sou mais otimista em relação à esmola penso como os antigos. Acredito que quem é generoso com os pobres obriga à graça de Deus (e da coletividade que Ele, como ensinava Durkheim, é a melhor imagem e ideia).

O que mostra que a caridade, ato corrente no Brasil, é uma ação pessoal. Damos ao pobre emprestando a Deus. E damos àquele pobre ou àquela pessoa, santo ou espírito que de algum modo nos toca, em vez de presentearmos museus, universidades e bibliotecas. Para nós, a caridade é um instrumento de ligação com os inferiores e com o outro mundo. Mas nos Estados Unidos, sociedade na qual a sociabilidade e a intimidade são problemas, a esmola vira doação e se transforma em algo impessoal e formal. Daí a hegemonia da filantropia sobre a caridade.

Qual o melhor sistema? Digo, com dona Flor, que o melhor é ficar com os dois, pois ambos são necessários à realização de nossa humanidade. Tolo de quem elege uma forma de retribuir o que recebemos da Sorte, da Vida ou de Deus como exclusiva, quando viver é, acima de tudo, viajar, transitar e estar metido numa cadeia infinita de doações e recepções de presentes, gestos, sentimentos e palavras naquilo que o povo chama com sabedoria de amor.

SER "DOUTOR" NO BRASIL

Meu filho Renato tornou-se doutor em biologia neste dia 29 de outubro. Na ocasião festiva e feliz do seu doutoramento, ritual no qual ele fecha uma etapa de sua vida e ingressa no mundo dos capacitados, quero refletir um pouco sobre o fato de ser "doutor" no Brasil.

Consciente de que vivemos numa sociedade que oscila de modo drástico entre altas informalidades (fazemos compra sem camisa) e excessos formais (não podemos rir num retrato de passaporte), vale tomar essa oportunidade momentosa para pensar um pouco nessas coisas que, sendo tão nossas, independem da queda das bolsas, da visita de Bill Clinton ou da luta de FHC para reformar o Estado e, no entanto, são fundamentais para definir quem somos e como somos e fazemos.

O título de doutor nasce com a invenção do ensino superior no mundo ocidental, a partir da Idade Média, com a fundação das universidades. Doutores são as pessoas que têm educação formal e adquiriram a autoridade para exercer uma profissão. Neste sentido, a relação entre a pessoa e o título é puramente formal ou racional: quem faz um curso superior bem-sucedido é doutor. Acontece, porém, que nem tudo segue um curso racional. Sabe-se que muitos cursos são péssimos e que há pessoas que adquirem seus títulos por meios ilícitos. Isso amplia o significado original do termo, associando o doutoramento aos seus aspectos externos: o anel de grau, o diploma e os modos de agir e falar, excluindo o que realmente deveria contar quando da obtenção do título: o conhecimento e a sabedoria.

Com isso, a palavra "doutor" passa a conotar mais do que a pessoa formada ou competente em determinado assunto, expressando também algumas características históricas da sociedade da qual o "doutor" faz parte. De fato, ser doutor na França, na Alemanha, na Inglaterra e nos Estados Unidos (país onde todo mundo, até o presidente, é um "*mister*") não tem obviamente o mesmo significado do Brasil, onde o título vai além da mera posse formal de conhecimentos.

A sociedade brasileira tem consciência clara desses dois modos de ser doutor e os distingue muito bem. Sendo uma sociedade de raízes aristocráticas, formada por senhores de engenho patriarcais que eram ou queriam virar nobres, um sistema no qual a figura do rei e do imperador foi dominante e ainda é simbolicamente significativa, tendo sido gradualmente substituída pelo mandão, pelo político carismático e, no limite, pelo ditador, o título de doutor tem uma enorme importância simbólica.

Tanta que não seria exagero dizer que ainda hoje todo mundo aspira se não ter o título, pelo menos a ser tratado como tal. Há, certamente, como revela o espírito festivo do povo, a figura do "Burro doutor" dos antigos carnavais, quando o povo criticava risonho os bacharéis que penetravam na política e no aparelho do Estado, sobretudo no funcionalismo público, usando o título de doutor para furar o cerco das elites tradicionais, cujo poder se baseava na posse da terra. Mas há também a *persona* ou a máscara do doutor que tudo salva, soluciona, resolve, equaciona e revela. Foram os "doutores" em leis e em medicina que começaram a substituir os agentes coloniais, sempre formados em Coimbra, que dominavam a administração do Estado no Brasil.

No final do Império, foram esses bacharéis que com suas ideias republicanas deslocaram o poder da velha elite e disseminaram pela sociedade brasileira a simbologia do "doutor" como homem moderno. Como pessoa com conhecimento de leis, fatos e técnicas novas, aprendidas nos centros de saber da Europa e dos Estados Unidos, em franca oposição com os modos de atuar dos políticos tradicionais que tinham sabedoria, mas não tinham conhecimento técnico ou espírito cosmopolita. Enquanto os velhos coronéis eram portadores de uma concepção de política localizada e particularista, esses bacharéis surgiam acenando para o nacional como instância política modernizadora e como centro de normas universais. Assim foi na Primeira República, assim foi no Estado Novo, assim tem sido desde então.

Por outro lado, aos doutores se junta a ideia moderna e democrática da ascensão social, pois eles revelam que pessoas inteligentes, mas sem fortuna, nome de família ou terras poderiam aproveitar o sistema educacional brasileiro para galgar posições importantes. Mesmo numa sociedade hierarquizada e de raízes aristocráticas como o Brasil.

Foi assim no meu caso. Foi igualmente assim no caso do meu querido filho, hoje também doutor.

II

Esse é o lado "positivo" de ser "doutor" no Brasil, aspecto ligado à competência e à capacidade de resolver certos problemas. Neste sentido, o título se antepõe à pessoa, revelando que ele é usado não para indicar superioridade social, mas o mérito, a experiência de vida, o conhecimento e, no limite, a sabedoria política.

Há, contudo, um amplo sentido negativo ligado ao ser doutor no Brasil. Trata-se de uma conotação ampla, que aponta para quem possui apenas o diploma e/ou o anel, jamais o conhecimento ou a inteligência que deveria fazer parte de quem é chamado de "doutor".

Neste sentido, ser "doutor" fala mais da posição social e do título hierárquico, englobando desde o polimento no falar e no vestir, naquilo que designamos pelo nome de "aparência", até o dinheiro. Com isso, todo ricaço, todo grande proprietário, todo empresário bem-sucedido ou falante e, claro está, todo líder político é "doutor". Como também são doutores os burocratas improdutivos que ocupam posições importantes na estrutura do Estado, mas não trabalham.

Nesse plano mais corriqueiro, mais inconsciente e talvez mais amplo, ser doutor designa uma função social. Um papel que certamente reproduz dentro do nosso lado social moderno, baseado na racionalidade, no indivíduo e na técnica, um conjunto de privilégios de caráter patrimonialista e/ou aristocrático. Daí o costume de chamar de "doutor" todas as pessoas que, estando bem-vestidas e sendo "bem-apessoadas", imediatamente julgamos importantes. Antes, então, de correr o risco de levar pelo meio da cara um retumbante: "Você sabe com quem está falando?!", vamos logo nos defender, chamando com alta deferência e com o "devido respeito" todo mundo de "doutor". Assim fazendo, o título universitário se amplia pela sociedade, transformando-se numa fórmula generalizada de senhorio, de respeito e de deferência.

A observação desse sentido generalizado fez com que o professor Richard Moneygrand, famoso brasilianista americano, repetisse sem saber Lima Barreto, dizendo: "A América é um país de '*misters*' diplomados; o Brasil é uma terra de 'doutores' sem doutoramentos." A observação é correta e mostra como somos capazes de estender "democraticamente" certos títulos para todos, sem – não obstante – deixar de prosseguir no nosso afã hierarquizador que situa todo mundo em gradação de um centro imaginário e necessário (talvez localizado em Brasília) para uma periferia que seria o território dos comuns e dos sem importância.

Neste brasileiríssimo sentido, "ser doutor" é mais do que pertencer a um grupo profissional ou ter um título. É ser membro de um segmento social que denota berço, salienta distinção, reconhece algum polimento e obviamente legitima certa sabedoria técnica. Por causa disso, o título se torna inseparável de certas pessoas, mesmo em casa, junto à família, à mulher e aos filhos, criados e amigos, uma dada pessoa é sempre o Doutor Fulano, esteja ele nu ou vestido, na privada ou no Parlamento, na praça, discutindo com os amigos, ou na cama, desfrutando o corpo da amante. Essas figuras que soldaram o título às suas personalidades formam uma aristocracia doutoral que Lima Barreto denunciou como paradoxal no limiar da vida republicana, quando o ideal de vida adotado no papel e na lei era o igualitarismo.

Trata-se de um modo de tratamento que, repito, revela o nosso lado hierárquico, indicando como o viés aristocrático foi capaz de assimilar um título que denota conhecimento e modernidade, para usá-lo como emblema de titulação e superioridade social.

Dada a importância do título entre nós, é curioso que intérpretes clássicos da sociedade brasileira, salvo, é claro, Gilberto Freyre, não tenham tomado o "doutor" e o doutorado como figura sociológica, para expor esse nosso pendor pelas aparências que salvam e condenam, esse nosso amor pela estampa e pela forma. Esse nosso fascínio pelo medalhão que Machado de Assis viu como o modo mais eficiente de ser respeitado no seio da sociedade política. Medalhão que fala coisas complicadas, que toma o exagero como método, que atua por meio de um discurso contundente. Essas coisas que tanto admiramos e que, sem exagero, até hoje fazem alguns dos nossos doutores.

O COMBATE ENTRE A CASA E A RUA (NOS ESTADOS UNIDOS)

Em Atlanta, Geórgia, no dia 12, espero pelo avião que me conduzirá a Natal, no Brasil. Sair de South Bend, cidade onde fica a Universidade de Notre Dame, dá trabalho. Temos que ir para um aeroporto maior: Chicago, Cincinatti ou Cleveland. Neste dia 12, viemos para Atlanta via Chicago. Como sempre, chegamos horas adiantados e há que se "matar o tempo". Sim, porque o tempo que passou só pode ser revivido pela lembrança e pela saudade, mas o tempo futuro deve ser morto quando ele é aquele pedaço que demarca uma tarefa a acontecer, como a consulta médica, o ônibus que vai nos levar para casa ou jantar com a família. Ou, no caso, o momento de entrar no avião com destino ao Rio de Janeiro e ao Brasil dos meus adorados netinhos.

Na sala de espera que é minha e de todos, pego o jornal *USA Today* e o devoro. Uma notícia chama a minha atenção.

É o caso de Deborah Skousen, de Howell, no estado de Michigan, que está sendo processada porque deu uma bolacha na cara de sua filha de 14 anos, quando a menina desobedeceu às suas ordens de parar de fumar. As autoridades ouvidas pelo jornal se dividem. Tem gente que diz que não pode imaginar o Estado resolvendo problemas de família, mas tem gente que acha que o abuso físico é um problema de tal gravidade que os conselheiros das escolas públicas e as autoridades policiais têm o dever de proteger as crianças.

A sra. Deborah Skousen está obviamente chocada e sabe muito bem que o que está em jogo é o seu pátrio poder: a sua capacidade de exercer controle sobre a filha. Um controle que não foi outorgado pelas revoluções ocidentais modernas, mas que é um direito milenar e até hoje sagrado de educar (ou de "criar", como falamos no Brasil) os filhos. Um poder que era usado para distinguir os sistemas democráticos (como o americano) dos autoritários – fascista e comunista –, que, por questões de Estado, regime e ideologia, o haviam eliminado.

Para mim, trata-se de mais um caso no qual a vida pública invade a esfera privada. É como se o movimento da sociedade americana fosse o de liquidar as pequenas barreiras ainda existentes entre a casa e a rua, dizendo: notem bem, agora todos os eventos – da vida sexual à vida da família – estão submetidos a um mesmo conjunto de normas. Não se pode mais usar a desculpa da relação quando se trata de uso (ou abuso) da força física para selar um argumento ou liquidar um hábito. Tudo na sociedade americana é, como me disse um amigo americano, rua! Todos são cada vez mais cidadãos e deixam de ser filhos, maridos, irmãos, netos, amigos etc.

Eu já posso vislumbrar os filhos levando os pais à barra dos tribunais e também posso ver o desenvolvimento de um "seguro-paternidade" como forma dos pais eventualmente se defenderem contra as ações dos seus filhos. E a julgar pela minha própria experiência como filho, pai e avô, posso afiançar que tal ramo do direito será forte, porque não há como não descobrir defeito, ressentimento, abuso de autoridade, falta de paciência, pavio curto e ausência de preparo dos pais em relação aos filhos.

Tal invasão final da rua pela casa será a mina de ouro dos advogados inescrupulosos, constituirá uma área complexa para todos os que pensam os problemas da sociedade moderna (ou pós-moderna) e vai se tornar o inferno dos juízes e policiais honestos, obrigados a tomar decisões radicais sobre os casos sob sua jurisdição. Não preciso lembrar que tal invasão já ocorre e tem provocado dramas pungentes na esfera do encontro amoroso, área na qual a reputação de muita gente boa tem sido destruída.

No Brasil, ainda se vive um excesso de atuação do privado sobre o público, da casa sobre a rua. Na sociedade brasileira, é comum o abuso do poder do mandão ou da pessoa de prestígio sobre os outros. Numa fila para entrar num teatro ou estádio, todos sabem que os importantes não pagam entrada e entram por um portão especial, enquanto o cidadão comum vira turba humilhada e revoltada porque, mesmo pagando, é obrigado a esperar e depois tem que passar por baixo das borboletas, como ocorreu ontem no Maracanã, durante o jogo Vasco e Palmeiras.

Mas o caso de Deborah tem a virtude de mostrar os excessos do domínio público. Ele indica que o universalismo aplicado a tudo, ao pátrio poder, ao amor e à sexualidade tem tanto poder de destruir a vida social quanto o seu oposto: aquele coronelismo descabido que conhecemos tão bem no Brasil.

DO CARTÓRIO À MODERNIDADE

Creio que fui um dos poucos antropólogos a escrever sobre o significado dos documentos em nossa sociedade. Discorri sobre o tema de modo mais elaborado num ensaio publicado em 1996, no livro: *O desafio da democracia na América Latina*, organizado por Eli Diniz, Rio de Janeiro: Instituto Universitário de Pesquisas do Rio de Janeiro.

Hoje, quando o clamor dos donos de cartório deseja impedir que os destituídos obtenham certidões de nascimento gratuitamente, conforme manda uma nova (e boa) lei, vale a pena voltar ao assunto.

Desde menino ouvia na casa do meu avô Raul os meus pais e tios falando de documentos. Meu pai, sempre preocupado com a lei e a ordem (nunca vi sujeito mais honesto), tinha no seu guarda-roupa, debaixo daquela fileira de ternos sempre bem passados e talhados, uma gaveta que era a sua "gaveta de documentos". Nela, ele guardava dentro de envelopes e, depois, em folhas de plástico todos os documentos da família: das certidões de nascimento dos seus seis filhos, até os seus diplomas, certificado de reservista, título de propriedade de seu único apartamento (e olha que ele foi fiscal de consumo!) e contracheques. Meu pai também tinha, como era comum na minha família, um livro-caixa, no qual anotava ganhos e gastos, além de fatos relevantes de sua vida pessoal.

Um dia, homem feito, mexendo em sua gaveta, deparei-me com um desses livros-caixa de 1936 e lá vi escrito a lápis, numa letra firme, inclinada para a direita e sem muitas firulas o seguinte: "Nasceu hoje, no dia 29 de julho, meu filhinho Roberto." Comoveu-me muito essa pequena anotação de minha chegada neste mundo feita por meu sempre cuidadoso e preocupado pai.

Pai que anotava as despesas e que, como todos os brasileiros comuns — nós que não usamos nem manipulamos o sistema e que, muito pelo contrário, somos usados por ele —, temia perder ou ter seus "documentos" destruídos.

Pesquisando pobres urbanos em São Paulo, Rio de Janeiro e Niterói, pude aquilatar que, entre nós, os papéis (ou, como se diz, "a papelada"), os documentos, os certificados e os atestados, sempre assinados por outro ou por alguma "autoridade", valem mais do que a pessoa viva na sua integridade social e cívica, bem como no seu clamor, motivação, interesse, angústia e palavra.

No livro *A realidade americana*, Alceu Amoroso Lima, de saudosa lembrança, diz, no curso de uma penetrante comparação das práticas sociais brasileiras com as americanas, que nos Estados Unidos o ponto de partida para a cidadania é o pressuposto da honestidade. No Brasil atua-se ao contrário.

Tomando como base a desonestidade do cidadão elevado pela lei à condição de igualdade, estatuto que ele, dizem as elites na sua preocupação noturnal e doutoramental, entre copos de uísque, ainda não "sabe", "está preparado" ou "pode" exercer, o cidadão deve interpolar sua presença junto ao Estado, com um documento devidamente expedido por alguma agência do Estado. Ou seja: nos Estados Unidos, observa Amoroso Lima, todos são vistos como honestos (e iguais); no Brasil, todos são desonestos e, eis a chave do enigma, desiguais, até prova em contrário. Em outras palavras: no Brasil, a igualdade política é protelada por meio de vários artifícios. Desde os vastos bigodes, das roupas de linho branco importado, das bengalas encastoadas a ouro e prata, do hábito dos banhos diários e do uso dos perfumes importados, como diz Gilberto Freyre, até a obrigatoriedade de portar papéis.

Assim, diz-se no Brasil até hoje: você tem o direito, mas onde está o documento que prova esse direito? E sem o devido documento, sacramentado nos cartórios particulares — esses feudos de um direito ibérico hierárquico e avesso à cidadania moderna —, a pessoa vira um pretendente a uma cidadania que ela pensava ter. Em conclusão: o documento, o papel, o atestado, o certificado são, no Brasil, instrumentos de desigualdade.

Embora o governo pudesse ter preparado melhor a opinião pública com uma campanha para "descartorializar o Brasil", a lei que visa corrigir esse abuso vem provocar um debate que será útil para todos nós.

UMA EXPERIÊNCIA BUROCRÁTICA POSITIVA

Recebo um aviso da Universidade de Notre Dame: o sistema de cadastramento de todo o seu pessoal está em processo de atualização. Todos devem obter novos documentos de identidade.
A notícia me dá dor de cabeça e me tira o sono. Quero imediatamente esquecê-la. A experiência brasileira com as suas inúteis e estúpidas burocracias comanda minha vida, de modo que a leitura do texto imediatamente me traz à memória um conjunto de experiências negativas. Tenho que forçar minha lembrança contemporânea, ligada aos Estados Unidos, para poder criar uma expectativa neutra e, eventualmente, positiva, em relação à notificação.
Meu lado brasileiro me faz esquecer que aqui a burocracia deve, a princípio, servir ao cidadão e não ser um instrumento de opressão e de anticidadania. Assombrado pela burocracia brasileira, tremo nos alicerces e imagino que minha visita ao local onde devo tirar minha nova identidade será um horror. De fato, começo logo pensando que o lugar onde a nova carteira será obtida é uma sala infecta e sem atrativos, provavelmente um porão úmido e sem ventilação. Depois, construo uma imagem supernegativa dos funcionários, dotados (como é corrente no Brasil) daquela proverbial e gigantesca má vontade que, aliada a um sentimento curioso de superioridade, faz com que os que estão "do outro lado do balcão" tratem os "do lado de cá" como inferiores e carentes, fazendo-os esperar e dificultando o que querem (e têm o direito de obter). Finalmente, imagino que minha carteira de identidade será rebuscada e graficamente diferenciada porque sou professor catedrático. De novo, a experiência do Brasil me afirma que as carteiras, os papéis, os documentos devem corresponder ao segmen-

to social e profissional de cada um, o que me faz esperar uma hierarquia de carteiras de identidade em cores, formas e tamanhos diferentes.

Qual não foi minha surpresa quando me defrontei com uma sala vazia, limpa, arejada e confortável e fui civilizadamente atendido por duas (isso mesmo, leitor, apenas duas!) funcionárias supercordiais. Esperei precisamente dois minutos. Não havia fila. Ademais, ninguém me pediu uma cópia do meu contrato com a instituição, nem um atestado de vida ou de residência, nem os meus diplomas acadêmicos, pois um computador informou quem era eu para as funcionárias que – pasme o leitor, porque pasmado fiquei – produziram meu novo documento em três minutos! Quer dizer, eu que esperava ter o novo documento no final de agosto, quando o ano letivo daqui recomeça, tive-o em mãos após alguns minutos.

Dir-se-ia que a abundância material, a alta tecnologia e, no caso em pauta, um supercomputador que armazena os dados de todos os funcionários de Notre Dame facilitam a boa vontade. Dir-se-ia também que os bons salários dos trabalhadores ajudam a ver e a tratar os outros com mais consideração. Sem dúvida isso é verdade. Mas os descontos estão igualmente em ordem.

Sobretudo os descontos que remetem aos desperdícios de nossa burocracia. Um desperdício ligado a certos valores sociais que teimamos até hoje em ignorar. Dentre eles o fato de que o nosso sistema foi marcado e até mesmo plasmado por gente de classe média que era por ele atraída para ter um "emprego" e não um trabalho. A consequência tem sido a falta de preparo dos funcionários, a ausência de imaginação (pois o sistema era, no fundo, uma agência de empregos de gente relacionada e não uma instituição destinada a resolver problemas) e a forte presença desse elemento autoritário (e personalístico) que faz com que o funcionário (sobretudo o funcionário protegido pelo chefe ou primo do ministro) rejeite e trate o usuário como um inferior e não como um destinatário do sistema.

Saindo do prédio da administração com minha nova carteirinha, carteirinha, aliás, que não me valerá muito aqui, nesta terra do dinheiro, voltei pela imaginação ao Brasil e às suas infectas salas

Uma experiência burocrática positiva

de identificação nas quais policiais e funcionários geralmente malvestidos, barbados estão a pique de nos pedir um dinheiro por fora ou de nos sugerir um despachante "muy amigo". É uma vergonha: ainda termos despachantes na era do computador e, sobretudo, quando o governo diz que promove uma profunda e importante reforma do Estado!

O principal, penso, não é só traçar as chamadas "grandes linhas" políticas e filosóficas das reformas naqueles elegantes e engravatados programas de televisão, mas preparar o povo e os seus agentes para as mudanças de atitude e comportamento (para melhor) que elas devem necessariamente gerar.

De que valem as novas mensagens se as rotinas continuam debelando a nossa confiança no Estado e nas suas transformações? De que valem as expectativas se os hábitos continuam confirmando e mostrando a cara de um Brasil velho, irracional, antimoderno e injusto?

MISTURAS, SOCIEDADES E COMIDAS

Os pós-modernos dizem que a globalização acabou com a ideia de cultura como um receituário. Num mundo "enredado" e portanto menor não há mais lugar para coisas culturalmente puras. Esquecidos de que os brasileiros não oferecem feijoada para pessoas de cerimônia e que os americanos não comem burritos no dia de *Thanksgiving*, esses observadores se impressionam mais com as aparências do que com a lógica das misturas. E essa lógica pode revelar que até mesmo a confusão se faz de modo diferenciado.

No Brasil, misturar é amalgamar, ficar junto, confundir, ligar, conjugar. Numa palavra: amulatar. Nos Estados Unidos, misturar é tolerar e respeitar. A mistura para eles não é consequência, é mensagem. Um americano usa um sombrero e "dança" um samba para mostrar que esteve em *South America*. Nós ouvimos Frank Sinatra porque amamos um certo tipo de música.

Otávio Paz observou que os americanos comem como vivem: de modo segregado e honesto. Com as comidas – coloridas e "naturais" – se organizando "individualizadamente". O gosto por uma paradoxal "comida natural" corresponde a uma aversão aos molhos que tudo confundem. Os americanos não falam da comida que comem, mas são sempre capazes de tecer considerações bem informadas sobre o estatuto médico do que comem. Aliás, nos Estados Unidos só há alimento, não há comida.

No Brasil, comemos "relacionalmente", misturando a farinha com o arroz e o feijão dentro da lógica de uma cozinha mestiça e mulata. Os americanos, ao contrário, comem compartimentalizando os alimentos. O modo de "misturar" é diverso. Num caso "amulatamos" no prato, apreciando o amálgama; em outro, tem-se aversão pelo viscoso e come-se uma coisa de cada vez. Algo impossível de fazer quando se consome feijoada ou vatapá, que são pratos resultantes de uma mistura.

Mas, como tudo tem dois lados, os americanos evitam os molhos que personalizam e permitem criar descontinuidades nos sabores, com o mesmo frenesi que amam os cremes, manteigas e açúcares. Um café aqui vem transbordante de creme; uma salada é sempre acompanhada de algum *dressing* suculento. Isso para não falar dos gigantescos sorvetes e tortas que eu jamais consigo terminar. Não são sobremesas, são refeições.

Todos esses hábitos alimentares falam de sociedades, valores e modos de construir e manter o corpo. Não se deve, pois, estranhar que no Brasil os ricos sejam gorditos e balofos, ao passo que os pobres sejam quase todos hígidos e sem barriga. Nos Estados Unidos, pelo contrário, há um excesso de obesos pobres a confirmar esse gosto indisciplinado pelos cremes. Comendo sem comensalidade e sem sociabilidade; ou seja: comendo para viver, objetiva e cientificamente, os americanos comem individual e voluntariamente. E, por isso, comem a todo momento seus *snacks* engordativos e solitários. As multidões americanas estão sempre comendo...

Neste universo tolerante para com a gordura, não se admite, porém, o sexo ou a sensualidade das vestes e das atitudes. Aqui vejo de tudo, menos aquelas criaturas conscientes de sua beleza que, como as boas e nobres comidas, se sabem gostosas e apreciadas por todos os paladares.

Minha amada e saudosa mãe foi uma amazonense marginalmente situada entre Niterói e Minas. Mas quando invocava sua terra natal, sua saudosa Manaus, falava invariavelmente de comidas. Tanto que até hoje eu associo cheiros e gostos, formas e consistências com essa relação e com essa saudade de ser que se manifesta no deslocamento das pessoas. Foi com a saudade alimentar de minha mãe que aprendi o valor simbólico da cozinha. Cozinha que serve para manter o corpo, mas que não se esquece de reafirmar o espírito.

Vivendo entre os Estados Unidos e o Brasil, preciso comer carne-seca frita com abóbora para reviver um certo gosto do Brasil. O Brasil que está dentro do meu coração. Virei um contrabandista de comidas e sempre temos em casa goiabada com queijo, e eu adoro tomar um uísque de boa qualidade acompanhado de torresmo.

Até hoje eu relaciono o beijo com o doce de leite. É gostoso, leva a pedir um pouco mais, mas tem que ser ultrapassado, senão enjoa.

Há comidas que "sabem" a família, outras, a amizade. E outras, a sexo, como as ostras que eu adoro e como ritualmente, saboreando cada gotícula daquelas formas viscosas que vão se desmanchando na minha boca e me dando aquela sensação de saciedade incompleta. Aquele gosto maravilhoso e paradoxal que chamamos de "quero-mais". Gosto do amor e do milagre que é a vida!

A LATINIZAÇÃO DOS ESTADOS UNIDOS

Cheguei ontem a esta América dos livres e dos iguais. América sempre preocupada com a separação, a compartimentalização e a limpeza. O verbo "limpar" (*to clean*) tem aqui um sabor restritivo e higiênico, conotando limite e clareza – *accountancy*, contabilidade –, essa expressão básica na moralidade e no sistema político americanos. Se para nós o mesmo verbo conota "pureza", com amplo leque moral, para eles o limpo tem a ver com o transparente. Transparente que se traduz socialmente num estilo de vida no qual o público e o privado se fundem e seguem uma mesma lógica.

Para nós, o "limpo" tem a ver com o puro e o santificado, o imaculadamente branco. No Brasil, limpo se contrapõe a "sujo", que tem a ver com pecaminoso, numa conceituação muito mais religiosa e moral do que política. Mas, nos Estados Unidos, o oposto do *clean* não seria apenas o *dirty*, mas também e principalmente o *unclean*, o opaco e o ambíguo. Nos Estados Unidos, a equação brasileira entre ausência de dinheiro e limpeza não faz sentido. Estar limpo, para um americano, não significa não ter nenhum tostão no bolso ou no banco, como é o nosso caso. É significativo, vale dizer de passagem, que o dinheiro (e a riqueza) tenha essa conotação de "sujeira" entre nós, mostrando – apesar de todos os esforços – a presença de uma mentalidade pré-capitalista e até mesmo antimercado em nossa sociedade. Essa mentalidade que ajudou a enfrentar e até mesmo encoraja a inflação, porque sabe que a moeda (chamada entre nós de "vil metal" e equiparada a merda) não é um elemento dominante do sistema, conforme chamei a atenção num ensaio destinado a entender o significado social da inflação no meu livro *Conta de mentiroso*.

Sujo e limpo são opostos e complementares no Brasil e parecem estar em gradação nos Estados Unidos. Aqui, alguém vai do estado de *clean*, situação normal exigida de todos os cidadãos, para o estado de *unclean* quando comete alguma falcatrua, deslize ou crime.

Tudo isso para dizer que aqui cheguei para encontrar um país perturbado por seu presidente. Em tudo o que vejo, do aeroporto à Universidade de Notre Dame, há *improvements*, melhorias, progresso. Os computadores são novos e mais rápidos, os prédios em construção estão concluídos e são impecáveis, a oferta de novidades é infinita. Não tenho dúvidas de que estou numa sociedade de abundância e de invejável produção de riqueza.

Mas essa tecnologia não ajuda a lidar com as crises morais. Pelo contrário, a falação diária nas televisões e nos jornais parece apenas acentuar sua impotência diante de uma situação que os computadores e as tecnologias não têm como contemplar ou resolver. Pois se elas operam na base digital do sim ou não, do zero ou soma, do entrou ou saiu, a vida social e as relações humanas funcionam pela lógica dos dilemas, dos mais ou menos e dos paradoxos.

E que lógica é essa? Bem, essa é a lógica que nos faz contemplar o caso do presidente Clinton e falar: do ponto de vista do papel de presidente ele estava errado, pois um presidente (como um rei, um papa, um médico ou um professor) não deveria cair em tentação ou até mesmo ter sexo com pessoas impróprias; mas, do ponto de vista do ser humano, devemos entender que os presidentes não são máquinas. Como todo mundo, eles também têm problemas, indecisões e, acima de tudo, desejos e impulsos que desconhecem a lógica do politicamente correto.

A saída para o dilema entre o papel idealizado e totalizador e a pessoa falível que o ocupa é o apelo para a dimensão da "vida pessoal" ou íntima, aqui chamada de "vida privada", que, segundo os defensores do presidente e ele mesmo, deveria ficar de fora do julgamento. Mas como julgar as pessoas sem falar dos papéis que elas ocupam? E como, por outro lado, falar dos papéis sem mencionar as pessoas? Pior ainda, como ignorar as denúncias num sistema onde a clareza e a responsabilidade pública têm sido alardeadas como fundamentais?

Por outro lado, como deixar de lado a "vida pessoal" de Clinton na sociedade que mais obsessivamente tem insistido na união da casa com a rua, da esfera íntima com a pública? Não é precisamente essa união e essa coerência da casa com a rua que distinguem os Estados Unidos, separando-os da nossa América Latina, onde a casa vai para um lado e a rua para o outro, geralmente para o brejo?

Quando os americanos nos olham, do alto do seu norte saxão, branco e protestante, eles nos veem como mestiços e incoerentes. Como povos que misturam o público com o privado. Um embaixador da Inglaterra no Brasil dizia que os políticos brasileiros eram à prova de palavra, pois o que diziam em público nada tinha a ver com o que faziam em casa, na intimidade de suas relações.

O que fazer agora com um Bill Clinton que admite ter mentido, quando George Washington, o primeiro ocupante desta mesma Presidência e morador desta mesma "casa branca" (que, obviamente, não admite pecado), foi um menino que jamais mentiu?

Esse é, parece-me, o dilema que os Estados Unidos vivem atualmente.

REFORMAS NEOLIBERAIS
E ONDA ANTILIBERAL

O Brasil vive hoje mais do que uma crise econômica. Como ocorre nos Estados Unidos, há nos eventos que recheiam a mídia mais do que uma simples questão a ser resolvida "objetivamente" pela consulta aos fatos. No mundo liberal a contabilidade é muito simples: basta que se equilibre a oferta e a demanda e estamos todos no paraíso. A mão invisível de Adam Smith toma conta do "resto".

Mas o "resto" na sociedade governada pelo mercado é, de fato, tudo. Pois, como manda o próprio liberalismo, não há como deixar de pensar nos que lucram com o modelo.

Esse "resto", é óbvio, inclui elementos não econômicos. Nos Estados Unidos, para pegar o exemplo mais patente do ponto de vista histórico, a sociedade já nasceu liberal. Na América não houve revolução, mas uma guerra civil. Como se sentir atraído pela ideia de revolução se o país começa sem aristocracia, hierarquia, religião oficial e clero?

Aliás, no capítulo da religião, não se pode deixar de retomar Max Weber para remarcar a intimidade americana entre as convicções religiosas, as forças cívicas e os valores econômicos. No protestantismo o trabalho não é "castigo", é "chamado"; nele não há organização eclesiástica universal nem tolerância com a magia. Sem padres e adotando interpretações individuais do Livro Sagrado, a religião é, na América, a mais viva expressão do individualismo. Nela, a Bíblia se transforma numa espécie de constituinte do sagrado.

Nos Estados Unidos, a força do mercado era liberada e legitimada não só por eleições, pela criação de uma moeda forte ou pelo anúncio de novos tempos (como ocorre hoje no Brasil), mas também pelo conjunto que Weber chamou de "espírito" e de "ética". Não se tratava de uma imposição de fora para dentro, como é o caso das experiências liberais no Brasil, mas de algo que partia do centro mesmo da sociedade.

No universo social americano, o liberalismo não é simplesmente uma "reforma do Estado" ou um "ajuste fiscal". É uma visão de mundo. Uma ideologia que engloba não só o Estado, mas toda a moralidade social. Aqui, "contabilidade" não é um conceito aplicável somente ao mundo das finanças, é uma categoria social abrangente, aplicável a tudo. Nesta América, onde há *accountancy* na terra e no céu, cabe equacionar clareza contábil e certeza política. Mas seria razoável supor, como faz o governo, a mesma relação no Brasil?

O liberalismo como estilo de vida faz com que os americanos leiam o nosso mandonismo e o nosso "sabe com quem está falando?" com curiosidade. É possível imaginar um Bill Clinton afirmando sua autoridade, como fez outro dia o nosso FHC? Claro que não. Pode-se imaginar o presidente dos Estados Unidos traindo a mulher em baixo estilo, mas seria um absurdo ético vê-lo dizendo-se um mero mandão, no melhor estilo dos velhos coronéis.

Por que matar (ou não) a cobra, mas sempre mostrar o pau é um dado no nosso sistema político? Por que até hoje a imprensa e os intelectuais (de todos os matizes) se deleitam com o estilo de um ACM?

Porque para nós, nascidos num sistema relacional e hierárquico, nada é mais complicado do que aceitar o universalismo, a impessoalidade e o anonimato. Enquanto o mundo americano tem por base a aceitação de um conjunto de leis universais: da lei da gravidade à lei da oferta e procura, que operariam sem interferência social, automaticamente, no Brasil nada é mais estranho do que isso.

Somos personalistas. Gostamos dos mandões porque eles dão a impressão de que sabem e controlam tudo. Eles reduzem o desconhecido ao conhecido. Não se trata somente de resultados – pois quem quer resultado e prova é o empirista liberal, que, como dizia Weber, se satisfaz indo ao cinema –, mas de controle moral. O mandão, além de conhecer os processos, segura a barra. Sabe até – quem sabe? – controlar o mercado. Sabe até, assim queremos, segurar a mão de Deus, de quem é sócio. Ademais, o mandão, sendo um antiliberal de carteirinha, evita a moeda corrente do capitalismo liberal: o conflito, a falência e as perdas em geral. Nos Estados Unidos há *winners* (ganhadores) e *loosers* (perdedores), e despedir uma pessoa não é um deus nos acuda, mas uma trivialidade. Decorrência – não se discute – do mercado que conduz a uma brutal competição e promove eficiência. Mas, como compensação, *winners* e *loosers* trocam de lugar, o que não ocorre no caso do Brasil, onde a cadeia hierárquica e relacional não deixa ninguém de fora. A hierarquia é inclusiva, o liberal-individualismo é exclusivo. Hoje, reage-se no Brasil contra uma potencial exclusão.

Vejam a diferença. No momento em que, no Brasil, os funcionários públicos e as universidades federais são implacavelmente punidos pelo governo, lembrando as velhas perseguições que sofriam os judeus no velho mundo ibérico, a América processa Bill Gates por monopólio. Aqui não há aposentadorias absurdas nem marajás, mas todos pagam o que tiram do sistema. Se o jogo tem a ver com eficiência e com a potencial exclusão, então por que não tirar também de quem tem – e tem muito? Por que não chamar às falas os que detêm monopólios e promovem cartéis? Sem esquecer os sonegadores da Previdência, que enganam duplamente, pois logram tanto os empregados quanto o governo? Se é pra passar a limpo, então por que não se vai além dos funcionários públicos, pegando os velhos tubarões?

Temo que esses elementos estejam por trás da onda antiliberal que hoje se forma contra o governo. Trata-se de um protesto contra a força com que o governo atua junto a certos setores, em contraste com uma visível leniência junto a outros que comem tanto ou mais do bolo nacional. Além disso, há dentro dela um clamor antigo. Clamor que desenhou Canudos e que foi a mãe de todas as revoltas brasileiras. Trata-se de uma espécie de recomendação sociológica que diz: não se faz uma mudança pantagruélica sem preparar o estômago da sociedade.

NOSSO GRANDE PRECONCEITO

Quantas são as formas de preconceito? Quantos estilos de preconceber e prejulgar pessoas, coisas e situações, preterindo a experiência vivida pelas categorizações estabelecidas existem? Quantas são as formas de protelar o reconhecimento dos diferentes: dos negros, das mulheres, dos estrangeiros e também dos que aberta ou veladamente destoam dos padrões convencionais? De quantas maneiras se pode adiar, esconder e ignorar a igualdade e a cidadania?

O leitor atento repetirá comigo que o preconceito é tão variado, sutil e infinito quanto as emoções humanas.

De fato, em toda discriminação há um combate entre a experiência vivida e o modo pelo qual essa experiência deve ser ordenada. A mocinha branca, de classe média alta, cujo pai tem um bom salário e em cuja casa "não falta nada" não tem nenhum problema em ter amiguinhos negros, até o dia em que se encanta por um "rapaz de cor". Segue-se, é claro, a reação dos pais invocando princípios e valores que tomam a cor da pele como um elemento capaz de definir total e cabalmente uma pessoa. Agora, tudo fica mais claro: você pode ter amigos negros, mas não *deve* namorar um negro!

A visão preestabelecida dos negros e da negritude, agora vista como reveladora de toda sorte de inferioridades, entra imediatamente em choque com as dimensões positivas da categoria – do negro como forte, belo, dotado de sagacidade, misericórdia, paciência e ritmo. E também com a experiência concreta com negros reais que, na maioria dos casos, são exemplos de beleza, de otimismo, de inteligência, de profissionalismo e de honestidade.

Ora, essa tensão é o que caracteriza o reinado do preconceito: o choque entre a realidade expressa em imagens preconcebidas e ambivalentes, e a realidade vivida na carne e no coração.

Nos Estados Unidos, os casos de preconceito ocorrem entre brancos e negros ou entre brancos e hispânicos, árabes ou outros segmentos "escuros" e "estrangeiros" (acima de tudo no sentido de serem mais novos no país) da população. Há um excesso de clareza e consistência no sistema americano. Uma consistência que determina uma dinâmica de confrontos e conflitos entre pessoas, classes sociais e categorias étnicas. Quem é negro ou estrangeiro não tem muita ilusão no que diz respeito ao seu lugar no sistema. Seus limites são escritos e claros. Por isso, são visíveis e fáceis de serem atacados. Ademais, trata-se da expressão de uma dualidade clássica que ocorre em todas as sociedades humanas. A famosa oposição entre "nós" e "eles". Os de "dentro" e os de "fora".

No caso do Brasil, além dessa forma de preconceito, existe a discriminação interna. Um preconceito que se manifesta não contra africanos, asiáticos, marcianos ou lunáticos, mas contra os próprios brasileiros.

Esse preconceito às avessas, contra nós mesmos, é – eu não tenho a menor dúvida – o maior dos nossos preconceitos.

Suas manifestações são as mais variadas. Uma delas surge todos os dias nos jornais e revistas: bom autor não pode ser nacional, tem que ser estrangeiro. Daí o termo "brasilianista" para designar especificamente os trabalhos feitos sobre o Brasil, mas – eis o ponto – realizados por estrangeiros. Nossos *pundits* estão seguros de que qualquer coisa feita "lá fora" é sempre melhor que o produto local, o tal "nacional" que mil anedotas tratam com desprezo e inferioridade.

Dois exemplos patéticos revelam como isso penetra nossa prática social. O primeiro é o do meu barbeiro de 30 anos, Wanderley, que corta de graça e cheio de mesuras o cabelo de cinco americanos que levei ao seu salão, mas – implacável para com a ética do trabalho – cobra o meu corte! O segundo é mais sutil e não menos revelador. Convidado para uma reunião internacional sobre a vida de um dado herói nacional, descubro que todos os "estrangeiros" receberam passagens executivas. Menos esse vosso cronista que, como intelectual brasileiro, veio mesmo naquele porão aéreo que lembra os navios negreiros de Castro Alves. Os estrangeiros, alguém me explicou, não podiam ficar muito cansados, mas eu – brasileiro – podia. Em cima de mim foi feita uma baita economia. Uma economia que trai essa terrível discriminação ao contrário escondida debaixo de nosso tapete. Prejuízo perverso que nos obriga à pior forma de preconceito: o que nos inferioriza perante nós mesmos.

GRANDE CACHORRADA

Quando visitei meu amigo Richard Moneygrand pela primeira vez na Nova Caledônia, num belo outono de 1984, folhas flamejantes forravam farfalhantes nossos pés na caminhada que ia do escritório, no Departamento de Estudos das Ideias Americanas, para a casa do mestre. Ao chegar, dei de cara com um imenso cão pastor.

Minha experiência brasileira com bichos e, acima de tudo, com cachorros, deixou-me imediatamente tenso e desconfiado. Moneygrand, que é um grande conhecedor da cultura e do "ethos" de nossa terra, tranquilizou-me, assegurando que o cão era manso. "Deixe estar", disse ele, fazendo pausa na nossa animada conversa político-antropológica, "que ele não faz 'cachorradas'!". E complementou: "O Tip foi treinado para não fazer mal a ninguém. É um *pet* e não um cão de guarda. Ademais", arrematou risonho, referindo-se jocosamente ao meu trabalho, "é um cachorro americano, *individualista*, cheio de civismo e muito bem-educado."

Naquela tarde, aprendi com meu amigo e mentor que os americanos não só tinham uma admiração verdadeiramente totêmica pelos cães – muitos dos quais eram celebridades e heróis nacionais – como conheciam bem seus deveres como responsáveis por um animal. Pois na América, dada a natureza íntima dos elos entre pessoas e cães, era muitas vezes complicado saber se alguém era mesmo "dono" de um cachorro.

Com isso, os *pets* eram membros natos da comunidade, da casa e da família. Seus "amigos"-donos eram obrigados a vaciná-los, a levá-los ao veterinário e, acima de tudo, a treiná-los para uma vida comunitária, higiênica, pacífica e tranquila. No caso, a vida numa cidade universitária, voltada para o estudo e para a reflexão, um lugar mais fora do que dentro do mundo. Criar um cão agressivo, treinando-o para rosnar e intimidar vizinhos, era algo que ia além do mau gosto e da ausência de civilidade: era um ato criminoso, capaz de provocar processos e indenizações de alguns milhares de dólares.

Os cães americanos, dizia-me Moneygrand com aquela maravilhosa confiança anglo-americana, eram tão plenamente confiáveis quanto o *American way of life*. Eles simplesmente não faziam "kaxouradas" – cachorradas –, conforme falava meu amigo, que jamais pôde pronunciar corretamente o nosso "r" rosnado e gutural.

Muitas décadas de convivência na sociedade americana vieram a confirmar as palavras tranquilizadoras de Moneygrand. Como não pode deixar de ser, os animais reproduzem a sociedade em que vivem, de modo que, na América, os cachorros são como os americanos: vivem no seu mundo interior, raramente dando importância e latindo para estranhos ou familiares. São os cachorros mais educados do mundo, tão deprimidos e autocontidos quanto os seus donos, o que, repito, somente exprime o tom dominante da vida americana, onde cada qual deve se meter somente naquilo que lhe diz respeito (*mind your own business*).

Em Paris, ao contrário, os cães são nervosos e estão prontos a sair da linha. Sobretudo quando são perturbados no seu ato defecatório regular, ocasião em que soltam nas belas, civilizadas e amplas calçadas parisienses toneladas de merda que – eis em todo o seu esplendor o dado cultural – os franceses acreditam trazer boa sorte quando ali eventualmente atolam o pé! Sobretudo o pé esquerdo, como me disse, mostrando os dentes amarelados pela alta nicotina, um colega comunista francês.

No Brasil, onde os cães, os "bichos" e muitos outros seres (inclusive certos humanos) pertencem ao nosso mundo, mas gozam de uma cidadania marginal junto ao Estado, as coisas são muito diferentes. Cansei de ouvir a expressão: "Não se preocupe, ele não morde. É mansinho...", dirigida para cachorrões que babavam de ódio, olhando-me como se fosse um mero gato. Entre nós os cães recebem a socialização tradicional. Mas os cães, gatos, crianças, criados, papagaios e até mesmo os nossos mosquitos devem encarar os de fora como suspeitos, malandros, aproveitadores e inimigos potenciais.

A oposição clássica entre casa e rua marca não só nossa visão de mundo como o treinamento dos nossos cães, que, leal e caninamente, comungam com ela, jamais se comportando como Lassie e Rin-Tin-Tin, pois ladram, atacam e mordem os estranhos.

Essa atitude explica o alto número de agressões por pit-bulls em todo o Brasil. Fala-se em mais de 400 mil casos de sérias lesões corporais causadas por esses "cachorrinhos" que para os seus donos, tenho certeza, são mais mansos do que Pluto, o famoso e civilizado cachorro do camundongo Mickey.

Mas no contexto de uma sociedade que até hoje não se livrou do dualismo entre casa e rua, entre os da família e os da rua (os estranhos, os que vêm nos perturbar, os inferiores, os que não têm a nossa educação etc.), qualquer "bicho" é uma ameaça pública em potencial, até mesmo um coelho ou um passarinho.

Primeiro, porque somos condescendentes com os de dentro. Depois, porque ainda relutamos em assumir que a civilidade deve governar tanto a casa quanto a rua, ambas sujeitas às mesmas normas e responsabilidades. Finalmente, porque ainda pensamos o espaço público como um universo perigoso, povoado por criaturas prontas a nos atacar e no qual devemos levar sempre vantagem e tirar proveito.

A tragédia dos pit-bulls é uma metáfora das inúmeras cachorradas a que o espaço público está sujeito no Brasil.

A TRAGÉDIA DE DENVER

Em 24 horas o foco do noticiário americano mudou. Passou do problema da Iugoslávia e de Kosovo, uma região exótica e distante, geograficamente impossível de visualizar, para um problema familiar e bem localizado. Passou de uma guerra externa, onde (dizem) existem bandidos e mocinhos, para uma tragédia americana: o massacre da escola de ensino médio Columbine, em Littleton, um subúrbio de Denver, Colorado, quando dois jovens estudantes dramatizaram os piores filmes de ação, atirando em seus colegas. Na guerra, conhecemos os motivos do conflito; na tragédia, tudo se passa como se fôssemos escravos de alguma força superior.

O cenário é o de uma *high-school* de fazer inveja aos CIEPS do falecido Darcy Ribeiro. Um prédio ultramoderno, repleto de belos equipamentos e de alunos, professores e funcionários bem-vestidos, bem alimentados, donos de automóveis do ano e de talões de cheques, vive uma estarrecedora cena de violência. Como um pesadelo a que, no cinema, se assiste sem dor ou lágrimas e, hoje em dia, até sem nenhum susto, o tiroteio de Denver é vivido em carne e osso pela população dessa esplêndida escola, localizada num pacato subúrbio de uma serena cidade de um tranquilo estado norte-americano. As Montanhas Rochosas, com seus cumes nevados, testemunharam no horizonte, indiferentes, o morticínio.

Dois jovens que pertenciam a uma sociedade secreta, denominada de "máfia do sobretudo de chuva", entram na escola, sacam suas armas e, como se estivessem seguindo um roteiro cinematográfico, disparam sorrindo em várias pessoas. Seu alvo são os negros, os hispânicos e os atletas. O único professor morto era o técnico do time de basquetebol que, baleado no peito, ajudou os outros estudantes até morrer. Herói de mais um crime sem razão.

As balas ricocheteavam nos armários de aço da escola: esses sacrários da individualidade onde os meninos americanos aprendem a guardar seus livros, roupas e ícones. No caso, a máfia obviamente tinha como modelo certos cantores de rock "goticamente" ligados aos cemitérios e aos cadáveres. Vivendo na afluência do superconsumo americano contemporâneo, esses meninos assassinos e suicidas, que Deus os tenha – Eric Harris, de 18 anos, e Dylan Klebold, de 17 –, constroem suas identidades por oposição a tudo o que o famoso *American way of life* sempre enfatizou: o otimismo, a competição norteada por regras fixas que todos conhecem, o individualismo que produz autoconfiança e liberdade. Como a provar que os seres humanos são movidos por motivos desconhecidos, eles vilmente tiroteiam seus colegas, num ato de extremada vingança. Como se, em plena vida real, fossem protagonistas de um filme repleto de fulgurantes efeitos especiais. Como se quisessem inscrever nas suas existências essas cenas que tanto veem nos filmes, na televisão e nos *comic books*.

Que lição tirar desse episódio?

O grande sociólogo francês Émile Durkheim dizia que o crime conduzia ao exame das normas sociais. O crime, dizia ele, ousada e revolucionariamente, é normal, desde que seja punido e evitado.

Mas o que fazer para evitar essas situações e esses casos que se repetem com precisão extraordinária desde 1977, quando em Pearl, Missouri, um menino de 16 anos atirou em nove colegas? O que fazer para compreender os sete casos que rapidamente se acumulam, culminando com esse terrível massacre de Denver?

Sobretudo quando se verifica que todos ocorrem em cidades pequenas, pacatas, em escolas de ensino médio de classe média e não nos grandes centros urbanos onde o nosso preconceito encontra mil motivos para essas explosões e tragédias?

Seriam as cidades pequenas panelas de pressão para a crise de desencanto do sistema americano? Uma crise que esses "Peyton Places" mostram existir quando um sistema deixa de ler a si mesmo

A tragédia de Denver

como uma comunidade moral, e entrega-se de corpo e alma às leis do consumo e do mercado?

Quem sou eu para concluir!

Apenas quero transmitir ao leitor dois pontos importantes. O primeiro, resulta de uma discussão que tive hoje (quarta-feira) com meus alunos, quando confirmei que as *high-schools* têm um ambiente tenso, permeado por altas rivalidades e ódios entre os "certinhos" (chamados de *jockeys*) e os "errados" ou "queimados" (os *burnouts*). Tal dualidade teria certamente a capacidade de acelerar confrontos que a permissividade do sistema americano para com as armas de fogo facilita. Mas entre isso e o assassinato em massa há uma enorme distância. O que, ao fim e ao cabo, nos faz refletir sobre as falências de todos os sistemas, mesmo os mais modernos, eficientes e afluentes.

O outro ponto é a atitude de Bill Clinton, que mesmo sabendo que não é polícia ou psicólogo social, mas entendendo que o presidente tem que se manifestar nestas ocasiões de comoção coletiva, pois ele representa a coletividade nacional, disse: "Nós temos que fazer mais para tocar nossos jovens e os ensinar a exprimir sua raiva e resolver seus conflitos com palavras, não com armas."

Coisa certamente difícil num país que resolve problemas de política externa bombardeando outras terras, que tem a maior indústria de armamento do mundo e onde se compram pistolas e granadas por correspondência.

CAPITALISMO & OBESIDADE

Os americanos estão assustados com o aumento dos obesos em sua paisagem humana. Sem desconfiar que há uma relação entre capitalismo e obesidade, obviamente fundada nas diversas formas de *acumulação* que o sistema estimula, legitima e sustenta – acumulação que é uma forma de gordura promovida por retenção –, eles discutem o problema privilegiando somente a perspectiva médica e psicológica.

Quero sair destas explicações ingênuas para mostrar os elos profundos entre a gordura e o sistema de símbolos e imagens engendrado pelo capitalismo. Um meio de produção fundado na exploração do trabalho, na troca não altruística, no entesouramento do dinheiro e dos valores móveis, o que fatalmente engendra uma forma de sobrecrescimento: um aumento por meio de "gordura".

Todos nós conhecemos a imagem do "capitalista" como um burguês barrigudo, engravatado, encartolado, enroupado em negro, com um charuto na boca vermelha e carnuda, denotativa das ambições não mais veladas de uma classe que vive para ganhar dinheiro.

Essa imagem espalhou-se pelo mundo. Em sua expressividade, ela revela alguns elementos do capitalismo como sistema cultural ou como fato social total.

Mostra, de saída, que no capitalismo tudo é dominado pelos proprietários dos meios de produção, esses ricos agora livres da moralidade que, no Ocidente cristão, controlaram a ambição, a avareza e o egoísmo. Agora, os elos entre os homens valem menos do que os elos entre os homens e as coisas, "liberação" – daí a palavra "liberalismo" – que veio legitimar não só o cálculo pessoal, como a acumulação de dinheiro como o fim último do sistema.

Os "capitalistas" andam em carros de luxo e usam roupas expressivas de sua alta posição. Se o monge é feito pelo hábito e o rei pela coroa, o capitalista revela-se nesses símbolos banais de poder. Um poder que as esquerdas sempre leram como trágico e profundo: daí a associação com a cor negra, representativa do controle da vida de milhões de empregados com os quais os "capitalistas", além do mercado, não têm nenhuma obrigação pessoal ou clientelística.

Não há dúvida de que muita coisa mudou, tanto do lado dos comunistas – hoje transformados em neoliberais que invocam uma terceira voz – quanto do lado dos capitalistas que hoje andam em carros comuns e, como Bill Gates, trocaram as casacas pelos *blue jeans*, além de presentear instituições públicas com bilhões de dólares.

Mas permanece, como no caso do velho e, dizem, falecido, Diabo, a imagem representativa do papel. E nela, se as roupas não dizem muito, há um elemento básico: a barriga redonda, avantajada e agressiva. Gordura que na nossa civilização denota boa-vida, prosperidade, alegria, além de uma sexualidade baquiana e desinibida, em contraste com o sexo baqueado e freudianizado que igualmente penetrou o capitalismo como cultura, contrabalançando uma teórica liberdade individual com a realidade de suas ambivalências, impotências, indecisões e neuroses.

Se hoje é cômico simbolizar o capitalismo pelas cartolas, dele roubada pelos musicais de Hollywood por um elegante Fred Astaire, a velha e boa gordura continua marcando, se não os patrões, pelo menos o centro desta civilização.

Tudo se passa como se os ganhos do capital – que, diz a metáfora, "engorda" bolsos e bolsas – adquirissem forma natural e biologicamente, como um vírus, penetrasse parcelas da sociedade, deixando ver que engordar (e engordar desmesuradamente) é, de fato, o elemento essencial do sistema.

Como num flagelo, os sintomas não surgem de supetão, mas sorrateiramente. Inicialmente os obesos eram raros, quase invisíveis. Num belo dia, porém, estão em todos os lugares. Suas enormes barrigas, cinturas e bundas são metáforas do gigantismo e do abrutalhamento desse capitalismo americano que domina e fecha esse nosso milênio nada milenarista.

Sistema que tem milhões de milionários e uns poucos multimilhardários cuja fortuna é maior do que o Produto Nacional Bruto de países inteiros. Pessoas tão ricas e poderosas que têm como futuro possível o domínio do mundo, desmanchando a autoridade secular dos chamados Estados nacionais com seus governos, leis, burocracia e forças armadas.

II

A presença dos gordos tem mudado a paisagem. Hoje não se pode mais acreditar que os americanos são aquelas figuras elegantes que Hollywood projetou para a geração de nossos pais. A obesidade destruiu os velhos ideais de beleza, criando a indústria das pílulas de emagrecimento e o complexo dos ginásios onde batalhões de magros querem prevenir-se do "vírus da obesidade", perdendo mais peso – o que gera a anorexia, a imagem invertida da riqueza como gordura.

Marx que me perdoe, mas as contradições do capitalismo estão na cultura. Trata-se mais de uma luta pelo controle de lipídios e glicídios do que de classes. Para parafrasear um velho e esquecido Sílvio Romero, a América precisa mais de um regime alimentar do que de um regime político…

Comprova isso os cinco milhões de americanos sofrendo de "desordens alimentares", isso para não contar o imenso percentual de obesos, que chega a níveis epidêmicos. As desordens alimentares são características do sistema: ou você come muito, ou come pouco, ou belisca tanto (pensando que não está comendo) que acaba bolão do mesmo jeito.

Pior, entretanto, do que o lado médico e estético, é a dimensão oculta que subliminarmente mina a autoconfiança de um país confiante e otimista. Pois como conciliar a estética negativa da obesidade (associada à ausência de autocontrole e à velha e boa preguiça característica dos "negros" e "latinos") com o ideal de velocidade, mudança, austeridade e disciplina, esses focos de modernidade sinônimos dos Estados Unidos?

Qualquer que seja o caso, a verdade é que a obesidade é o fantasma que começa a minar a confiança iluminista no equilíbrio, no controle dos apetites e na calibragem entre meios e fins que weberianamente define a racionalidade. Comedimento, sobriedade, disciplina, ascetismo, economia, frugalidade – esses valores centrais do credo e da civilização americana, esses pilares do puritanismo radical começam a ser solapados não por comunistas, negros ou latinos, mas pelos WASPs[1] mais puros – pelos filhos de Lincoln, Washington, Roosevelt e Kennedy, que não sabem lidar com um sistema fundado na abundância e no desperdício, como revela sua eloquente obesidade. Esses WASPs que nesse milênio estão fadados a enfrentar a contradição entre satisfazer todos os desejos individuais (pré-requisito para a felicidade garantida pela Constituição) e os seus limites (confundidos com pobreza e subdesenvolvimento).

No fundo, a gordura é como o próprio capitalismo: ela contém dentro de si o germe da própria destruição. Muito dinheiro destrói tanto quanto muita banha. Aliás, o capital é a banha do dinheiro. Assim, quanto mais rica a sociedade americana, quanto mais sua classe média lucra e engorda as contas bancárias, uma obesidade feia, pantagruélica, desequilibrada, subversiva, irracional e voraz surge no horizonte e ameaça o sistema naquilo que tem de mais palpável: os seus corpos.

A continuar como está, os esguios serão a minoria de uma sociedade de obesos que forçosa e democraticamente promoverá mudanças nos meios de transporte e nos espaços públicos, como preparação para uma nova "etnia" de obesos gigantes.

Movida a *fast-food* e pela ausência de comensalidade, nutrida por doses cavalares de solidão e pelos preços baratos dos alimen-

---

[1] White Anglo-Saxon Protestants.

tos, os americanos comem de tudo em todos os lugares: nos aeroportos, nos consultórios médicos, nas salas de aula, nas ruas, nas galerias de arte, nas bibliotecas, nos cinemas, nos templos. Até mesmo nas privadas, ninguém dispensa o seu *snack*. De fato, dá gosto ver esses obesos metodicamente devorando os seus barris de pipocas, os seus hambúrgueres de três quilos, os seus potentes hot dogs e os seus sorvetes de cinco andares.

Não há dúvida de que a imagem do capitalismo feita de fábricas e de burgueses encartolados dançou. Hoje, sua representação mais expressiva é uma barriga que, imensa e pesada, revela os limites não previstos de um sistema que ainda se imagina infinito e ilimitado.

DOMÉSTICAS:
SERVIDÃO E MODERNIDADE

O perturbador episódio de Renê Bonetti, condenado pela justiça americana por escravizar sua empregada doméstica, Hilda dos Santos, é mais uma prova de que globalização não significa uniformidade. De fato, ser empregado doméstico tem um sentido muito diferente no Brasil e nos Estados Unidos. Aqui, trata-se de algo realizado formalmente, por hora ou dia; no Brasil, trata-se de uma relação permanente que conduz e produz um tipo singular, mas familiar de intimidade.

Nesta América onde só milionários têm domésticos (chamados de mordomos) vi por duas vezes estudantes pós-graduadas como babás e cozinheiras, elementos deslocados no ambiente fechado das universidades americanas, nas quais tudo gira em torno de estudo, pesquisa e livros.

Outro dia, comentando o caso Bonetti com meus filhos Rodrigo e Renato, lembrei uma situação insólita que testemunhei quando fui professor visitante numa tradicional e importante universidade da Costa Oeste dos Estados Unidos.

Um casal com dois filhos pequenos, de tradicional família brasileira, estudantes candidatos ao doutoramento naquela instituição, trouxe com eles uma dessas criaturas. A moça, muito inteligente, logo aprendeu inglês e enamorou-se de um doutorando do Departamento de Matemática da instituição. Um dia, quando meus amigos se programaram para sair, ela casualmente informou que também tinha um compromisso. "Como vamos jantar?", perguntou a "patroa" aflita, transformada em colega do "date" de sua doméstica. "Eu deixo 10 dólares para vocês jantarem uma pizza" foi a resposta americanizada da moça.

Meus amigos entenderam que o emprego doméstico no estilo brasileiro era um problema numa sociedade fortemente igualitária.

No Brasil, não é difícil separar as obrigações do trabalho doméstico das simpatias que a intimidade que este tipo de atividade estimula. Primeiro, porque temos uma enorme tradição de emprego doméstico que nada mais é do que um significativo resíduo da escravidão. Depois, porque os conflitos entre simpatia, intimidade e trabalho são escudados numa prática hierárquica que todos os brasileiros conhecem bem. Tal prática, baseada nas premissas do "conhecer o seu lugar" e do "não tomar o braço quando se tem a mão", é reforçada de mil modos na rua, nas piadas, nos rituais, nos sermões, na política (onde os mandões são bem conhecidos), nos jornais (onde cinco ou seis pessoas ditam as normas do ser ou não ser), na televisão (onde os programas de auditório e de entrevistas não deixam dúvida sobre quem é o "dono" ou o "patrão" que distribui tarefas e abusa dos convidados) e, sobretudo, nas novelas, essa verdadeira escola de Brasil tradicional, nas quais as empregadas sabem o castigo que espera as intrigantes e as recompensas que aguardam as que são leais e "legais" para com os seus "superiores".

O fato é que a "empregada doméstica" faz parte de um estilo de vida fundado na desigualdade. Elas talvez sejam mais importantes como símbolos de aristocracia do que como trabalhadores destinados a realizar certas tarefas.

É no mínimo paradoxal que a profissionalização da mulher tenha aumentado o número de domésticas. No Brasil, as empregadas são os instrumentos de liberação de milhões de mulheres que podem deixar seus lares em busca do trabalho e do sucesso profissional. A individualização, politização e profissionalização das mulheres se faz à custa (e graças a uma vergonhosa distribuição de renda e educação) do aprisionamento de outras tantas mulheres convertidas em "babás" e "domésticas" – verdadeiros anjos a permitir o milagre nacional de mudar não mudando nada!

Não há dúvida de que liquidamos a escravidão. Mas essas servidões domésticas, que o trágico caso de dona Hilda salienta,

Domésticas: Servidão e modernidade

mostram claramente que o que fizemos em 1888 foi libertar a escravidão masculina. As mulheres continuam realizando o mesmo trabalho sem horários, sem definição de tarefas e sem proteção na velhice.

Curioso, pois, constatar que as empregadas domésticas provam duas coisas: por cima de todos os progressos trabalhistas, a continuidade do trabalho servil; e, por cima das iniquidades, uma milagrosa e transbordante generosidade. Generosidade que eu enxergo todas as vezes que elas abraçam nossos filhos e netos com um amor que transcende aos mais humanos ressentimentos e invejas.

DESCOBERTA E INVENÇÃO DO BRASIL

Neste mês de abril, mais precisamente no próximo dia 21, vamos comemorar os 500 anos do "descobrimento" do Brasil.

Ninguém definiu melhor esse episódio do que Lamartine Babo, quando rimou Brasil, Cabral e Carnaval, definindo uma equação que nenhum estudioso havia notado: o fato do Brasil ter sido *inventado* por "seu" Cabral no dia 21 de abril, dois meses depois do Carnaval!

Enquanto os intelectuais pátrios discutiam os males da mestiçagem, Lamartine Babo singelamente conectava Brasil e Carnaval. Para ele, a palavra-chave para entender a "história do Brasil" não estaria no verbo "ser" (o Brasil *é* isso ou aquilo, *é* assim ou assado), mas num processo de construção coletivo: no Carnaval que inventa uma das nossas identidades sendo, por sua vez, reinventado por nós.

Falo destas coisas porque observo com pesar que as comemorações do descobrimento estão cercadas de melancolia. A nossa incrível capacidade de confundir crítica com flagelação tem usado essa oportunidade para realizar uma espécie de antidescobrimento do Brasil. Ou seja: no justo momento de comemorar o aniversário do país, usa-se o evento para descobrir os índios que, além de donos da terra, tinham também sua visão particular dos portugueses. Isto posto, quem "descobriu" quem?

Nada tenho contra essa tese. Mas vale estimar que a comemoração da "descoberta do Brasil" não é proposta como uma verdade indiscutível. É, entretanto, um ritual derivado de um "mito fundacional". Uma história que – como todo conto – tem uma perspectiva e um ponto de vista verdadeiramente arbitrário. No caso, como não poderia deixar de ser, um inegável viés luso-brasileiro.

Todos os países têm "mitos fundacionais". Os americanos falam de uma nação engendrada por "pais fundadores", os representantes das 13 "colônias originais" que, livre e lockeanamente congregados em federação, escreveram o documento fundador dos Estados Unidos, a sua Constituição. Os mexicanos falam de uma "conquista", salientando um traço marcante de sua colonização pelos espanhóis imbuídos de missão civilizadora. Em ambos os casos, esqueceram-se os índios e os negros, ambos também dotados de visões particulares desses mesmos eventos.

Com quem ficar? Como encontrar a trilha nesta floresta de mitos e clamores civilizatórios se (fora dos nazifascismos e dos comunismos rasos) não há bússolas ou juízes da história e das mitologias?

Só há um caminho. O que reconhece a "descoberta do Brasil" como um evento inclusivo. Não há razão para esquecer que toda descoberta implica mutualidade e reciprocidade. É triste e, ao mesmo tempo, revelador que nenhum dos vários comitês destinados a organizar e honrar esse evento original de nossa história tenha enfatizado e apresentado esse argumento definitivo: o fato de que nas três Américas somente o Brasil tenha um mito de "descoberta" (que inclui tanto a terra quanto os nativos), quando todos os outros mitos fundacionais "americanos" sejam constituídos por narrativas baseadas na exclusão e na dominação dos nativos e da natureza.

Além disso, é preciso também ter a coragem para admitir que toda sociedade tem o direito de comemorar os seus mitos. Sobretudo quando esses mitos não clamam superioridade racial ou promovem o ódio étnico. Se todas as tradições contêm sua quota de arbitrariedade, por que não aceitar as que fazem parte da nossa mitologia fundacional? Uma mitologia, reitero, singularmente baseada na inclusão e na mutualidade. Na ideia de descoberta que permite dialogar e *descobrir* o ponto de vista do outro. Se os grupos radicais têm todo o direito de desmistificar o mito cabralino da descoberta do Brasil, nós, brasileiros, temos igualmente o direito de acreditar e honrar esse mito que, afinal de contas, dá origem à nossa história como coletividade.

Aceitos esses argumentos, por que então não deflagrar um debate coletivo pondo em foco a ideia de "descoberta", de "descobrimento" e de "descobrir", atando os que aqui chegaram com os que aqui residiam, uns e outros surpresos pela visão e pelo inusitado encontro com outra humanidade?

Seria ótimo se não fosse, como sempre, um tanto tarde para descobrir o óbvio.

O DIAGNÓSTICO AMERICANO

Outro dia, o escritor, poeta e jornalista José Neumanne observava que um dos melhores caminhos para a cadeia era o voto. O voto que elege e traz fama, popularidade, riqueza e até mesmo refinamento, cultura e inteligência também tem o poder de desmoralizar, levando à proximidade da cadeia. Digo proximidade porque ainda quero ver um político brasileiro ser preso por crime político-eleitoral ou falcatrua decorrente do exercício do cargo. Aliás, ainda quero ver um poderoso ser preso neste país cujo lema na apuração de crimes parece ser: aos poderosos a lei, aos comuns a cadeia!

Neumanne conceituou parte dos hábitos políticos nacionais, hoje situados entre a velha politicagem, o asqueroso roubo dos cofres públicos, o mais desprezível apadrinhamento e a obrigação imposta pela opinião pública de governar, de administrar, de dar ao contribuinte-cidadão os impostos que ele paga com o seu trabalho.

No Conselho das Américas, em Washington D.C., a poderosa, mas sensata Madeleine Albright, secretária de Defesa dos Estados Unidos, disse o seguinte da nossa América Latina e de suas tentativas de viver em democracia: "A cultura do suborno e da corrupção que corrói demasiadas instituições e transações deste hemisfério" seria um dos elementos responsáveis pela demora em chegar a uma vida social mais igualitária e mais justa. Ao lado dessa constatação, a sra. Albright indicou o que todos conhecemos de sobra: que suborno e corrupção conduzem à ineficiência governamental, promovendo desconfiança nos processos democráticos. Em consequência, sugeriu que pode haver um retrocesso institucional, com grupos pressionando para "soluções" antidemocráticas. Soluções nas quais o segmento politicamente engajado só enxerga os seus interesses e problemas.

Pelo que vejo, o diagnóstico da sra. Albright foi bem-aceito. Não li nenhum protesto reclamando de interferência em assuntos internos dos outros países. Interferência, aliás, que se fosse oferecida à população das duas maiores cidades brasileiras, São Paulo e Rio, para justamente resolver esses problemas de suborno e corrupção, seria certamente aceita e referendada por voto popular. Pois quem não gostaria de ver as nossas polícias todas submetidas a um processo de exame e de transformação justamente para premiar os bons policiais e condenar os da "banda podre"? E quem não gostaria de assistir ao fim dos rituais jurídicos que prolongam absurdamente direitos formais, não obstante o negrume dos crimes, para ver os governantes corruptos na cadeia?

Corrupção e suborno, porém, não têm sido alvo das nossas galopantes medidas liberais. De fato, o governo tanto se preocupa em liberar a esfera econômica e financeira que se esquece de que o liberalismo é um estilo de vida. Que se liberem os mercados, mas que se refinem as leis e os processos judiciais, de modo que os que abusam do poder sejam punidos. Que o mercado seja rei e a estabilidade financeira uma motivação capital, mas que se pressione com o mesmo vigor e interesse a polícia, a justiça e os políticos.

A impaciência que se verifica hoje no Brasil é decorrência desse extremado interesse pelo financeiro, em detrimento daquilo que, nas sociedades liberais, garante a confiança no próprio liberalismo: uma justiça igualitária, capaz de punir com igual rigor tanto o milionário (no nosso caso, o milionário político) quanto o contribuinte.

Não se pode ser coerente apenas com o econômico, deixando de lado o resto do sistema. No Brasil, está faltando o parto de uma moralidade liberal. Uma moralidade fundada na igualdade como valor e na justiça para todos como ideal a ser implacavelmente seguido e honrado pelo governo. Se o governo honra as suas dívidas externas, por que faz pouco caso das internas, como fazem prova a corrupção e o suborno que promovem a dança de ineficiências capazes de minar a democracia, como acentuou a sra. Albright?

Se não houver uma iniciativa do governo no sentido de promover o fim da corrupção e da impunidade, continuaremos valorizando, de um lado, o mercado (o que é bom para os poderosos) e, de outro, a corrupção e o suborno (que também são bons para os poderosos!). Deve haver uma maior harmonia entre a modernização do mercado e a atualização das práticas políticas. Que a nossa admiração pela malandragem, pela esperteza e pela sacanagem seja louvada em certas áreas, mas que os seus limites sejam discutidos e relativizados.

O problema não é o diagnóstico, mas a nossa tolerância para com a corrupção e o suborno.

SECULARIZANDO A PRESIDÊNCIA DA REPÚBLICA

Na reunião inaugural do Congresso Nacional dos recém-fundados Estados Unidos da América, no século XVIII, discutiu-se se o presidente da República deveria ou não ser chamado de "Vossa Majestade".

Afinal, arguiam com razão os congressistas que inauguravam a primeira experiência republicana do planeta, mesmo na chefia de um governo democrático, o presidente tinha uma série de semelhanças com os reis. A começar pelo fato de serem, ambas, instituições solitárias – instituições corporificadas numa só pessoa. Enquanto o Congresso, ou o Poder Legislativo, e o corpo de juízes, o Poder Judiciário, são atualizados por conjuntos de pessoas, o Poder Executivo corresponde, como o papado e a realeza, a uma só figura. A perda de um membro dos outros poderes não configura nenhuma crise. Mas se morre um papa, um rei ou um presidente, sobretudo de morte acidental, cria-se imediatamente um problema sucessório, pois o papel é ocupado por uma só pessoa. Donde a velha fórmula: o rei morreu, viva o rei! Vale dizer: morreu o rei X, mas a realeza continua.

Discutir se ao presidente da República aplicava-se (ou não) uma etiqueta aristocrática foi o primeiro ato de secularização do governo, algo que somente poderia acontecer numa ordem pública fundada na liberdade e na mais radical igualdade perante a lei. Com isso, decidiu-se sabiamente separar a Presidência da velha nobreza. Uma separação que reconhecia como os cargos ocupados por descendência são distintos daqueles preenchidos por competição política, através de eleições.

Ficou então assentado pelo Congresso que o presidente seria chamado de "Mister", um mero sinal de distância sem nenhuma conotação hierárquica explícita. E, de fato, o "Mister" americano é muito diferente do "Herr" alemão e do "senhor" luso-brasileiro, que, ao lado das "donas", conotam superioridade social, propriedade e patronagem.

A decisão de chamar o presidente de "Mister" foi o primeiro e decisivo passo para a secularização do papel. A mensagem era a de que, no campo político americano, a Presidência deve ser respeitada, mas não religiosamente adorada. O presidente, como o rei, tem supremacia e poder. Mas sua fonte de legitimidade jaz no consentimento pelo povo – esse é o ponto. A pompa e a circunstância que o papel contém na sua lógica hierárquica inevitável é lida como um incômodo: como hóspedes não convidados desse sujeito igual, mas que o cargo transforma no *Number One* do país.

A maior prova disto é a simplicidade com que vivem e se relacionam com o povo os presidentes americanos. Em vez de viverem trancafiados em palácios que, nos Estados Unidos, são chamados simplesmente de "casas", os presidentes têm uma notável mobilidade, sobretudo para visitar pessoas e lugares. Ademais, eles são vistos e se veem como pessoas comuns que, em certos momentos, se destacam e são eleitos para a suprema magistratura do país. E a imprensa, que não considera o presidente capaz e responsável por tudo, ajuda a manter um viés igualitário.

O vídeo produzido pela Casa Branca mostrando de forma cômica os "últimos dias" do presidente Bill Clinton acentua essa linhagem democrática. Linhagem menos preocupada com a liberdade, mas totalmente engajada com a igualdade. Aquela igualdade que, como revela o show de Clinton, esclarece que as pessoas apenas entram no papel de presidente. Ninguém ali fica, pois todos têm data marcada para sair. Diferentemente do nosso caso, onde sempre há a possibilidade de escaladas mudacionistas, lá o tempo da Presidência é tão certo quanto o de um jogo de futebol. O vídeo de Clinton antecipa com comicidade quase carnavalesca o seu futuro como um cidadão americano comum. A fonte do humor está nos valores igualitários que permeiam a sociedade americana.

Sobretudo a vida de um presidente que ficou mais conhecido por suas, digamos, mantendo a elegância, preferências pessoais, do que todos os outros.

Sendo assim, a Presidência não confere majestade ou divindade. Daí o adágio: "Nada é mais patético do que um ex-presidente!" Como não há nada mais deslocado do que um ex-diretor ou chefe. Na América igualitária, as posições superiores são como os amores de Vinicius de Moraes, elas promovem sicofantismo apenas enquanto duram. E em geral duram pouco.

UMA REUNIÃO EM WASHINGTON, D.C.

Minha quase sempre hipócrita humildade intelectual me abandonou no encontro com uns 80 colegas, entre os dias 2 e 3 deste dezembro, na embaixada do Brasil em Washington para avaliar estudos brasileiros de 1945 até essa virada de século. Seria preciso acentuar que nenhuma reunião desse tipo – "coberta" ademais por jornalistas – poderia transcorrer sem vaidades?

Prova isso a cobertura da imprensa, que leu como dissídio os debates normais, rotineiros, inevitáveis e cordialíssimos entre os membros da conferência. Treinados a tratar a dissonância como crise e a discussão como bate-boca, os nossos companheiros de jornal viram mais as árvores do que a floresta e anunciaram mais os detalhes do que o grande acordo promovido por essa importante reunião convocada pelo embaixador Rubens Barbosa.

Primeiramente porque a iniciativa revela – viva! – uma embaixada decidida a divulgar o Brasil. E divulgá-lo no nível onde as coisas permanecem: no mundo da universidade. No universo intelectual que, a despeito de suas mesquinharias, se assume mais pelos livros que ficam do que pelo poder e pelo narcisismo que passam. Dimensão intelectual, vale acentuar, caracteriza a diplomacia brasileira. Ou eu preciso lembrar de Oliveira Lima, Joaquim Nabuco, João Guimarães Rosa, Roberto Campos, Celso Lafer, Marcílio Marques Moreira e José Guilherme Merquior?

Outro fato novo é a decisão de usar os recursos da embaixada como um grande catalisador para os "estudos brasileiros" nos Estados Unidos. Aliás, essa nova política intelectual já vem se fazendo há algum tempo, com a criação de "cadeiras de estudos brasileiros" nos principais centros de ensino americanos e europeus, inclusive aqui na Universidade de Notre Dame, onde acabamos de inaugurar, com recursos do Ministério da Cultura e locais, uma "cátedra" rotativa de "cultura brasileira".

Conforme eu mesmo ressaltei em Washington, parece que finalmente temos uma política que objetiva diminuir o fosso absurdo e enervante entre a importância do Brasil como parceiro crítico dos Estados Unidos e, mais que isso, como uma sociedade que a seu modo também exprime o ideal encapsulado pelo imaginário da América e a ignorância que as elites americanas têm de nós.

Para se ter uma ideia desse abismo, vale rememorar um jantar na casa de um importante intelectual americano em outra ocasião, mas nessa mesma Washington. Na hora dos digestivos, perguntei que imagem os presentes tinham da América Latina e do Brasil. A de um continente pobre, desordenado, marcado por uma permanente instabilidade política foi a resposta geral. A visão da América do Sul era de profunda e admitida ignorância. Uma ignorância que, em parte por nossa culpa, é movida por desinteresse e preconceito. Tanto que um conviva sugeriu que os americanos conheciam mais o sudoeste da Ásia do que esse continente austral, confusamente tropical e gelado. Só um dos presentes, o meu querido Richard Morse, comentou que, pelo contrário, enquanto a Europa mudou de configuração muitas vezes, assolada por guerras regionais e mundiais, regimes políticos alucinados e holocaustos inenarráveis, a América Latina e o Brasil continuavam os mesmos: com golpes de Estado e confusões políticas, é certo, com muita miséria e vergonhosa corrupção entre as elites, é claro, mas com aquele incrível e comovente fervor religioso e aquela crença no poder do amor e da amizade. O silêncio da sala era tal que eu temia que os outros ouvissem as batidas do meu coração.

BRASILIANISMO E BRASILIANISTAS: UM DEPOIMENTO

Ouvi a expressão "brasilianista" pela primeira vez no início dos anos 1970. Naquele momento de censura e medo, entendi a locução como uma espécie de código ou aval para falar do Brasil menos como sociedade do que como país: como Estado nacional e ordem política.

De fato, enquanto os "americanistas" falavam de sociedades indígenas buscando compreendê-las em seus próprios termos, como fizeram – para citar alguns dos pioneiros – Claude Lévi-Strauss, Charles Wagley e David Maybury-Lewis; ou discorriam sobre certos aspectos da sociedade e cultura do Brasil, como as religiões afro-brasileiras e as relações raciais, como fizeram Roger Bastide, Emilio Willems, Donald Pierson e Marvin Harris, para ficar, novamente, com outros desbravadores, o "brasilianista" tratava de "Brazil".

O assunto dos "brasilianistas" – gente como Thomas Skidmore, Richard Morse, Joseph Love e Alfred Stepan – não era a família, o transe e o preconceito, mas a cidade, a industrialização, a estrutura política e um conjunto de temas que o regime militar transformara em tabu, como a democracia, o autoritarismo e os próprios militares. Ou seja, enquanto os "americanistas" falavam do Brasil interessados nas suas singularidades, os "brasilianistas" faziam o exato oposto, estudando, no Brasil, os temas clássicos da agenda iluminista na sua modernidade e no seu universalismo.

Sua novidade situava-se na preocupação de entender por que o Brasil e, no fundo, a América Latina – essa categoria histórico-geográfica ambígua e inventada pelos americanos, espécie de "América" às avessas aos seus olhos – desviavam de um padrão institucional supostamente comum ou universal. Se tudo começa na modernização política aberta pela Revolução Francesa e pela "fundação" dos Estados Unidos, por que a América seguia uma trilha cada vez mais igualitária e liberal, ao passo que a "América Latina" tinha uma estranha atração pelos regimes ditatoriais chamados "de exceção", mas que, desgraçadamente, constituíam a norma regional?

A elite brasileira estava acostumada à opinião dos viajantes que abordavam o lado "pitoresco" – palavra-chave dessas obras – do país. Agora, entretanto, esses brasilianistas americanos, brancos e inequivocamente "gringos" no seu estranhamento falavam daquilo que o Brasil tinha em comum com outros países: de seu sistema político e econômico, de sua trajetória industrial, estrutura de classe e concentração de renda. Não se tratava mais de discutir o pitoresco, mas de discernir – e de discernir com investigação detalhada, investigando casos e números – o que escapava da "norma".

Ademais – e esse é um ponto fundamental –, esses "brasilianistas" adotavam uma atitude comparativa, estudando as instituições brasileiras em relação ao quadro político americano (ou "ocidental"), que tomavam, implícita ou explicitamente, como modelar. Um desenho para o qual todas as modernidades tendiam a desembocar por uma questão de índole sociológica ou de "natureza humana".

Essa postura radicalmente universalista e ingenuamente etnocêntrica, que assumia serem os conflitos parte e parcela da própria existência social, foi certamente a principal mensagem dos "brasilianistas", tendo sido fundamental no processo de democratização do Brasil. Primeiro, porque ela "naturalizou" ou "essencializou" as discórdias internas fazendo com que fossem lidas não como "subversão" ou "desobediência", mas como algo normal e legítimo em qualquer sistema político. Depois, porque ela obrigou a elite brasileira a ver o país dentro de um quadro mais amplo, universal e comparativo, um panorama dentro do qual a democracia e as mudanças eram possíveis.

ELEIÇÃO E DECEPÇÃO:
O CASO AMERICANO

O grande Alexis de Tocqueville dizia que o processo eleitoral, mesmo num país habituado a decidir por voto, como os Estados Unidos, pode ser considerado um momento de crise. A eleição arma um confronto das forças políticas do país, organizando facções, interesses e partidos. Tocqueville sublinha o jogo das paixões. Sublinhamos também a vantagem da transparência quando os conflitos sociais emergem com clareza, justamente por causa do jogo eleitoral.

Hoje, nestes Estados Unidos "dos livres e iguais", como afirma o Hino Nacional americano, não há quem não esteja decepcionado e preocupado com esse empate eleitoral entre Bush e Gore, um resultado inesperado que pode pressagiar uma crise dentro do sistema político da maior e mais antiga democracia do planeta.

E não é para menos.

Primeiro, porque pela primeira vez em décadas um terceiro partido vem romper com a exclusividade dualística da política estadunidense, apresentando uma opção mais à esquerda. Com isso, abriu-se uma brecha na linha ultraliberal do Partido Republicano que diz: quanto menos governo, mais responsabilidade individual e mais energia criativa. Mas também feriu-se o programa dos democratas, pois o terceiro partido apresentou um modelo mais radical ao papel do governo como instrumento de controle das multinacionais, das diferenças étnicas e de renda e relativamente aos programas de saúde e educacionais. As propostas de Nader criticavam vigorosamente e por dentro o programa de Gore.

A voz de Nader, um conhecido liberal radical, foi o segundo elemento diferenciador. Suas propostas não têm popularidade, mas têm apelo. E peso moral, pois foi ele quem, dentro do sistema capitalista mais avançado do planeta, levantou a questão das responsabilidades morais dos produtores junto aos consumidores. As pessoas podem não gostar das ideias, mas todos sabem que foi Nader quem lutou para que as grandes empresas tivessem que honrar e zelar pelo que produzem. Para ele, o jogo capitalista não termina na venda e no mero lucro, mas num processo em que o comprador pode responsabilizar tanto o produto quanto o produtor. Nader, vale recordar, tornou-se famoso pela sua cruzada contra os automóveis da General Motors nos anos 1960, uma cruzada que obrigou a fazer o que hoje é rotina: chamar de volta peças ou modelos defeituosos. A entrada desse radical santificado por sua decidida e sincera vida pública, bem como pelo seu discurso ideologizado, desafiador e atraente para intelectuais e estudantes universitários em geral, mudou o panorama desta campanha eleitoral. Ela, por certo, quebrou as pernas de Gore.

Além disso, existe uma percepção de ausência de liderança e de carisma. Algumas pessoas dizem que o desinteresse pela Presidência é porque o país tem seus problemas equacionados. Mas o fato incontestável numa sociedade individualista, gerenciada pelas forças impessoais e implacáveis do mercado, é que esses são os sistemas mais carentes de papéis-modelo e de pessoas paradigmáticas. Numa sociedade familística, não há líderes políticos, há chefes autoritários de clãs. Mas em sistemas que se representam como constituídos de cidadãos livres, o presidente é essencial como exemplo. O mercado diz quem perde e ganha, mas é o presidente e as lideranças políticas que garantem o andamento do jogo. Daí sua importância ser ainda mais direta, singela e maior nas democracias modernas acopladas a um capitalismo global.

Desinteresse, ausência de carisma e excessiva rotinização conduziram a essa triste impotência decisória. Com isso, apresentou-se ao povo americano uma escolha chocha entre um governador multimilionário, filho de presidente, um vice-presidente com pouco jogo de cintura e um velho e um tanto batido, mas impávido, radical liberal.

Essa foi uma eleição que teve tudo, menos a paixão futebolística-carnavalesca que existe de sobra no Brasil e que, no fundo, é o sal de todo sistema político e a maior prova de sua eficácia.

OPÇÕES CIVILIZADORAS: A FILA E O BALCÃO

Era uma vez um missionário bondoso que deu aos índios da tribo que catequizava um monte de roupas. As saias, calções e camisas cobririam suas vergonhas, infundindo-lhes a ideia civilizada de vergonha. Ao voltar dois meses depois, o velho padre deparou-se com um monte de esfarrapados. As roupas, antes limpas e novas, haviam virado frangalhos e, contaminadas por todo tipo de imundícies, infeccionavam o corpo antes saudável e belo dos nativos.

A moral dessa história é simples: não há item cultural isolado. O rádio requer pilhas do mesmo modo que as vestimentas precisam ser lavadas. Mas para isso é preciso um local apropriado, além do sabão e da necessidade de limpar e trocar as roupas sujas por peças limpas. Assim, uma muda de roupa requer outra muda e todas as vestes exigem botões, agulhas e linha porque nenhuma se mantém sem rasgos e furos. Numa palavra: a vestimenta, como tudo o mais, é um "fato social total", implicando muito mais do que uma simples proteção do corpo ou um pudico acobertamento de vergonhas. Pois as roupas, como descobriu na marra o bom missionário, eram índices culturais exigindo que fossem usadas com eficiência, o conhecimento de certas práticas e valores e, por assim dizer, iam com elas.

As sociedades que optaram pela nudez e pelas pinturas corporais criaram outros complexos ligados à sua aparência física. Mas pode-se estabelecer um contraste instigante entre civilizações vestidas e culturas desnudas. Uma civilização fundada na vestimenta tem que ter como base a oposição entre o sujo e o limpo. Num sistema baseado na ausência de cobertura corporal, entretanto, distingue-se com clareza o nu e o despido. Uma pessoa pode estar nua, mas não estar despida ou "nua em pelo", como se diz coloquialmente. Um nu artístico é bem diferente de uma nudez pornográfica, médica ou casual.

Essa mesma (antropo)lógica permite a aproximação de certos valores culturais com certos itens. Pode-se dizer que há sociedades do automóvel, do decreto, da gravata e do fuzil, como existem sistemas da fila e do balcão.

Até este Natal eu não havia problematizado o balcão como um item cultural básico da sociedade brasileira. Mas eis que sou obrigado a ir a uma loja de ferragens e lá me deparo com os caixeiros de um lado e os clientes do outro. Um enorme balcão de madeira pintada plantado entre eles indicava de modo explícito quem estava dentro e quem estava fora, quem servia e quem mandava, quem esperava e quem dava as cartas. Esperando por uma vez que não chegava, procurei instintivamente uma fila inexistente.

Foi então que saquei que os balcões são incompatíveis com as filas. Mais: que as filas são sinais de uma modernidade igualitária, privilegiando a ordem de chegada, como é regra na América, nos supermercados e nas lojas abertas em prateleiras, enquanto os balcões fazem o justo oposto. Eles são instrumentos de hierarquia, privilegiando os relacionamentos prévios com o freguês.

DO GRITO COMO VERDADE
E DA VERDADE DO GRITO

Falar alto, berrar, gritar, clamar, exaltar-se são comuns na vida brasileira. De fato, o berro e o chamado nervosismo – a antiga neurastenia – integram a nossa visão do mundo, permeando e justificando não só a trivialidade definida como "bronca" dada no garçom que nos atende mal ou no caixa do banco que nos recebe com desdém, imaginando que somos "um merda qualquer", como nas demonstrações mais autênticas e irresistíveis (donde o berro) de dor física ou social e política.

Nada pode contrastar mais com o procedimento americano de manter-se *under complete control* (sob controle total) durante uma reclamação ou disputa onde estar *cool* ou frio já é meio caminho andado, além de ser uma indicação de racionalidade e controle emocional, dois elementos ligados e essenciais para fazer valer uma opinião. Nos Estados Unidos, quanto mais raiva, mais sussurros, pausas e silêncios; o grito sendo banido de cena como um elemento indesejável, sinalizador de histeria ou, pior que isso, de ausência de controle. Esse controle que tem no *cool* o seu conceito-chave e que é um valor numa sociedade onde você pode perder tudo, menos o governo do seu próprio ego (ou *self*), pois a igualdade demanda ouvir e falar em turnos.

Ao passo que, entre nós, o berro como um sinal de superioridade engloba o silêncio que denota consentimento, culpa e inferioridade. Quem cala, diz o velho ditado, consente! Daí porque gritamos pela liberdade e para exigir silêncio, ou para denunciar algum malfeito.

E quanto maior e mais forte for o berro, maior o tamanho do pecado e do crime. Isso certamente explica o prestígio do brado indignado que visa derrubar (como faz o Lobo Mau) pessoas e instituições. E explica igualmente o seu uso por tribunos de todos os tipos, sobretudo pelos que querem ganhar ou manter sua popularidade. Eles sabem que o velho ditado "onde há fumaça há fogo" está do seu lado. E a fumaça é o berreiro que aprontam para denunciar um fogo que seria (ou não) de igual tamanho.

O berro – que significativamente não é praticado pelo "cabrito" bom e bem-comportado – é, numa sociedade hierarquizada como a nossa, um modo drástico de rever uma situação. Normalmente atura-se tudo em silêncio. O silêncio que, no Brasil, trai a culpa mais do que a inocência dos cordeiros. Daí a associação do falar em voz alta e com o justo clamor contra as rotinas que aviltam a cidadania. É, portanto, legítimo berrar, clamar e exaltar-se. Não deve ser ao acaso a associação de berro com revólver e de grito com elogio.

Ademais, a exaltação, a veemência e o gesticular exagerado são elementos indispensáveis da nossa retórica de sinceridade. Um velho professor me dizia que o falar alto ou berrar era sinal de certeza das coisas. Só a verdade, como a dor, arrancava das pessoas essa forma tão radical de comunicação. Berrar e gritar se ligam a estados emocionais e a fatos positivos. O mentiroso age em silêncio, o pusilânime fala manso, o cínico discursa em voz baixa. Mas quem proclama a verdade fala "em alto e bom som" para todo mundo ouvir. O fato concreto é que nós, brasileiros, gostamos mais do grito descontrolado (mesmo calunioso) do que do silêncio indicativo de modéstia, igualdade e contenção.

Não deve ser, portanto, casual que o gesto culminante de nosso movimento de independência (bem como o da Colômbia, Uruguai, México, Equador e Porto Rico) seja um grito e não um pacto constitucional escrito e realizado racionalmente numa assembleia. Um grito, aliás, inscrito igualmente no nosso Hino Nacional. Para nós, latinos, o "grito" é um desabafo, uma forma violenta (e carismática) de protesto e confronto que se localiza no plano da comunicação verbal e da alta emoção. Foi, pois, o "grito" de "independência ou morte", esse berro associado ao conflito pessoal, à reclamação forte e faz um apelo à boca, à voz e ao ouvido e não aos olhos que, em 1822, libertou o Brasil do jugo político português.

Se o grito ocupa um lugar tão importante junto aos nossos "hábitos do coração", fica explicado por que ele goza de tanto prestígio no campo da política. Quem o usa rotineiramente, com boa ou má-fé, sabe que o gritar acusatório cala fundo na alma do povo, esse povo que de tanto viver engasgado confunde grito e verdade, perdendo de vista a verdade do grito!

A IDEIA DE DINHEIRO
NOS ESTADOS UNIDOS E NO BRASIL

Todo economista sabe que o dinheiro é um meio de troca universal, ou seja, uma coisa que tem o mesmo sentido – no caso, valor – em qualquer circunstância.

Todo antropólogo sabe que embora o dinheiro seja um meio de troca universal, dotado da capacidade de ficar acima dos contextos, situações e pessoas, também pode ter muitos sentidos. O real que compra o pirulito não pode pagar o beijo da namorada. Seria um insulto devolver favor com dinheiro, transformando uma obrigação moral numa dívida monetária.

Nos Estados Unidos, o dinheiro tem mais do que valor: ele é sagrado e permeia todas as esferas da vida. Nas cédulas americanas escreve-se *In God We Trust* (Confiamos em Deus), mostrando como o verde do dólar é mais precioso do que o das folhagens das matas. Um ensaio inspirador do meu colega Ruben Oliven mostra isso muito bem.

Tudo na América pode ser traduzido e quantificado em termos de dinheiro. Casamentos, funerais, títulos universitários, bem como tratamentos, refeições e até mesmo doenças e amores são rotineiramente expressos em dólares. Falar em dinheiro, especificar preços (falando, por exemplo, do "meu sapato de 100 dólares" ou "do meu carro de 41 mil dólares"), é tão banal quanto, no Brasil, discutir os detalhes do exame de fezes do Pedrinho ou a cirurgia ovariana de dona Maria. Nos Estados Unidos, não há ilusão quanto ao poder do dinheiro. Qualificações profissionais são equacionadas a salários, naquela velha ideia capitalista do "vale quanto pesa", e quem tem muito dinheiro pertence mesmo a uma aristocracia financeira que concede seguir as regras do jogo, mas decide sobre a direção do sistema.

Que contraste com o caso brasileiro, no qual muitas moedas e uma brutal experiência inflacionária conduzem a uma visão quase oposta do dinheiro. Para nós, que ainda falamos que "dinheiro e merda são a mesma coisa", que "torramos dinheiro" e que usamos o dinheiro como meio e não como fim, fica complicado o ajustamento à realidade de um sistema mais sintonizado com o mercado e com o fato de que a relação entre despesa e receita vale tanto para o homem comum quanto para o Estado.

Na América, o gastador é o irresponsável. No Brasil, ele é o político criativo que não vê barreiras no orçamento. Essa atitude se faz patente numa carta de Perón a Carlos Ibánnez, presidente do Chile, citada no meu ensaio sobre os aspectos culturais da inflação (publicado no livro *Conta de mentiroso*), que diz: "Meu caro amigo: dê ao povo, especialmente aos trabalhadores, tudo o que for possível. Quando lhe parecer que você está dando muito, dê ainda mais. Você verá os resultados. Todos irão tentar lhe apavorar com o espectro de um colapso econômico. Mas tudo isso é uma mentira. Não há nada mais elástico do que a economia que todos temem tanto porque ninguém a entende."

Num caldo de cultura no qual o dinheiro é fabricado e tem seu valor relativizado por agendas políticas, a reação-conselho de Perón não difere muito dos atuais arautos do novo populismo e de alguns administradores que querem se ver livres de quaisquer responsabilidades fiscais. De fato, o que clamam não diz respeito apenas ao controle dos gastos em relação às receitas, como manda o velho figurino, mas sobretudo ao fato de que gastar além da conta é um privilégio e uma marca de privilégio e poder.

A Lei de Responsabilidade Fiscal é, nesse contexto, um monumento político. Um fato que, ao lado do equilíbrio monetário, vai criar no meio da sociedade uma postura mais realista diante da moeda que, hoje, não pode ser mais vista como apêndice de um jogo político irresponsável e irrealista.

A QUEDA DAS BOLSAS E AS REAÇÕES AOS ACIDENTES

Os seres humanos aguentam tudo – doença, fome, pobreza, opressão e morte –, mas não suportam o caos e a desordem. Isso é tão verdadeiro que o grande Max Weber atribui o nascimento dos sistemas religiosos à pergunta crítica: por que sofremos? Qual a origem da dor e da desgraça? O que motiva os infortúnios e acidentes?

Curioso observar como acidentes e infortúnios são interpretados. Em muitos sistemas, o infortúnio é sinal de feitiçaria e interpretado como o "trabalho" malévolo de algum inimigo ou desafeto. Nas sociedades modernas, gerenciadas pelo credo da ciência e da probabilidade, o recurso a causas finais (Deus, destino ou bruxaria) é rejeitado, o que obriga a lidar com a difícil ideia de acidente. O resultado é uma espécie de nostalgia do poder de certas pessoas e vontades. Matamos Deus só para ressuscitá-Lo numa profunda saudade do sobrenatural e do outro mundo.

Aplique isso a dois acidentes que estão ocorrendo nos Estados Unidos e no Brasil e você terá um bom assunto para reflexão.

Como tem sido a reação dos americanos à queda (eu quase digo "afundamento" ou "naufrágio") de sua Bolsa de Valores?

Aqui, a imprensa falada e escrita toma conhecimento dos fatos e, com ponderação interessada, discute sua natureza e elabora sobre suas consequências. Como ninguém sabe com precisão o que ocorre, os analistas passam longe daquelas declarações histéricas de que a culpa é da "direita", da "esquerda" ou do governo; ou, ainda, da podridão do capitalismo. No fundo, todo mundo sabe que a Bolsa pertence a todos e todos têm um profundo interesse em fazê-la voltar ao normal o quanto antes.

Compare essa atitude com a reação brasileira ao recentíssimo afundamento da plataforma da Petrobras. No Brasil, mesmo antes de apurar as causas, já se faziam acusações. Na internet, um sujeito chegou a falar numa vingança póstuma de Paulo Francis contra o presidente da Petrobras, num perfeito exemplo do argumento da feitiçaria.

Imagine o que sucederia se a Bolsa de Valores de São Paulo estivesse indo pelo mesmo caminho, ou se um *shuttle* espacial brasileiro explodisse em pleno lançamento?

Tudo indica que, no caso americano, a idolatria e a confiança no país são tão grandes que a investigação do acidente jamais chega às pessoas e às instituições. Daí a ausência da pergunta, sobretudo no caso das Bolsas, "a quem isso interessa?", ou "quem é o responsável?".

No caso brasileiro, fazemos quase o justo oposto e, diante de qualquer infortúnio, partimos para as acusações pessoais. Nosso primeiro suspeito ou culpado – claro está – é sempre o "governo", o lado humano e pessoalizado do Estado e da administração do país.

Nos Estados Unidos, o sucesso do sistema tende a naturalizá-lo e a vê-lo como algo imutável, que opera por si mesmo, sem interferências pessoais porque é perfeito. A surpresa americana é quando se descobre o erro humano e, pior, a má-fé social por trás do acidente.

No nosso caso, o narcisismo às avessas promove uma exagerada humanização da natureza. Não conseguimos separar o aleatório e o acidental das intenções, motivos e interesses de partidos, de pessoas e do governo. Nossa visão de que o governo é culpado de tudo revela o desejo de uma administração forte e onipotente. No Brasil, a decepção chega quando nos damos conta que a administração pública precisa de muita cobrança, mas também da confiança da sociedade. Pois, como revelam os acidentes, nem mesmo o governo sabe e pode tudo.

O "VOCÊ SABE COM QUEM ESTÁ FALANDO?" NO BRASIL E NOS ESTADOS UNIDOS

Em meu livro *Carnavais, malandros e heróis* estudei detalhadamente essa expressão brasileira, tomando-a como um ritual autoritário no qual uma pessoa se revelava como um ser social distinto, com o direito de demandar um tratamento especial e diferenciado.

Investigando as ocorrências deste antipático cerimonial, descobri que o uso do "sabe com quem está falando?" estava ligado a situações públicas gerenciadas por regras gerais ou universais válidas para todos. Assim, era justamente diante de um "é proibido estacionar" ou de uma fila que algumas pessoas bradavam o grito de distinção que as diferenciava das outras. Seus sentimentos de superioridade faziam com que elas reagissem contra a autoridade destinada ao cumprimento da igualdade ou contra a própria instituição pela apresentação súbita de uma identidade social que nada tinha a ver com o contexto, mas que, para elas, era capaz de restabelecer sua superioridade social. Em sociedades onde a desigualdade é tida como "natural", a cidadania passa pela diferença entre ser "alguém" ou "ninguém", o que no passado recente ligava-se à escravidão.

É central e significativo observar que, no "sabe com quem está falando?", seja invocada uma relação de parentesco ou amizade contra a norma universal. Desta forma, aquilo que seria proibido para todos deixa de ser cumprido pela mulher do ministro, pelo filho do governador ou pela cunhada do chefe. O que desvenda os ossos de um sistema hierárquico, avesso às práticas e consequências do igualitarismo, numa clara demonstração de como, no Brasil, aceitou-se o liberalismo como mercado e liberdade, mas tentou-se restringir o seu lado igualitário e nivelador.

O brasileiríssimo "sabe com quem está falando?" é, assim, um exemplo claro de como as relações pessoais são importantes e como a esfera da "casa" domestica as normas públicas, vigentes no mundo da "rua". Ele indica também como casa e rua estão em equilíbrio e são complementares no caso brasileiro.

Nos Estados Unidos, onde a "casa" foi englobada pela "rua", tudo se passa de outro modo. No sistema americano, permeado pelo credo igualitário, as diferenças sociais são escondidas e as práticas hierárquicas, reprimidas. Os nomes e os cofres de família não são jamais mencionados, e nas arenas públicas, os clubes, as associações e a exclusão por meio do convite distinguem os especiais dos John Does. De qualquer modo, na América, os ricos e os poderosos são eufemisticamente chamados de *celebrities* e de *very important person*, VIP...

Com isso, as tentativas de usar distinções pessoais contra normas universais em público resultam em fracassos tragicômicos como o que recebi pela internet e transcrevo a seguir:

"Um voo lotado foi cancelado devido a problemas mecânicos. Como sempre acontece, uma funcionária ficou incumbida da complicada tarefa de resolver os problemas de uma multidão de passageiros aborrecidos e frustrados.

"Subitamente, um passageiro mal-educado empurrou todo mundo, abrindo caminho para a frente da fila. Defronte da funcionária, ele bateu com seu bilhete no balcão e disse em voz alta: 'Tenho que embarcar nesse voo e vai ser na primeira classe!' A moça que o atendia replicou: 'Sinto muito, senhor. Ficarei feliz em atendê-lo, mas primeiro tenho que ajudar essas pessoas, seu problema será logo resolvido.'

"Nada impressionado, o passageiro perguntou em voz alta, de modo a ser ouvido por todos: 'Você tem alguma ideia de quem eu sou?!'

"Sem hesitação, a funcionária pegou o alto-falante e transmitiu a seguinte mensagem: 'Atenção, por favor', começou ela, sua voz ecoando pelos corredores do aeroporto, 'temos um passageiro aqui que *não sabe quem ele é*. Se alguém puder ajudá-lo a encontrar sua identidade, por favor apresente-se no balcão do portão 17.'

Com as pessoas rindo histericamente, o homem olhou para a moça, rangeu os dentes e xingou: 'Vá se f...' Sem piscar um olho, a funcionária sorriu e disse: 'Eu sinto muito, senhor, mas o senhor vai ter que entrar na fila para fazer isso também.'

"O homem saiu de cena, enquanto a pequena multidão aplaudia."

O PAPEL DA AUTOESTIMA AQUI E LÁ

Ano passado, quando o Brasil fazia 500 anos de "descobrimento", muita gente boa e ruim, culta e analfa, burra e inteligente, de esquerda e de direita, surpreendentemente, perguntou: mas o que comemorar?

A negatividade e a agressividade da pergunta implicava não apenas a redefinição crítica das festividades, lidas como ingênuas e burguesas, mas reiterava uma tradicional visão negativa do Brasil pelos brasileiros. No fundo, a pergunta questionava se efetivamente a sociedade brasileira tinha realizado algo positivo para ser comemorado, o que deixava no ar a ideia absurda, mas – enfatizo – corrente de que o Brasil era (e continua a ser) uma coletividade sem ter coisa alguma para ser louvada, lembrada ou comemorada.

Que contraste isso faz com a atitude americana diante de suas datas coletivas, quando eles abraçam com peito aberto os seus valores e instituições e, sem o menor rubor, dizem que tudo o que é deles é, no mínimo, o melhor do mundo.

Dir-se-ia que tais posturas – a pessimista e flagelatória, vigente no Brasil, e a otimista e autolaudatória, típica dos Estados Unidos – teriam a ver com o sucesso ou fracasso relativo de cada um desses países. Mas o dado cultural interessante é que se olharmos a história americana, com sua guerra de independência, sua trágica guerra civil, seu extermínio das populações indígenas, suas agressivas políticas de anexação e seus ódios raciais, vemos que, em termos de eventos, o que ali ocorreu justifica tanto ou mais pessimismo quanto a história do Brasil. O rol de episódios negativos é tão grande que rapidamente concluímos que a questão não tem nada a ver com coisas concretas – com o que teria "realmente" ocorrido –, mas diz respeito a algo muito mais importante: ao modo pelo qual americanos e brasileiros interpretam e assim valorizam positivamente (ou negativamente) os acontecimentos que fazem parte de suas sociedades.

O que é recorrente no caso americano, um país marcado por conflitos e lutas internas, não é apenas a violência, mas a maneira pela qual as tragédias (dos linchamentos de negros aos assassinatos de presidentes) são medidas e pesadas como lições e exemplos a serem reparados ou corrigidos. Nos Estados Unidos, os eventos mais injustos ou dramáticos invariavelmente reafirmam o poder das instituições e dos valores americanos.

No caso brasileiro, o que ocorre é justo o oposto. Entre nós, as interpretações são sempre negativas. Como se fosse realmente complicado, se não impossível, encontrar algo bom (ou ao menos positivo) no emaranhado institucional e humano que faz parte da história brasileira.

Seria isso uma decorrência do fato de que os Estados Unidos se ordenam de modo mais institucional e menos personalisticamente do que nós? Sem dúvida. Uma sociedade mais personalista e carismática mede seu sucesso pela biografia de pessoas, sendo muito mais afetada pelos altos e baixos de suas elites do que por um sistema fortemente institucionalizado e baseado em regras impessoais, como é o caso dos Estados Unidos. Na América, um presidente corrupto revela um homem ruim. Tira-se o homem e salva-se a Presidência, que continua sendo o melhor modo de governo. No Brasil, um presidente corrupto conduz a uma crítica radical a todo sistema de governo, começando naturalmente pela Presidência que, no nosso caso, é imediatamente contaminada pela biografia do presidente que a ocupava.

Com isso, os americanos localizam seus problemas, regionalizando soluções e isolando críticas. Um crime em Nova York diz respeito somente àquela cidade.

No Brasil, ao contrário, uma organização hierárquica e personalista da sociedade verticaliza o sistema, conduzindo sempre e invariavelmente para o centro. O resultado é que tudo é imediatamente interpretado nacionalmente, com as devidas responsabilidades sendo atribuídas a quem, entre nós, deve ser o salvador da pátria: o presidente da República. Nos Estados Unidos, a alta institucionalização conduz às interpretações regionalizantes, que localizam as questões e salvaguardam o sistema. No Brasil, leituras personalistas generalizam os problemas e sempre colocam o sistema em xeque. Não deve ser novidade, portanto, que o narcisismo às avessas que pergunta "o que comemorar?" seja uma característica brasileira...

PROCURANDO A RECESSÃO AMERICANA

Chego aos Estados Unidos em busca dos sinais sociais da recessão que a imprensa anuncia entre o estardalhaço, no melhor estilo ("eu bem que avisei..."), e o prazer ("agora é a vez dos gringos"), e o que eu encontro é um desaforado (eu quase digo descarado) otimismo.

Para profunda decepção do meu lado brasileiro – alarmista, catastrófico e fracasso-maníaco, que gosta de ver a casa cair, a bomba estourar, a vaca ir pro brejo, o bicho pegar, a onça beber água, a merda feder e o circo pegar fogo –, encontro, já no aeroporto, multidões de gordinhos nada solitários que, alheios a todo o mal deste mundo, continuam tomando seus imensos sorvetes, comendo seus paquidérmicos sanduíches e usando como nunca todo tipo de dinheiro.

Na Universidade de Notre Dame, neste comecinho de ano letivo, revejo colegas que falam de tudo, menos de recessão. Até mesmo os democratas mais convictos (e eles são legião nos *campi* americanos) criticam o governo Bush, avaliam suas tendências francamente retrógradas, falam de sua ignorância em relação ao mundo e, muito especialmente, à América Latina, mas não fazem nenhuma observação trágica. Acostumados a reveses e a riscos, os americanos não culpam o governo por terem investido na Bolsa de Valores por vontade própria com o intuito de ganhar (ou perder, como é o caso agora) dinheiro. Aqui o governo não é o salvador dos ricos, dos pobres, nem da pátria. O outro lado da autonomia individual (dimensão crítica daquilo que chamamos de liberdade de ir, vir, subir, descer, fazer ou ficar parado) é constituído pela responsabilidade pessoal. Eles sabem disso e não sou eu quem vai ensinar padre-nosso a vigário...

Depois de quatro meses assistindo ao fim do mundo no Brasil – a crise de energia era a ponta do iceberg de uma crise moral que engolfava o país, tudo por causa do mercado, do neoliberalismo, da estabilidade monetária e de um governo realmente aberto a devassas e investigações, o que, entre nós, assombrem-se!, é lido como algo negativo –, encontro aqui um monte de gente mais preocupada em dar conta do seu recado (no caso em consideração, em cuidar de suas aulas, em arrumar seus escritórios – alienados! Gritam dentro de mim...) do que em ficar pelos corredores praticando o nobre esporte nacional de falar mal do Brasil, naquilo que significativamente chamamos de "fazer política".

Essa atitude discreta e positiva é, para mim, mais um testemunho de como os Estados Unidos se transformam em América. Pois se os Estados Unidos são um Estado nacional, a América é, como a Passárgada e o Nirvana, um espaço inacabado. E se os Estados Unidos podem ir de mal a pior, a América vai sempre bem. O primeiro espaço é tocado à Bolsa de Valores, forças armadas, império, fronteira, exploração econômica e mercado, mas o segundo vive de crenças em coisas simples: aquelas coisas que pavimentaram o chão dos que "fizeram a América", aqui encontrando respeito, liberdade, riqueza, tranquilidade, o direito de rezar em paz e sobretudo a igualdade perante a lei e as instituições.

De fato, os Estados Unidos se transformam em América quando se fala em igualdade e em equidade, em trabalho e em mudança. Sobretudo em mudança. Daí, talvez essa atitude de aceitação dos movimentos de sua economia com mais realismo e paciência do que ocorre neste nosso Brasil onde o fim do mundo está em quase todas as casas, em todas as ruas e, pior que isso, é um fantasma que ninguém – sobretudo a elite – quer exorcizar.

Ando, pois, desconsolado. Busco uma recessão que existe nos noticiários, mas que está ausente nas pessoas. Esperava encontrar desespero e tragédia, e dou de cara com velhas rotinas e hábitos bem estabelecidos. Preciso depressa de uma lanterna para encontrar quem expresse aqueles sentimentos tão nossos conhecidos de desprezo pelo próprio país.

MODERNIDADE E CATASTROFILIA

Qual a relação entre modernidade e catástrofe (definida pelo dicionário como um acontecimento súbito de consequências trágicas e calamitosas)? Algo que sempre conduz suas atordoadas testemunhas a nela verem um sinal de consumação dos tempos ou de arremate de algum acontecimento histórico, como o final de uma era ou civilização.

A pergunta tem cabimento na medida em que um dos países centrais do planeta – os Estados Unidos – é o epicentro de um evento desse tipo (o 11 de setembro) e hoje observam, perplexos, seu desenrolar e suas mais terríveis consequências. Ela também tem importância na medida em que vários cronistas, tanto no exterior quanto no Brasil, lembraram a série de filmes baseados em eventos catastróficos como um sinal de duplo sentido. De um lado, como sinalização do mal-estar da modernidade; do outro, como indicadores de uma irresistível atração da "cultura americana" pelo fim do mundo. Uma perversão capitalista e estadunidense que cumpria desmascarar. Neste último sentido, filmes como *Independence Day* simplesmente reiteram um desejo secreto e inconsciente de apocalipse que para esses entendidos estava inscrito na índole e no quadro de valores que balizam a ideologia americana.

Mais uma vez eu vejo nesse viés interpretativo a projeção do Brasil nos Estados Unidos. Nossa atração pelo holocausto, pelo fim do mundo e, naturalmente, pelos remédios que devemos tomar para iniciar os novos tempos nos faz ler o ataque terrorista e suas consequências, como o episódio real antecipado e intensamente desejado pela pletora de dramas preparatórios já fabricados por Hollywood. Os filmes seriam as prévias virtuais, os ataques dos aviões e dos germes, a dura realidade que personifica a potência punitiva destes Estados Unidos lidos pelo prisma de um radicalismo islâmico surpreendentemente muito vivo no Brasil: a América como o Satã da história contemporânea.

Mas quem identifica os Estados Unidos com a catástrofe certamente se esquece da afinidade entre sociedade de massa e os grandes acidentes. Eventos negativos que vão dos danos indesejáveis e não esperados – como os grandes incêndios, terremotos, furacões e desastres (quem não se lembra imediatamente do *Titanic*, que tem, de fato, o seu acidente inesquecível?) – a episódios esperados (e até mesmo desejados por boa parte da opinião pública mal e bem-pensante), como a Primeira e Segunda Guerra Mundiais, as revoluções soviética, chinesa, cubana, a ascensão do nazismo, o golpe militar brasileiro de 1964 etc.

Numa sociedade que reúne num jogo de futebol ou num show milhares de pessoas, qualquer desarranjo tem consequências catastróficas. E isso vai da inflação (que vencemos) ao apagão (contra o qual estamos lutando).

O fato é que faz parte da ordem mundial moderna esse picotar de eventos planejados (como o Carnaval e o Ano-Novo) ou não (os acidentes e catástrofes) que conduzem a uma curiosa dialética. Por meio deles vivemos tanto a experiência da pulverização e da indiferença (como o acidente com o Concorde e os furacões, secas e terremotos) quanto uma centralização, quando um acontecimento, em virtude de sua extrema gravidade e anormalidade, monopoliza a nossa imaginação e nos leva a buscar por todos os meios intelectuais e materiais que temos a nosso dispor a sua causa.

Os filmes catastróficos, com a nobre e rara exceção do excepcional *Dr. Fantástico* de Kubrick, curiosamente esquecido pelos escribas de plantão, no qual o fim do filme coincide com o do mundo, vão além do desejo apocalíptico. De fato, sua leitura mais profunda indica precisamente o oposto, pois no desenrolar da narrativa a ameaça terrível e cósmica (o meteorito ou o tubarão invencíveis) será devidamente domada ou destruída pelo herói. Aquele herói tipicamente americano que, solitário, misógino, durão e dotado de qualidades excepcionais – um superindividualista que por princípio decidiu renunciar às coisas do mundo, sendo mais duro do que o aço.

O verdadeiro drama desses filmes, portanto, não é o fim do mundo, mas – como gostam os americanos – o começo de uma nova cidade sobre uma colina, uma New-New Jerusalém, agora assentada em cima do total controle sobre a natureza, como, aliás, antecipava o grande Melville em *Moby Dick*. Longe, pois, de serem sintomas de apocalipse, esses filmes todos são revelações de que o novo inimigo americano não é mais outro Estado nacional ou mesmo civilização.

Vencido o comunismo, o superestado liberal tem que se haver com desarranjos cósmicos e espaciais. Agora, o seu adversário não é mais um mortal líder soviético dotado de personalidade, país e intenção, mas é essa tenebrosa indiferença aos valores humanos dos acontecimentos engendrados pela natureza bruta. Nosso inferno não é mais comandado pelo Diabo, mas pela brutal impessoalidade encarnada pelos radicais de plantão.

QUEM NÃO É MULATO?

No momento em que a nossa América (a "latina") redescobre, como mostram os episódios políticos da Venezuela, sua vocação autoritária e golpista, cabe refletir sobre as dimensões culturais que levam a essas "soluções".

No plano sociológico, o golpismo pode ser visto como uma conjugação perversa de personalismo com legalismo. Tanto que são rápidas, para não dizer imediatas, as medidas "jurídicas" que, minutos após tais destituições presidenciais, legitimam os "poderes" do novo chefe de Estado. Na América Latina, o "povo" padece para conseguir do governo a execução de medidas a que tem direito líquido e certo (digamos, para ficarmos num assunto em moda no estado do Rio de Janeiro, a aposentadoria), ao passo que mudanças no supremo comando da nação são realizadas em questão de minutos.

Essa conjugação de personalismo (com o familismo e o clientelismo que dele fazem parte) com legalismo e constitucionalismo forma o que tenho chamado de "mulatismo político". Uma forma de hibridismo que muitos, inocentemente ou não, sugerem que seja uma decorrência da tal mistura de raças que teria feito muito bem à nossa sociedade.

No plano cultural, o hibridismo tem sido tratado com doses quase infantis de inocência. Nestor García Cancline, no seu livro famoso e brilhante, *Culturas híbridas*, redescobre a mestiçagem como um evento e uma estrutura com grande força no mundo moderno ou pós-moderno. Na sua tese, o hibridismo seria uma nova forma de ordenamento da vida social, uma lógica inescapável num universo globalizado e dominado por uma intensa comunicabilidade internacional e intercultural.

A tese seria totalmente original, caso o antropólogo Ralph Linton não tivesse, em 1936, no livro *Um estudo do homem*, explicitado o mesmo pensamento ao dramatizar com grande ironia a "pureza" que, naquele momento de ascensão dos racismos, do "nazifascismo" e dos stalinismos, surgia como um dogma a ser seguido a qualquer preço.

O ponto básico de Ralph Linton, professor na Universidade de Colúmbia, em Nova York, era a impossibilidade de existência de qualquer sociedade baseada num total isolamento. Se as sociedades humanas revelavam uma tediosa repetição institucional, todas mostravam um intenso contato umas com as outras. De tal modo que a "difusão cultural" seria não só responsável pelas inovações, mas o ponto crítico da história da humanidade.

Para nós que vivemos num universo trivializado por objetos vindos de todo o mundo, a tese não requer demonstração. Mas, numa época em que o chamado "mundo civilizado" estava fascinado com a tal "pureza racial" e institucional (marcada pelo nacionalismo nazifascista), o que Linton escreveu causou impacto.

Eis, com poucas modificações, o seu texto, publicado num livro famoso, *Um estudo do homem*, e na revista *Seleções do Reader's Digest*:

> Um americano comum desperta num leito construído segundo o padrão originário do Oriente Próximo, sai de cobertas feitas de algodão, planta domesticada na Índia (...), usa mocassins inventados pelos índios das florestas do Leste dos Estados Unidos e entra no quarto de banho cujos aparelhos são uma mistura de invenções europeias e norte-americanas (...). A caminho para o *breakfast*, ele compra um jornal, pagando-o com moedas, invenção da Líbia antiga. No restaurante, toda uma série de elementos tomados de empréstimo o espera. Seu prato é feito de uma espécie de cerâmica inventada na China; a faca de aço (liga fabricada pela primeira vez na Índia do Sul) e o garfo, inventado na Itália medieval, são do Mediterrâneo. Come um melão da Pérsia e uma melancia africana, e toma café, planta da Abissínia (...). Acabando de co-

mer, o americano fuma, fazendo uso de um hábito dos indígenas das Américas. Depois ele lê notícias do dia, impressas em caracteres criados pelos antigos semitas, em material inventado na China e impresso por um processo descoberto na Alemanha. Ao inteirar-se das narrativas dos problemas estrangeiros, se for um bom cidadão – conclui um Linton irônico e relativizador –, agradecerá a uma divindade hebraica, numa língua indo-europeia, o fato de ser cem por cento americano.

Ou seja: somos todos um somatório de trocas e contatos – psicológicos, físicos, sociais, culturais etc. – que se fazem em vários níveis e com graus variados de consciência.

Somos todos *mulatos culturais*. Aliás, não seria exagero dizer que a busca da pureza é um dado a mais a remarcar essa verdade humana fundamental: o fato de que são raros os grupos efetivamente isolados e que o isolamento é sempre relativo.

No plano político, como estamos fartos de saber, a questão não é o hibridismo social e institucional: copiar e adotar coisas boas é ótimo. O problema é a tentativa de separar o objeto importado de suas consequências. Uma torradeira não opera sem eletricidade. Do mesmo modo, é impossível (sob pena de ser autoritário) adotar a igualdade continuando com as práticas racistas, familiaristas e machistas. É bom importar a ideia de ética no governo. Mas é obviamente imoral falar em democracia pensando que se pode governar sem ética, querendo que a justiça seja feita apenas para o cidadão comum e não para quem governa.

O SIMBOLISMO DOS BICHOS NO BRASIL E NOS ESTADOS UNIDOS

Americanos e brasileiros gostam de bichos, defendem e protegem espécies ameaçadas de extinção e deleitam-se com animais de estimação que enriquecem sua vida social. E, no entanto, o modo como os animais são encarados, e a posição que ocupam em cada uma dessas sociedades, constitui uma das maiores diferenças entre Brasil e Estados Unidos.

No Brasil moderno, excetuando o jogo do bicho e as anedotas, os animais sumiram do imaginário popular. Nos Estados Unidos, porém, animais de todo tipo têm uma fortíssima presença em todos os espaços sociais. Dos lares aos zoológicos e parques nacionais, da mídia à cosmologia, surgem bichos que são tratados com amor e respeito invejáveis e como heróis e atores de dramas e mitos que o gênio de Walt Disney, entre outros, incrementou a partir da segunda metade do século XX.

Mickey Mouse, Pato Donald, Pluto, Tom & Jerry, Lassie, Silver, Gato Felix, Pernalonga e muitos outros são estrelas maiores deste universo simbólico no qual animais são usados como emblemas (ou "totens") para acentuar comportamentos e criar identidades de grupos sociais específicos, inclusive a identidade nacional, personificada numa poderosa e ameaçadora águia careca.

Coerentemente com isso, animais são usados como emblemas das unidades da Federação – o pica-pau-amarelo representa o Alabama, o cardeal, Indiana etc. –, dos times profissionais de beisebol, basquetebol e futebol – associados a tigres (Detroit Tigers), cardeais (St. Louis Cardinals), gaviões (Atlanta Hawks), touros (Chicago Bulls), peixes (Los Angeles Lakers), cavalos selvagens (Denver Broncos, Indianapolis Colts), ursos (Chicago Bears), águias (Philadelphia Eagles), leões (Detroit Lions) e golfinhos (Miami Dolphins), para não falar dos partidos políticos, republicano e democrata representados, respectivamente, pelo elefante e pelo jumento, e dos jogadores da Bolsa de Valores que podem ser investidores malandros – *bulls* – ou patetas – *bears*.

No Brasil, tudo se passa ao contrário. Primeiro porque *pets* e outros animais são antes de tudo "bichos". Isto é, são entidades vivas que operam na sociedade, mas que têm origem e destino fora do universo humano. Entre nós, os animais que a indústria cultural americana aprisionou no doce imperialismo de suas "Disney Worlds" sobreviveram apenas no jogo do bicho, uma elaborada e ilegal loteria popular na qual 25 deles se ligam a 25 números e mobiliza centenas de milhares de pessoas.

Relações entre números e animais do jogo do bicho brasileiro

1 = Avestruz
2 = Águia
3 = Burro
4 = Borboleta
5 = Cachorro
6 = Cabra
7 = Carneiro
8 = Camelo
9 = Cobra
10 = Coelho
11 = Cavalo
12 = Elefante
13 = Galo
14 = Gato
15 = Jacaré
16 = Leão
17 = Macaco
18 = Porco
19 = Pavão
20 = Peru
21 = Touro
22 = Tigre
23 = Urso
24 = Veado
25 = Vaca

Nesta loteria, os animais aparecem em sonhos e abrem aos jogadores a esperança de mudar de posição social num jogo de azar que não demanda ir a um cassino, prado ou clube e cujas apostas podem oscilar entre alguns tostões e milhares de reais.

O que está por trás desses modos de relacionamento com os animais que, de um lado, inventam um jogo de azar e, do outro, celebridades como Rin-Tin-Tin, Lassie e Silver?

No livro *Águias, burros e borboletas*, escrito com Elena Soárez, respondemos a essa importante questão, dizendo que nos Estados Unidos os animais são integrados na sociedade americana como cidadãos, ao passo que no Brasil eles estão numa posição ambígua, situados que são dentro e fora do sistema simultaneamente. Lembramos que até 1888 o Brasil foi uma sociedade escravocrata com poucas máquinas e animais de carga porque os negros os substituíam. Nesse Brasil híbrido, que juntava igualdade e dinamismo capitalista com hierarquia e gestos aristocráticos, os animais e os seus congêneres simbólicos – escravos, criados, índios, certos estrangeiros, mulheres etc. – eram postos numa hierarquia, ficando dentro e fora do sistema social. Eles seriam bons para jogar porque guardam elos ambíguos com a sociedade, algo, aliás, coerente numa sociedade com renda concentrada e com uma visão negativa do trabalho como instrumento de enriquecimento.

Mas nos Estados Unidos dos livres e iguais, os animais fazem parte do sistema. Ali, Mickey Mouse e Pato Donald são tão americanos como qualquer um de nós, pagando seus impostos, obedecendo aos sinais de trânsito e sendo tratados como iguais... Só um sistema crente na igualdade poderia incorporar seus bichos de modo cívico e democrático, dando-lhes – como fez Disney – voz, roupas, objetos, direitos e, *last but not least*, dinheiro e propriedade.

DOIS CERIMONIAIS E UMA VIDA

Na semana passada, fui a Brasília participar de um encontro organizado pelo Ministério da Cultura. O objetivo da reunião, que convocava representantes de alguns dos centros de "estudos brasileiros" mais importantes da Inglaterra e dos Estados Unidos, era realizar um balanço do que foi feito desde que o ministro Francisco Weffort resolveu, num esforço conjunto com a embaixada brasileira em Washington, enfatizar a área de "estudos brasileiros" no âmbito de algumas das mais importantes universidades anglo-americanas.

Com isso, distingue-se os estudos "latino-americanos" dos brasileiros, uma separação fundamental porque no meio acadêmico americano confunde-se países de tradição histórica espanhola e portuguesa. Não é por acaso que até hoje os americanos pensem que Buenos Aires é a capital do Brasil...

Cabe a nós fazermos com que a área de "estudos brasileiros" seja diferenciada no exterior e, como não são os americanos que vão fazer isso, a iniciativa deve ser nossa. Daí a importância do financiamento de um conjunto de "cadeiras" destinadas ao estudo do Brasil em grandes universidades das Américas, como é o caso da cátedra Florestan Fernandes do Colégio do México, tão bem administrada pelo professor Guillermo Palácios.

Falar em Brasil para pessoas que nada sabem do nosso país exige conhecimento e capacidade para contextualizar costumes e práticas sociais diferentes e, muitas vezes, contrárias aos ouvintes e alunos. Como fazer com que universitários ou empresários americanos, criados no mais tradicional ambiente puritano, onde tudo é preto ou branco e no qual as situações sociais são decididas pelo "sim" ou pelo "não" possam entender a nossa lógica do "mais ou menos"? Ou o nosso sistema de classificação racial que – não obstante o preconceito – valoriza o encontro, a ambiguidade e o hibridismo? Como fazê-los compreender um Machado de Assis de *A igreja do Diabo*, onde o Demo descobre que os homens são sempre ingratos e, como os brasileiros, gostam de fazer tudo ao contrário? De que modo interpretar imagens como a de uma "terceira margem do rio", de Guimarães Rosa? E uma heroína como dona Flor, que decide escolher "não escolher" e resolve "ficar" com Vadinho e o dr. Teodoro, com um malandro e um otário, com um morto e um vivo, com o espírito e a matéria? Como, finalmente, fazer o público e a meninada universitária, a elite dos Estados Unidos, entender uma sociedade simultaneamente fascinada pelo Carnaval e pelos comícios e passeatas que hoje estão tomando o lugar das paradas militares? Um povo igualmente convertido e fascinado pelo exercício da mais destemida liberdade e do mais fechado determinismo?

Se compreender o outro é básico para melhorar o mundo, isso passa pelo registro político e econômico e muito mais pelo filtro da sociedade, dos seus valores e rituais.

Vale, pois, observar que a importante iniciativa reunindo estudiosos de Brasil rebateu-se num ritual digno de nota: a entrega da Ordem do Mérito Cultural a personalidades negras de destaque no cenário brasileiro, focalizando os grandes criadores no âmbito da música popular e do Carnaval.

Se havia pioneirismo no empreendimento de incrementar estudos brasileiros nos Estados Unidos, sem que isso fosse uma iniciativa dos americanos, houve muita criatividade quando o governo decidiu pela primeira vez agraciar três escolas de samba com medalhas do Mérito da Cultura, reconhecendo o seu papel como fontes da integração social brasileira. Pois, como tanto o ministro quanto o presidente acentuaram em suas falas, o que seria de nossa dinâmica social sem essa integração que passa pela música e pelo encontro carnavalesco e religioso, uma confluência na qual se suspendem temporariamente as oposições engendradas pela ordem social capitalista e burguesa?

Dois cerimoniais e uma vida

Foi assim que vi, entre curioso e emocionado, a cerimônia de entrega das medalhas no Palácio do Planalto, quando um "cartesiano", Fernando Henrique Cardoso, beijou reverentemente as bandeiras das escolas de samba, num gesto que era a própria metáfora das relações entre brancos e negros no Brasil.

Essa temporária e brevíssima carnavalização do Planalto pelos sambistas ensejou ao sociólogo-presidente uma boa incursão na cosmologia do candomblé, quando enfatizou que, nessa religião marcada por um relativismo tão familiar aos brasileiros, o bem e o mal não são essencializados, mas definidos por relações e contextos. Algo presente em todas as religiões, mas que a doutrinação moderna minimizou e obscureceu no catolicismo e, sobretudo, no protestantismo e no calvinismo.

Foi formidável presenciar esse ritual de reconhecimento dos sambistas e do Carnaval e, mais ainda, ser recebido no Palácio do Itamaraty pelo ministro Celso Lafer e, na ocasião, ser agraciado em gesto fraterno com a medalha da Ordem de Rio Branco, o que fazia com que eu meditasse sobre a lógica das coincidências felizes. Esses eventos que fizeram um dos primeiros a levar o Carnaval a sério nos estudos sociológicos presenciar, de um lado, o reconhecimento do Carnaval pelo Governo Federal e, do outro, receber uma comenda em ritual singelo e amigo, tendo por padrinho o bronze da generosidade.

FOOTBALL E FUTEBOL

O desapontamento com as sucessivas derrotas do selecionado nacional brasileiro de futebol leva-me ao tema do esporte nos Estados Unidos e no Brasil. Quero comparar o nosso futebol – que pode ser malandra e humildemente jogado de pé no chão e com bola de meia – com o *American football*, que faz com que seus jogadores pareçam astronautas, joga-se – haja imaginação – com as mãos! – e cuja bola é um ovo. No caso do futebol, ganha-se a partida enfiando-se a bola num espaço sagrado, demarcado por três paus emoldurados por uma rede (onde se pegam peixes e borboletas). No caso americano, os times não se misturam e a partida, como as guerras modernas, é ganha pelo número de jardas conquistadas no campo (ou na propriedade) do inimigo.

É curioso que esse jogo tenha engendrado três modalidades esportivas modernas: o futebol, o rúgbi e o *American football*. Sua diferença mais patente diz respeito ao uso das mãos que no rúgbi e no futebol americano, são parte estrutural do jogo, mas que viram tabu no caso do futebol. No futebol americano (e no rúgbi), as mãos são usadas não apenas para passar a bola ou bloqueá-la, mas também para impedir a progressão dos adversários. Esse uso da mão possibilita dramatizar a violência por meio do confronto físico direto, quando um adversário agarra ou segura o outro, algo ausente da variante futebolística que se tornou esporte nacional no Brasil.

Uma consequência do uso das mãos é que o *American football* e o rúgbi facultam dimensões muito apreciadas pelas sociedades anglo-saxãs: altos números, a ênfase nas jogadas táticas, onde se pode obter alta precisão e previsibilidade, além da especialização física. No caso do futebol isso está relativamente ausente e, como se joga com o pé, fica-se sempre à mercê dos erros e de uma razoável taxa de incerteza.

No fundo, todos esses "futebóis" são filhos da mentalidade individualista moderna que regulou o conflito político e social por meio de leis universais, válidas para todos. Deste ponto de vista, esses esportes dramatizam temas básicos de um sistema obcecado com normas e com o respeito às leis pelos disputantes que, embora tenham como alvo vencer a partida, só podem fazê-lo usando os recursos que o jogo lhes faculta. O pacto com normas que são conhecidas de todos faz com que o conflito deixe de ser um assunto pessoal a ser resolvido na base do conchavo ou da violência e se transforme em competição justa: num campeonato onde todos os insultos são englobados pela competição lida pelo seu lado positivo.

Mas por que o cenário mítico social brasileiro é tão vivamente marcado por um futebol que exclui as mãos, e os Estados Unidos dão preferência a uma variante futebolística que é o seu justo oposto?

Tenho enfrentado essa questão, indicando que no futebol o pé os obriga ao uso de todo o corpo, complicando exatidões táticas e outras especializações, tão a gosto da índole americana. Ademais, esse tipo de futebol não se demarca territorialmente, sendo um esporte baseado na continuidade das jogadas e não na lógica dos começos sistemáticos (e ritualizados) que tipificam os jogos marcados com as mãos que, como os parlamentos, operam depois que um dos membros faz um discurso, como que jogando a bola na quadra adversária e abrindo a partida.

A ênfase na mão que simboliza o que está acima da cintura (esse equador simbólico do mundo ocidental) e tem ligação com a razão, a humanização e com a civilidade, acentua uma índole social preocupada com o controle e com a disciplina. O conflito do *football* representa não só a luta contra o inimigo que tenta penetrar no nosso país, mas também a batalha da mente contra o corpo. Nada melhor do que as mãos que escrevem, são o símbolo máximo da racionalidade e se polarizam em "direita" e "esquerda" para simbolizar esse lado superior e nobre da vida social. E nada mais sintomático do que um esporte praticado com os pés para significar uma sociedade muito mais preocupada com a terra e com o conflito entre planejamento, destino e liberdade individual. Um futebol que mistura corpos põe o território em plano secundário e multiplica as possibilidades de erro.

Neste sentido, a escolha pelos Estados Unidos de um paradoxal futebol manual estaria associada ao ideal do conflito pactuado e do combate territorial teoricamente justo. Nesta modalidade esportiva, a luta entre opressores e oprimidos se rebate numa guerra territorial. Já o sucesso do futebol no Brasil teria como centro essa valorização do corpo, única propriedade universal numa sociedade marcada pela escravidão e pela hierarquia. Com isso, o "futibol" seria uma metáfora da própria vida, com suas imprevisibilidades, injustiças, malandragens e ascensões sociais agudas, dramatizando menos que uma guerra entre iguais, a dura luta entre fracos e fortes, superiores e inferiores, ricos e pobres, oprimidos e opressores.

O QUE HÁ DE NOVO NO ANO VELHO E DE VELHO NO ANO NOVO?

A leitura ou a audição do último jornal falado, escrito ou televisivo do ano, com a qual oficialmente liquidamos o calendário, ajuda a responder ao paradoxo da pergunta.

O que há de novo no ano velho e de velho no ano novo é a nossa incrível capacidade de fazer (para depois descobrir) previsões erradas. A nossa constatação transitória e quase comemorativa, sem nenhuma dúvida ritualizada, é que ninguém – nem os economistas, nem os governantes, nem os sábios – sabia tudo o que vivemos no ano que passou.

Essa constatação da impotência informativa abre um abismo. Se durante o ano a mídia tudo sabia e não se cansava de anunciar para onde íamos e de onde estávamos vindo, hoje, neste limiar de 2002, essa mesma indústria de novidades, fórmulas e rumos admite humildemente – mas transpirando decepção – que o ano passado foi tão inesperado quanto uma loteria.

Apesar de nossos olhos de águia, é impossível antecipá-lo, dizem as manchetes que inauguram 2002, como que exorcizando o maior inimigo da mentalidade moderna: a imprevisibilidade. Esse hóspede não convidado de um universo social obcecado pelas certezas, cenários, planejamentos, controles, quantidades, índices e "futuros", mas que, mesmo assim, continua a parir contingência e probabilidade – fatos inusitados e eventos não previstos.

O século XXI, que deveria consagrar uma era serenamente dominada pela ciência, pela previsibilidade e pelo mais completo controle da natureza, foi inaugurado com um evento político-religioso intrigante, desafiador e hiperdestrutivo. Um 11 de setembro que nos obrigou a tomar conhecimento da nossa ignorância dos processos sociais e, ao lado disso, do poder da ideologia nas nossas vidas. O contraste entre as promessas da onipotência tecnológica e um radicalismo religioso alucinado (mas muito nosso conhecido) nos pegou de supetão e nos conduziu a vertigens especulativas.

Vivendo dentro de um sistema cultural convencido de que a passagem do tempo determina progresso, os acontecimentos de 2001 revelam uma decepcionante e brutal contradição. Refiro-me ao fato de que o século XXI não será aquela era de progresso uniforme e linear, como imaginavam os grandes sábios que moldaram a nossa inteligência, gente como Tylor, Darwin, Frazer, Marx e outros crentes no poder da racionalidade e do intelecto. Para eles, a ciência e a tecnologia iriam ocupar definitivamente o espaço obscurecido pela ignorância do pensamento religioso e pela astúcia hipnótica dos valores tradicionais. A grande agenda seria o desvendamento de todas as naturezas, de acordo com a bússola do Iluminismo evolucionista, centrada na ideia de tudo desmistificar.

Se o século XIX glorificava a máquina e se as duas guerras mundiais do século seguinte ensinaram a desconfiar delas, o novo milênio nos acena com o fim da velha ligação evolucionista entre progresso técnico e avanço moral. Nada, dizem os eventos do ano que passou, garante – como queriam os materialistas, racistas e evolucionistas – que a tecnologia seja capaz de promover uma visão mais generosa e menos alienada dos processos sociais.

O novo século parece estar ensinando a não ser mais possível supor que um maior controle da natureza produza uma melhor consciência da sociedade e de suas dinâmicas. Ao contrário, o que presenciamos atualmente é o nascimento de uma ideologia da arrogância justo pelo peso de um aterrador poder bélico e de uma angustiante posse de conhecimentos biológicos.

Do mesmo modo e pela mesma lógica, a posse de dinheiro e até mesmo de uma boa educação não garante nem discernimento nem a ausência dessa certeza redentora dos problemas do mundo que jaz no centro do radicalismo pós-moderno. Esse "pegar pela raiz" que traz com ele um brutal e ressentido ajuste de contas com o relativismo liberal que abre o mundo à dinâmica do igualitarismo, da competição e do individualismo.

A mais alta tecnologia, a mais extraordinária riqueza, o maior e mais completo controle de informação não conduzem necessariamente à redução da criminalidade, à eliminação das injustiças ou a uma compreensão mais aberta do mundo. Sabemos mais das máquinas e dos mercados do que das motivações que nos fizeram inventar e institucionalizar tais coisas. Somos também ignorantes das emoções que nos levam a ter respostas exclusivas para todos os problemas sociais, que garantem que esses males têm causas únicas. E que, consequentemente, quem sabe disso tem o dever e, mais que isso, o direito de tomar o poder a qualquer preço para implementar uma nova e inusitada era de felicidade. Hitler, Stalin e Bin Laden são desse time. Bem como os velhos deterministas que lhes deram (e têm dado) farta munição ideológica.

A grande surpresa desta virada de ano pode muito bem ser a de que ficar mais velho não significa ficar mais sábio. Coisa dura de admitir, mas importante de saber.

A GUERRA DOS ACARAJÉS
E A MODERNIDADE CULINÁRIA

"Pegue um punhado de feijão-fradinho, esmague até formar uma pasta, acrescente cebola, frite na panela cheia de azeite de dendê, deixe esfriar e abra com a faca. Recheie com camarão temperado com coco, amendoim, pimenta e coentro. Está pronto o acarajé, o saboroso bolinho de inspiração africana, que em Salvador faz parte da vida tanto quanto o futebol e o samba."

Essa é a receita de Larry Rohter, jornalista do *New York Times* que, em dezembro do ano passado, viu um dilema verdadeiramente americano entre os grupos que faziam e comercializavam acarajés em Salvador, Bahia.

Para o jornalista, esse bolinho de feijão com camarão, comido como merenda, estaria passando por uma séria redefinição culinária. Originalmente ligado ao candomblé (as vendedoras de acarajés são [ou eram] "filhas de Iansã" – a deusa do vento, esposa de Xangô, dono do fogo e do trovão), o acarajé, graças ao turismo de massa brasileiro, começa a ser vendido por outros grupos e pessoas.

A par da competição, surge a questão da sacralidade do fazer. É que muitas vendedoras de acarajé se converteram a seitas evangélicas, tornando-se, pelo menos aparentemente, parte de outro universo religioso cuja ênfase é na palavra escrita, num código único (a Bíblia) e numa racionalidade individualista e moderna, baseada no trabalho e no esforço pessoal. Trata-se de um credo religioso muito diferente dos cultos afro-brasileiros, nos quais as relações com o sobrenatural são múltiplas e personalizadas. Enquanto os evangélicos falam de um Deus único, exclusivo e todo-poderoso, os candomblés acentuam a variedade divina, enfatizam a intimidade com os orixás e, como nas eleições que se aproximam, salientam as simpatias e os favores pessoais. Se ninguém pode influenciar a vontade divina no protestantismo, nos cultos afro-brasileiros, existe um diálogo profundo entre os deuses (os orixás) e os seus seguidores.

Além disso, os candomblés são marcados por uma religiosidade envolvente, que inclui o canto, a vestimenta apropriada, repleta de simbolismo, a dança, os gestos, os banhos e uma variada gama de ofertas sacrificiais, entre as quais se incluem comidas e, dentro desta categoria, o modesto, delicioso, pitoresco e "turístico" acarajé.

Numa de suas mais originais e inspiradas criações musicais, na bem conhecida canção que dá a Dorival Caymmi um lugar de mestre da música popular brasileira, "O que é que a baiana tem?", o compositor reconhece que "todo mundo gosta de aracajé/mas o trabalho que dá/pra fazer é que é!". Quer dizer, as comidas especiais, mesmo cotidianas, devem seguir uma fórmula fixa para serem "bem-feitas" ou "cozidas com perfeição", o que, obviamente, exige um imenso trabalho ou cuidado no seu preparo.

A boa receita, que segue as normas tradicionais, mostra esse lado pessoalizado que deve marcar todas as relações sociais, mas que a modernidade impessoal desloca e, às vezes, esfria. Daí, no plano da culinária, a distinção brasileira entre "comida" e "alimento", segmentação que contrasta o que serve para ser universalmente consumido do que "nós", como grupo ou pessoa, distinguimos para "comer". Sanduíche é alimento, aracajé é comida. A comida requer um nível de preparo e de consumo ritualizado. Ela tem que ser acompanhada em todo o seu processo, do mercado ao cozimento, sem esquecer o ato de servir e até mesmo o modo e o jeito de comer.

Como, então, passar da feitura religiosamente marcada para a fabricação impessoal do acarajé? Como atender a demanda do mercado sem perder a identidade culinária?

A leitura americana de Rohter situa o acarajé no centro de um impasse e de uma típica escolha entre o candomblé com suas tradições e um evangelismo mais moderno e mais aberto ao mercado.

O debate seria mais um degrau nesse desencantar de mundos denunciado há quase um século por Max Weber. Entre ganhar dinheiro pela massificação "macdonesca" e manter a tradição, julgamos que o caminho já está traçado e a solução, feita. Mas para quem, como eu, foi criado em casa baiana e amazonense, localizada entre Minas Gerais e Rio de Janeiro, há a possibilidade da mistura e do compromisso sempre criativos nessas áreas. Pode-se ser fundamentalista em religião e em política (que obriga a votar num só candidato), mas em matéria de mesa (e de cama) pode prevalecer o mulatismo e, pasmem os leitores, a escolha pouco mencionada pelos teóricos do hibridismo que é a decisão de não escolher – no caso, a de comer todos os acarajés, reservando cada um para certos momentos, pessoas e celebrações. Pois o que a controvérsia também revela é uma demanda de religiosidade tradicional e de pessoalidade. No fundo, pode-se "fazer" artesanal e religiosamente os acarajés, bem como "fabricá-los" em massa. Quem vai decidir não serão leis nem preceitos, mas o gosto do povo. Pois como disse um velho barbado chamado Karl Marx, esquecido pelo jornalista americano: "A prova do pudim, digo, do acarajé, está em comê-lo."

O GRANDE PAÍS DOS GORDOS
E SEUS ESTILOS

Há nesse nosso maravilhoso e contraditório mundo um dado que não admite dúvida: os americanos não são apenas os donos do planeta; eles são os donos mais gordos da história.

Existiram egípcios balofos e romanos gordos. Houve ingleses rechonchudos, alentados italianos, franceses bundudos e portugueses e espanhóis barrigudinhos. Mas nenhum império chegou ao sucesso com representantes tão obesos quanto o americano.

Entro novamente nesse assunto no elo, fascinante e desdenhado pelos economistas, entre gordura monetária e física, entre o hiperconsumismo e o supercrescimento das barrigas porque, como antropólogo, estou convencido de que os problemas "sem importância", as questões "não faladas" são tão ou mais reveladores das tendências sociais do que os números sagrados do PIB e de outros índices entronizados pela chamada modernidade.

Modernidade, aliás, cuja característica fundamental é ter medidas para tudo. Falar em "dados", como me dizia um antigo "brasilianista" americano, seria falar em séries numéricas, sem as quais, comentava ele liquidando meus argumentos (baseados em sonhos, fábulas, anedotas, rituais, mitos e comportamentos dramáticos, exemplares ou triviais), era falar em quantidades e grandezas. Era a medida e não o paradoxo ou o drama que legitimava uma teoria sociológica.

Mas o fato é que nesse nosso universo feito de capitalismo pós-trabalhista, cuja riqueza – que imensa barriga! – é engendrada pelo jogo das moedas, dos títulos, das ações e de outras papeladas num mercado mundial interconectado e razoavelmente interdependente, é alarmante o número de gordos no país mais rico do mundo.

Tanto que as autoridades médicas dos Estados Unidos falam numa epidemia de obesidade. Nosso grande irmão teria passado de um modelar equilíbrio físico obtido no início do século XX, quando eram esguios e quase góticos, para um tipo determinante de pessoa enormemente grande em todos os sentidos: na altura e no volume geral. Aqui já se fala em aumentar poltronas de cinema, escola, bar e, sobretudo, de avião.

Ao lado de uma modificação geral das medidas, discute-se também obrigar por lei o anúncio da quantidade de calorias e de outros ingredientes engordativos nos pratos servidos em restaurantes, tal como ocorre com os produtos expostos nas prateleiras dos supermercados. Trata-se não só de uma estética, mas de tentar criar novos comportamentos.

De acordo com a teoria moderna, que faz parte do estilo americano de enfrentar os problemas, fundada nos pressupostos de que cada um de nós é iluminado por uma razão capaz de ajudar a decidir nos seus combates com as emoções e a irracionalidade de um estilo de vida considerado essencialmente racional, a "transparência" dos níveis calóricos ajudaria ou preveniria o cliente de comer mais do que deveria. Como se engordar (ou sofrer de dor de cabeça, fumar e beber em demasia, vadiar, pensar exclusivamente naquilo, odiar, ficar ressentido, invejar etc.) fosse uma questão de estímulo e resposta, de oferta e procura, de consciência ou inconsciência, de decisões racionais e bem medidas entre um conjunto de variáveis que o chamado "meio social" colocaria diante de um sujeito autônomo, independente, não só dotado de razão, mas da capacidade absoluta de decidir para o seu próprio bem, visando sua felicidade.

Acreditando nesses princípios – numa racionalidade paradoxalmente irracional (porque é rala, não tem inconsciente ou motivos implícitos e está fundada na individualidade) – do mundo desencantado em que vivem, os americanos estão para decidir sobre essa "lei" que certamente vai liquidar a magia de um dos poucos espaços pós-modernos que atrai justamente porque é por ela construído. Façamos uma breve ponderação: o que nos leva a comer num restaurante senão a expectativa de ir a um lugar onde o comer para nutrir, para produzir energia e força, para "ter saúde" cede lugar ao comer como uma coisa em si: como um ato de puro prazer ou desfrute? Quem não passou pela experiência de, numa casa de pasto, provar de alguma coisa que, em casa, seria inconcebível ou até mesmo repulsivo? Não é por acaso que os ingleses chamam os franceses de *frogs*. Seja porque são comedores de rãs, seja porque bufam como esses animais quando estão irritados... O fato é que a comida é um privilegiado criador de dramas e climas. Tanto que os restaurantes se transformaram nesse espaço mágico no qual a comida (que nutre) se transforma em arte (que inspira ou promove o mais puro gozo).

Ora, convenhamos que tabelar a "comida mágica", anunciada em bom e velho francês, que na América ninguém entende e que, como o latim, transformou-se num código ou língua especial e sagrada, será roubar do restaurante sua magia. Tal como seria obrigar a fazer amor seguindo algum manual de eficiência.

Só o pânico diante das contradições humanas poderia inventar esse método de combater a obesidade. Mas, como os americanos já proibiram uma vez a bebida, quem sabe não irão igualmente decretar um controle calvinista da comida?

INSEGURANÇAS OU O CAPITAL FINANCEIRO COMO PRAGA

A crença moderna tem sustentado o mito de que as grandes catástrofes vêm de fora. Mesmo tendo conseguido um progresso tecnológico invejável, as sociedades pós-industriais automatizadas e ricas têm sido mais sensíveis aos males que chegam de fora – tufões, furacões, nevascas, terremotos e epidemias – do que os infortúnios que viriam de dentro: pobreza, exploração do trabalho, guerra dos sexos, extrema repressão psicológica, ao lado da desonestidade dos administradores e da corrupção e ganância dos ricos e poderosos.

Prova esse medo os épicos modernos nos quais uma cidade, civilização ou todo o nosso planeta é ameaçado por fantasmas, animais (quem não se lembra do exemplar *Tubarão?*), máquinas, alienígenas e meteoros que, alheios ou insensíveis aos motivos humanos, tentam destruir nossa espécie e tomar o nosso mundo. No combate, coloca-se em foco a singeleza técnica geralmente incapaz de deter o inimigo mais do que poderoso, mas que, aliada ao que temos de sobra sem saber: coragem, fé, ousadia e, sobretudo, irracionalidade expressa em extremado amor ou altruísmo, acaba por vencer a ameaça.

Durante séculos, se não milênios, os males externos foram atribuídos aos deuses ou a forças sobrenaturais que, devidamente encarnados em seres super-humanos, atribulavam nossa existência. Foi somente a partir do século XVIII e sobretudo no XIX, quando da revolução científica e industrial, que separamos as chamadas "causas naturais" das "sobrenaturais", num processo tortuoso que tem muitos exemplos na história do Ocidente. Na Idade Média, sabia-se que alguém inevitavelmente morria da Peste Negra, mas tinha-se igualmente a certeza de que aquela morte fazia parte de um plano divino. Hoje, sabemos que alguém morre de câncer, mas não sabemos por que tem que ser esse alguém e não aquele outro. O predomínio das causas naturais e científicas tende a inibir ou até mesmo deter as explanações morais que com elas entram em conflito.

O fato é que hoje vivemos com muita ciência e tocados por uma poderosa tecnologia, mas carentes de moralidade. Não de uma moral rígida que nos diga o que fazer (para isso temos as leis e os "proibido fumar"), mas de um sistema mais abrangente que nos diga por que isso ou aquilo nos tem atingido. Sabemos muito como as coisas acontecem, temos um conhecimento completo de suas causas imediatas (os terroristas destruíram as torres, os bandidos e a polícia disparam tiros nas cidades, os vírus liquidam certos organismos), mas continuamos carentes das causas finais e morais (Por que meu amigo estava lá? Por que ocorreu comigo? Por que foi com ela e não com outra?).

A despeito de um fantástico avanço científico e tecnológico, continuamos a imaginar e a nos proteger das catástrofes naturais, como se elas fossem as únicas fontes de insegurança no mundo em que vivemos.

Estou falando disso tudo porque a derrocada da Parmalat, paralelamente às da Enron e da WorldCom (fiquemos com os casos mais grandiosos), atingindo milhões de pessoas e afetando negativamente a economia mundial, representa mais do que um novo estágio do capitalismo. Ou, como se diz de forma mais amena, de um "escândalo" ou mero erro de percurso. Meu lado paranoico e ignorante de finanças afirma que esse capital financeiro que paira como uma grande nuvem negra em cima de todos nós, e acima de todas as legislações, é uma nova fonte de insegurança – uma nova praga.

Se antigamente temíamos um velho Deus que vingava a ingratidão e punia o pecado enviando tufões, terremotos, vendavais e dilúvios, hoje temos toda a razão em temer um capitalismo financeiro globalizado que, por isso mesmo, escapa de todos os controles.

Um sujeito vai preso por não pagar imposto ou por dever uma conta de luz. Mas uma Parmalat ou qualquer outra grande multinacional que descolou malandramente o capital produtivo do capital financeiro não tem sequer como ser indiciada. Pois se um carro não funciona, pode-se processar a fábrica, mas se o nosso fundo de pensão foi garfado e maquiado por algum malandro financista de plantão, perdemos nossa aposentadoria com a desculpa de que foi culpa do mercado ou de algum ajuste cambial...

Tememos pouco os velhos inimigos naturais. Hoje, paradoxalmente, o "grande medo" vem dessa economia como ciência que legitimou o lucro, a competição, o egoísmo, o desejo do ganho, a ganância, a especulação e o risco como algo natural.

Essas crises testemunham que as catástrofes não são apenas resultado do atraso nacional, pois revelam eloquentemente que o mundo financeiro, como todos os outros, é um produto social. E, como tal, está sujeito às mesmas regras morais de todas as outras atividades humanas.

A crassa desonestidade – chamada eufemisticamente de "falta de ética" – que, nos últimos anos, tem permeado o lado financeiro das grandes corporações é a prova de que tudo tem que ser controlado. Não pode haver lisura somente na escola, na política e na vida administrativa, se nos escapa como um rato o capital financeiro que, livre e perverso, atua incontrolavelmente, fazendo o que quer. E, pior que isso, tendo defesa as tais "leis do mercado" que, para esses desonestos empresários, substituem como "leis naturais" o Deus que eles assassinaram.

AS OLIMPÍADAS, O EFEITO BUSH E O PODER DOS FRACOS

A gente briga pelos absolutos, pelos limites, pelas fronteiras e, muito especialmente, pelas linhas que dividiriam o certo do errado, o sórdido do bem-intencionado. De certo ponto de vista, a vida em sociedade ou, melhor falando, o trabalho de uma coletividade, incide exatamente na capacidade de estabelecer e honrar absolutos como o Bem, o Belo, o Ético, o Honesto, o Certo, o Puro etc.

O problema, conforme estamos fartos de saber, sobretudo debaixo do equador, são as circunstâncias concretas e as demandas implicadas e inscritas nesses valores. Pois até mesmo em se tratando de erros imperdoáveis, que condenariam uma alma ao eterno sofrimento do inferno, como se acreditava na Idade Média, havia atenuantes e lugar para o arrependimento e o perdão. Ademais, as situações, os contextos, o jogo dos relacionamentos e das variáveis tornam essas fronteiras movediças. Basta exercitar por um minuto a nossa memória para descobrir que é muito mais fácil ser puro quando se é oposição do que quando se é governo, quando se é velho do que quando se está na flor da juventude. A liberdade de imprensa tem sido mais relativizada pelo PT do que gostaria a nossa vã filosofia, o que mostra a infindável distância entre o céu e a terra. O mesmo tem acontecido com outros "direitos" inalienáveis, como o salário dos aposentados. Não há muita vantagem em ser magnânimo quando se tem muito poder ou sobra dinheiro.

Não tenho a intenção de resolver essa questão básica dos limites e absolutos. Se a menciono, entretanto, é para dizer que não há maior absoluto do que o "aqui e agora" da vida: a realidade local que se impõe a qualquer pessoa na forma dos pequenos obstáculos intransponíveis, como a mesa em que trabalho, a distância que me separa do escritório, as ausências sentidas de certas pessoas, o barulho causado pelos outros, o fato de que cada um de nós tem um corpo singular com um poder de determinar coisas e situações. Podemos escapar de nossas mentes e sentimentos, mas não podemos fugir dos nossos corpos com suas funções e limites.

De volta a Notre Dame para realizar seis seminários para o Departamento de Literatura, penso neste assunto, pois ao ligar a televisão com o propósito de me livrar da canseira neurotizante das chegadas, dou-me conta de que os americanos estão envolvidos com os Jogos Olímpicos, o seu absoluto no momento. O meu "aqui e agora" deixa de ser dominado pela "política" ou pela "violência" para ser marcado pelas competições de Atenas e pela saudade.

Logo vejo que, para os americanos, as Olimpíadas são o momento de confirmação de uma enorme superioridade. Para os comentaristas locais, não é uma Daiane ou um time de voleibol que tem a chance de uma medalha de ouro, são dezenas de possibilidades o que, obviamente, engendra uma imensa expectativa. Embora a multiplicidade de ganhos e o número de esportistas excepcionais seja alto, isso não altera a vontade de vencer. Quem ganha muitas quer todas. Quem é bom num esporte quer ser bom em todos. O gosto da vitória numa dimensão contamina as outras. Não há trocas numa competição dominada pela agonia da vitória que pode catapultar uma marca e milhões de dólares por meio de um desempenho histórico.

Mas os vencedores absolutos não têm o controle da realidade. Daí o desapontamento dos locutores quando, pela primeira vez na história dos jogos, o time de basquetebol dos Estados Unidos sofreu três derrotas. Ao assistir à sua queda diante da Lituânia e da Argentina, eu poucas vezes vi um desânimo tão aparente. Senti dó dos jogadores, como tive pena, quando no grande rito de abertura dos jogos vi os atletas americanos sendo aplaudidos por alguns e vaiados por outros. Um amigo mencionou como um bom palpite um tal "efeito Bush" que hoje faz renascer um forte antiamericanismo. Eu prefiro falar num "poder dos fracos" que jaz nos interstícios da força militar, econômica e política. Uma energia marginal que, nessas ocasiões de disputa aberta e absoluta, contrabalança os meios de dominação material pela capacidade de vaiar, rogar pragas e atuar contra, através do plano inefável das simpatias e antipatias místicas e mágicas.

Testemunhei o mesmo sentimento novamente durante a competição de ginástica, quando a torcida se voltou contra os juízes, aplaudindo um consagrado campeão russo, contra os vitoriosos, entre os quais estava um americano. No jogo de vôlei feminino do Brasil contra os Estados Unidos, era igualmente visível a torcida pelo Brasil, como é clara a preferência pelos países mais pobres, menos ricos e poderosos.

O mundo, parecem dizer essas reações pequenas mas significativas, não é feito de uma relação direta e reta entre poder total e admiração, simpatia e aplauso. Vocês têm o poderio, dizem esses apupos, mas em compensação não levam a nossa simpatia ou torcida. O esporte, como o amor e a magia – essas armas dos fracos –, equilibra num plano curioso e desconhecido os absolutos do poder cívico, militar e econômico.

O QUE AS OLIMPÍADAS DIZEM DE NÓS? NOTAS DE UMA RESSACA

Esses Jogos Olímpicos que acabam de passar deixam ressaca e saudade. Hoje, as notícias que o mundo nos apresenta – campanhas eleitorais agressivas, revoltas violentas no Iraque, mais um canibal que metodicamente mata e, valha-nos Deus, come suas vítimas, a doença do ex-presidente Bill Clinton e, na Rússia, um deprimente e covarde ataque terrorista a uma escola – deprimem e dão um aperto no coração. Ao lado do grande furacão Francis, tudo isso confirma um mundo interligado por notícias geralmente ruins que, no mínimo, fazem pensar.

Falemos, pois, de uma coisa boa como as Olimpíadas, enquanto preparamos nosso espírito para enfrentar o que está à vista deste mundo real e global em que vivemos.

Comecemos com o fato iniludível de que os Jogos Olímpicos têm a magnitude e o poder de um agenciamento positivo, prometendo uma expectativa leve, generosa e saudável, qual seja: quem vai ganhar ou perder não na guerra, no jogo duro do poder, na doença ou na violência, mas numa competição cujas regras tornam todos iguais. Por si só, essa atmosfera construtiva já nos coloca no monte Olimpo, ao lado dos deuses.

Outro milagre desses grandes eventos esportivos é a expressão do nosso otimismo relativamente aos participantes e cenários, quando o olho da câmera que nos guia só foca o proveitoso e o belo, colocando debaixo do tapete tudo o que destoa do clima propiciatório da festa.

A transmissão em rede mostra uma das bases de nosso universo simbólico: o acasalamento perturbador, mas nesse caso majestoso, do muito longe com o aparentemente muito próximo. Estamos convencidos da posse de uma visão global, mas, de fato, estamos submetidos às descrições dos comentaristas que, como profetas, tentam concretizar os inefáveis daquilo que recebemos em casa por meio de um patrocinador.

Com isso, os Jogos Olímpicos dizem que vivemos num mundo que se quer planetário: um universo totalmente interligado. A visão simultânea de um mesmo evento nos faz supor uma solidariedade e uma interdependência exageradas que os eventos posteriores tendem a desmentir. Pois nem sempre o que vemos é sentido e vivido do mesmo modo, com o mesmo sentimento ou profundidade.

Uns olham os jogos de barriga cheia, outros com fome, muitos em liberdade, outros sob censura. Mas o ver junto uma mesma coisa promove um sentimento de igualdade e, mais que isso, de fraternidade. Não é, então, exagerado dizer que – apesar da publicidade – as Olimpíadas falem de nossa ânsia por concórdia, paz e harmonia universal.

E assim o fazem porque se fundam no esporte. Ora, o esporte como a arte é uma atividade sem propósito prático e razão utilitária. Ambos fazem bem à alma e aos sentimentos, ao coração e aos músculos. Mas isso não explica por que uns morrem só para pintar (como ocorreu com Van Gogh e Portinari) e outros passam a juventude se matando de tanto fazer ginástica, jogar voleibol ou nadar. A que necessidade – fisiológica, política ou econômica – atenderia o esporte? Claro que atletas podem ficar ricos e famosos, mas ser esportista é correr o risco de confiar mais num ideal ou se deixar guiar pela obsessão do que seguir as rotinas estabelecidas. Para que serve, pois, o esporte senão para revelar, tal como acontece nas artes, que somos também e principalmente guiados pela beleza, pela loucura, pela busca de superação física e pela perfeição inatingível?

Nas Olimpíadas, perdemos o elo entre meios e fins: se trabalho com afinco, ganho dinheiro; se estudo, torno-me um engenheiro. Na arte e no esporte, porém, vive-se mais da agonia que começa quando os meios são infinitamente menores que os fins. Vou mostrar ao mundo que posso ser campeão mundial disso ou daquilo. Daí o treinamento no deserto, no mar, nas estradas sem pavimento. Uns dizem: é louco. Outros afirmam: é um idealista que recusa o Real.

Mas quando nos jogos de uma Olimpíada reúnem-se todos esses loucos e renunciadores das racionalidades que governam este mundo, temos esses torneios milagrosos. Provas nas quais o corpo se supera e o tempo é concretizado. Bater um recorde é esticar a capacidade humana; perder por um décimo de segundo é tornar real uma fração de tempo que, de outro modo, nem sequer é percebida. Eis, então, que os jogos glorificam o não prático e têm como centro o emocional e o expressivo. Neles, o que conta são medalhas, não índices de compra e venda. Mas se algo vende é porque foi ligado a um campeão. E os campeões são esses homens e mulheres que decidiram renunciar ao mundo das carreiras "normais", "corretas" e "seguras".

Para mim, então, caro leitor, as Olimpíadas dizem de um mundo que, apesar de tudo, ainda tem ideais. A competição olímpica renova a luta pela vida fora dos estádios. Premiar a excelência dá alento aos que testemunham a vitória dos ladravazes e dos corruptos. E aquela lágrima derramada pelo atleta ao ouvir os acordes do hino do seu país revela o poder da localidade, a força dos elos de carne e sangue com a terra onde se nasceu.

CANTADA E *HARASSMENT*

Como é que um sujeito se comporta quando tem um interesse erótico por outra pessoa nos Estados Unidos?

A pergunta me foi feita muitas vezes por amigos brasileiros cheios de malícia, por visitantes curiosos e por conhecidos em pânico ou ansiedade porque, atraídos por um americano ou americana, não sabiam como proceder: viviam um quadro de alta dissonância, desentendimento e desinformação cultural e sentimental. Era, disse um deles, como se eu estivesse jogando um jogo no qual só o outro surgia, eu não entendia um bom pedaço das regras.

Para começo de conversa, a articulação ou o diálogo erótico no Brasil chamava-se "cantada", enquanto que nos Estados Unidos fala-se em *hit* ou *pass*. Não que o "atirar" (ou "torpedear") seja desconhecido no Brasil, mas o fato é que preferimos quase sempre enfatizar os pontos comuns — as harmonias entre os futuros amantes ou namorados, salientando aproximações graduais, como o caçador numa "paquera", daí a palavra "cantada" — do que um encontro direto, eventualmente conflituoso, entre pessoas entre as quais existe um iniludível objetivo erótico.

Cantar uma pessoa equivale a coordenar-se com ela em torno de alguns assuntos, pelo menos até, como me diz um amigo sem papas na língua, que o objetivo final de "comer" a presa seja atingido. Há uma relação entre cantar e caçar que tem sua origem no uso do verbo comer como metáfora para a relação sexual, com aquele sentido tradicional ainda em voga, a despeito de todo o feminismo, segundo o qual as pessoas se comem no Brasil. Geralmente, quem dá é uma mulher (ou o lado caracterizado como feminino) e quem papa ou come é um homem (ou o representante da dimensão masculina). Outro dado importante da "cantada", conforme me acentuou outro informante, é que o canto demanda alguma coisa em comum de modo que a ambiguidade das frases e dos gestos permite avançar, recuar ou permanecer num estado de paralisia e ambiguidade, até que os parceiros entendam se devem ou não prosseguir no jogo.

Há algo lúdico no cantar brasileiro que pode transformar um simples elogio – seus cabelos são lindos, suas mãos são suaves, seu perfume é gostoso, você está ótima... – num começo de uma declaração de amor. Eu me lembro bem de uma "cantada" de risco entre um sujeito casado e pai de filhos e uma mulher solteira que girou em torno do nome de um bolero mexicano significativamente intitulado "Pecado" e que era, se não me engano, cantado por Pedro Vargas. Ouvíamos discos, crianças e adultos, quando ela pediu que ele colocasse para tocar "Pecado". Que maravilha, é a minha música predileta, disse o homem, iniciando a cantada. No que ela arrematou: é seu amor esse "pecado"?

Três semanas depois, estavam vivendo juntos num pequeno apartamento na praia das Flechas, em Niterói, cada qual longe de suas respectivas famílias.

O bom da cantada, como me dizia outro entendido, era que sempre havia terreno para um retorno glorioso ou covarde, quando, por exemplo, o sujeito usava a tal "mão-boba" para apalpar a coxa da pretendente, fingindo estar examinando a grossura da fazenda de sua saia. Se houvesse reação negativa, a mão estava apenas examinando; se ocorresse encorajamento, valia a intenção erótica. A chave era sempre ter uma saída, de modo que ninguém fosse magoado, ferido, humilhado e, sobretudo, ofendido. Afinal, cantar pode ser pecado, mas é algo humano e legítimo.

Aqui nos Estados Unidos – terra dos livres e iguais e dos conflitos e regras explícitas – não há cantada, há o *harassment* – palavra que significa irritar, atormentar persistentemente, exaurir. O termo vem do francês arcaico *harer*, que significava açular (ou ciscar) um cachorro contra alguém. Se no nosso caso a ambiguidade da cantada permite ao homem escapar, fingindo muitas vezes uma falsa inocência e deixando a mulher como a grande culpada, aqui o estilo direto dos encontros não deixa dúvidas e, por isso, engendra outros problemas, pois o jogo amoroso é muito mais claro e contratual.

Como nos filmes, alguém – frequentemente o homem – toma a iniciativa e arrebata a mulher que resiste um pouco para, em seguida, render-se ao amante num beijo consentido. Consistentemente com isso, um amigo americano me contou que aqui a relação sempre começa num beijo na boca, e saber beijar bem é algo apreciado por todos, ao passo que no Brasil o encontro pode ser deflagrado por muitos gestos: de um pegar na mão a um toque no braço.

Qualquer que seja o ponto inicial, porém, o fato é que nesta América de todos os individualismos as intenções devem ser diretas e claras, o jogo se reduzindo a um contrato, no qual o risco de uma má leitura é frequentemente muito alto.

Daí o *harassment* em vez da cantada. Daí também o jogo reto que não admite retratação ou retorno. No meio desta crônica, perguntei a um amigo americano como é que eles faziam para "amar" uma mulher.

Eis sua resposta:

Roberto, é tudo muito simples. No Brasil, se diz: vamos jantar e depois ver a lua? Isso é a tal cantada covarde de vocês. Aqui, a gente vai direto ao assunto e diz: Puxa, que lua linda... Que tal uma trepada?

O GRANDE DEBATE

Assisti em Chicago ao confronto entre George W. Bush e John Kerry.

O debate presidencial americano chama a atenção por muitos detalhes, entre os quais o fato de que não é um evento exclusivo, como ocorre no caso de outros países. Bastava clicar o controle remoto para verificar que, paralelamente ao confronto, corria uma programação normal. Seria isso o indício de um desinteresse eleitoral que obviamente relativiza o campo do político, subtraindo dele a importância que possui em outros países, sociedades e culturas? Certamente o político tem menos importância nos Estados Unidos, um continente que tem hoje a maior renda do planeta e onde o número de automóveis é muito maior do que o de habitantes. Não vamos falar do resto nesta sociedade não apenas englobada pelo consumo como um valor social, mas – e esse é o ponto-chave – que pode realizar na prática esses valores, comprando e gastando como bem entende.

Por causa disso, tomei a ausência de interesse pelo debate por parte dos americanos como um sintoma de que em países onde tudo vai bem no plano econômico – descontando, evidentemente, o risco das tais "bolhas" que dizem existir no sistema americano – o político, sobretudo o "político-eleitoral", não tem o mesmo peso de países que ainda buscam erradicar de seu sistema público uma máfia de candidatos irresponsáveis, egoístas e caras de pau.

O fato da eleição no Brasil ter o halo de um rito de mudança com toques messiânicos tem uma nítida relação menos com uma ingenuidade atribuída ao povo simples e ignaro e muito mais com uma aguda consciência de que o voto pode melhorar a vida pública naquilo que ela tem de mais carente: a ausência de regras claras, o bom gerenciamento do dinheiro e coisas coletivas, a igualdade perante a justiça, as leis e as oportunidades. Louve-se, portanto, o entusiasmo eleitoral brasileiro, sobretudo quando se observa que ele vai ficando mais maduro e tem razões que a razão elitista desconhece.

Mas na América da abundância e do gasto, onde falar em bilhões de dólares virou banalidade, eleger "outro" significa – quem sabe? – correr o risco de furar certas bolhas e, com isso, de perder certos contratos – sobretudo os contratos das áreas militar e petrolífera.

No plano mais simples, mas revelador dos estilos sociais de debater, impressionou-me o controle do mediador, bem como o dos candidatos, coisa que obviamente ocorre também entre nós; porém, o que mais me chamou atenção foi a franqueza com a qual os "candidatos" se criticavam e iam em frente, sem acusações pessoais de caráter emocional, como quase sempre ocorre no Brasil. Para mim, essa postura é culturalmente importante nos Estados Unidos, que apreciam nos seus líderes o *coolness*, o controle e a frieza. Ao contrário do Brasil, o berro, o grito e a indignação não pesam muito neste país plasmado pelos valores iluministas e onde a racionalidade se exprime nestas caras de jogadores de pôquer que Bush e Kerry apresentaram no debate.

Outro dado curioso neste debate, daí a sua importância simbólica, é que ele se realiza com os Estados Unidos em guerra e debaixo de um conjunto de leis extremamente severas no que diz respeito ao poder da justiça militar e dos órgãos de segurança, que suspenderam os famosos direitos humanos que essa América pioneiramente implementou e que, sem dúvida, constitui o seu maior patrimônio. Neste contexto, não é nada fácil para o candidato da oposição questionar o presidente do seu próprio país, quando sua crítica pode e tem sido, veladamente ou não, tomada como sendo antipatriótica. Curioso que ninguém nos Estados Unidos tenha apontado como a campanha resvalou para acusações pessoais contra Kerry, quando os republicanos colocaram em dúvida o seu heroísmo no Vietnã.

Pior que tudo isso é como a guerra contra o terrorismo e a decorrente invasão do Iraque têm impedido a discussão séria de temas básicos nos planos social e econômico, como a questão da bolha da Previdência, da dívida interna, da educação etc. De fato, como debater esses temas quando o país, nas próprias palavras do seu presidente (que detém segredos militares), está numa cruzada contra o Mal representado pelo terrorismo (o que, diga-se logo, ninguém contesta) e, como decorrência, contra tudo o que o atual governo tome como contrário aos seus interesses?

Esse, parece-me, é o pano de fundo desse debate e eleição. Daí porque fiquei impressionadíssimo com o desempenho de John Kerry, que, sem entrar no mérito de uma gravíssima questão na qual repousa a honra nacional, abalou a retórica dualista de George W. Bush. Um discurso fundado no "Nós" contra "Eles", no Bem contra o Mal, permeado de uma tonalidade paternalista e pessoal que surge como um retrocesso num país onde o presidente é o cidadão número um, mas não é de jeito nenhum o tomador de conta de todo mundo. Ao conseguir complicar alguns pontos, como, por exemplo, o antiamericanismo que o governo Bush tem aumentado, bem como o seu sensível e paulatino isolamento da ONU e dos seus aliados, Kerry fez algo muito difícil: introduziu a nuance num discurso preto no branco, tão a gosto dos americanos.

CIÚMES, ADULTÉRIOS, TRAIÇÕES E ELEIÇÕES

O contexto eleitoral brasileiro sempre me deixa perplexo diante da generosidade com a qual os políticos trocam de parceiros e partidos, acomodando e apaziguando as crises de lealdade e ciúme. Na área das relações pessoais, isso seria considerado traição; na dos elos amorosos, adultério. Mas em relação ao troca-troca eleitoral, todo mundo se mostra mais do que tranquilo, assumindo que para vencer é preciso, às vezes, trair e enganar. Aquilo que, no universo erótico, faria procurar um revólver, no eleitoral desperta apenas ironia.

Coisa curiosa essas leniências e exigências. Na política, as traições são normais, mas na vida conjugal elas conduzem à morte ou, o que é mais interessante, elas são quase obrigatórias no caso masculino, sinalizando sucesso e poder. Ademais, o motor das traições é o ciúme, que, entre nós, surge como um fato cultural importante, confirmando como o Brasil é mesmo feito de elos pessoais, tendo como centro a casa e os amigos. No Brasil, então, mudar de aliados não causa estranheza, mas a expressão "minha mulher!", pronunciada com ênfase, assusta.

Crescemos aprendendo o ciúme – essa outra cara da lealdade. Em casa, observando o comportamento ciumento de nossos pais, agora encarnados no misterioso papel de marido e mulher. Na rua, ele aparece em todas as mídias, bem como na literatura e nas anedotas. Só "Nervos de aço", para citar apenas um clássico de Lupicínio Rodrigues, permite engolir a mulher pela qual temos loucura, "nos braços de um outro qualquer".

Fui criado numa família de ciumentos.

Aos 12 anos, soube de um colega de meu pai que, como fiscal do consumo, tinha porte de arma e quase mandou para o outro mundo um caixeiro-viajante que estaria rondando sua casa e dando em cima de sua esposa. De outra feita, ouvi mamãe aos sussurros, explicando por que outro amigo da família havia se separado da mulher para quem ele "dava uma vida de princesa": a velha traição feminina teria causado o abandono, que, paradoxalmente, era também o sinal dos grandes amores e das grandes decepções e tragédias.

Na modelagem do amor à brasileira, o ciúme tem sido moeda corrente. Sobretudo se a mulher era muito bonita e atraente, esse teorema brasileiro da mais vil possibilidade de traição.

"Mulher bonita", dizia um amigo, "é para-raios, por isso a gente deve casar com as mais ou menos." Vi muita gente desistindo de casar com grandes formosuras com medo de "ser cruelmente chifrado". A conquista das beldades era um trunfo, mas o preço a pagar era o ciúme doentio e a mais negra traição. A ser lavada com a morte da pecadora, como naquele bolero clássico de Agustín Lara.

Como sou um inveterado comparativista, não esqueço de uma história americana de adultério que, contada por um colega e marido enganado, pegou de surpresa os meus ouvidos brasileiros culturalmente treinados para ouvir um desfecho de tiros, socos, gritos e assassinato. A mulher apaixonou-se por um professor de literatura negro. O movimento de compensação era óbvio: o marido, um físico teórico, fechado em equações impossíveis de serem traduzidas em linguagem comum, fora substituído pelo amante aberto à intensa comunicação da poesia e dos livros.

A narrativa do marido era de arrepiar. Ele acompanhou sem nenhuma cena de ciúme a paixão crescente da mulher pelo amigo. Viu-se excluído dos almoços e jantares, sentiu o carinho da esposa evaporar-se e concluiu friamente que precisava de uma prova do adultério. Decidiu seguir, como mandava o seu modelo cultural dos detetives particulares (o irmão do protagonista era policial em Nova York), a mulher. Seguiu seu carro, como nos filmes, até Filadélfia, onde, à tarde, ela entrou num hotel com o amante. Ele descobriu o andar e, sem saber o quarto onde estavam hospedados, fez uma escuta de porta em porta, localizando o ninho dos namorados pelos ais de amor da esposa. Ato contínuo, bateu, com força, na porta. Presente o corre-corre do susto. O amante abriu a porta e entrou tirando fotografias com uma maquineta barata, assustando o casal! Era a prova que precisa para desmoralizá-la. Em seguida, exerceu sua vingança, telefonando para os pais da esposa.

Quando ouvi essa história, comprovei quatro pontos. O primeiro foi que, na América, em adultério, era melhor fotografar do que matar a mulher. O segundo foi que as diferenças culturais realmente existem. No caso americano, a prova, a descoberta empírica era mais importante do que uma cena ou o uso da violência. O terceiro foi que o tal ciúme que eu pensava vivo e universal era relativo. Ele matava no Brasil, não nos Estados Unidos, onde o pessoal corneado virava político brasileiro: entendia a traição como um direito individual inalienável. E, finalmente, me perguntei se Raymond Chandler, Dashiell Hammet e Rex Stout, para ficarmos nos grandes autores de histórias de detetive, estavam fazendo ficção ou simplesmente retratando o real? Porque naquele dia e naquele hotel meu amigo não ficou devendo nada a um Sam Spade. Mas imagino qual a reação do mesmo sujeito se descobrisse que um democrata de carteirinha votou em um republicano, traindo-o em público…

TERRORISMO E GUERRA

A VISÃO BRASILEIRA
DA TRAGÉDIA AMERICANA

Deixe-me começar repetindo uma trivialidade dita por todos os que narraram os eventos deste trágico 11 de setembro. Os terroristas abalaram o coração dos Estados Unidos porque feriram mortalmente dois dos três símbolos que conformariam o repertório crítico do imaginário americano: o seu triunfante capitalismo financeiro, representado pelos gigantescos monolitos do World Trade Center, localizado em Wall Street, e o seu avassalador poder militar, expresso pelo Pentágono. Outro avião que felizmente não cumpriu a sua missão seria dirigido à Casa Branca ou ao Capitólio, atingindo o símbolo maior de sua vida política.

O interessante neste discurso produzido pelos moldadores de eventos – jornalistas, cronistas, professores, especialistas, políticos etc. – não seria a veracidade da tese, de resto um tanto óbvia, mas a ênfase na palavra "símbolo". Muito se tem falado das notícias em tempo real que, num mundo globalizado, levam o evento ao cidadão pela imagem direta, o que dispensaria interpretação porque, neste novo universo unificado pela mídia, as culturas e as formas de vida locais, esses primeiros filtros explicativos, seriam supérfluas. Afinal de contas, fotografias valem milhares de palavras...

Mas o fato concreto é que o jornalismo brasileiro e o americano abordam essas imagens comuns de modo muito diferenciado, enfatizando coisas distintas. Por conta dessas diferenças, vale arrolar algumas notas sobre as tonalidades interpretativas dos observadores, o que, entendo, pode desvendar coisas mais relevantes sobre os fatos observados.

Começo notando que nos Estados Unidos, desde os primeiros momentos do ataque, a ênfase maior e mais imediata foi nas vítimas. Para mim, foi notável o contraste entre as autoridades americanas se solidarizando imediatamente com os mortos e feridos e prestando contas do que estava em curso para minorar a situação, em contraste com o formalismo nacional sempre amarrado aos aspectos políticos. Qual o prefeito, governador e presidente que, como norma, deixam seu palácio para visitar locais de acidentes e tragédias?

Outro subtexto revelador dessas diferenças é o clima de fim do mundo com o qual os nossos cronistas focam o ataque. Para os jornalistas brasileiros, o Apocalipse está – como manda o nosso figurino cultural salvacionista e milenarista – ali na esquina, e Nova York acabou. Do lado americano, porém, sobressai aquela insistência não no fim, mas no começo e na continuidade. Enquanto para nós estava decretado o fim da arrogância e, sobretudo, da confiança dos Estados Unidos em si mesmos, para eles o episódio era lido como mais um teste histórico-moral para os valores de sua democracia e instituições.

Se, Deus nos livre, o evento tivesse ocorrido no Brasil, pode-se facilmente imaginar o tiroteio acusatório que isso deflagraria, com a culpa final caindo no Governo Federal e, naturalmente, na Presidência da República. Entre nós, as tragédias nacionais tendem, salvo engano e exagero, a esgarçar e decretar o fim das instituições. Lá, ocorre, como estamos vendo, o justo oposto e uma ética escrita no coração faz com que todos se fechem em torno das autoridades para tomar pé, respirar fundo, articular perdas e proteger a população.

Essa solidariedade cívica, administrativa, social e moral em torno do presidente Bush é estranha e avessa a nós, brasileiros. Ela não tem sido comentada porque a imagem recorrente de Bush na imprensa brasileira tem sido a do caubói ignorante e desastrado, incapaz de compreender um mundo cada dia mais complexo e distante das categorias de entendimento tradicionais. Esquecidos de que nos Estados Unidos os papéis se separam das pessoas que os ocupam e, desejosos de dar o seu testemunho antiautoritário e capitalista, confunde-se pessoa e função, e o resultado é a incapacidade em perceber diferenças. É duro, para brasileiros, compreender a positividade da Presidência americana. Aqui não se entende como a Presidência pode ir além do presidente, que, no nosso código cultural, *possui* o papel.

Finalmente, cabe acentuar o maior equívoco interpretativo: o caso das bandeiras.

Numa sociedade na qual o civismo, o amor e o orgulho pelas realizações nacionais são tomados como manifestações de falta de gosto e de direita, a bandeira infelizmente representa, para a maioria dos membros das nossas elites (que confundem crítica com autodestruição), a bobajada nacionalista a ser devidamente erradicada por emblemas internacionais. Acresce a isso outro dado histórico-cultural importante: no Brasil, o catolicismo foi religião oficial até o final do século XIX, o que faz com que a cruz e não a bandeira seja um poderoso símbolo de compaixão e de solidariedade entre nós.

Esses dois fatores tornam impossível compreender como americanos de todos os credos tomem a sua bandeira nacional como a expressão mais nobre de sua coletividade. Mas como no Brasil a bandeira continua associada aos autoritarismos e ao lado mais duro do Estado, é normal que ela seja ligada exclusivamente à guerra e às forças armadas. O fato simbólico relevante no caso americano, porém, é que a bandeira representa tudo o que eles têm de socialmente positivo. Ela é símbolo do poder estatal e militar, sim, mas como nos Estados Unidos o Estado e a sociedade foram fundados juntos, ela é a melhor e mais acabada representação da coletividade.

Sem cruzes, virgens e santos os americanos curam suas feridas, planejam o retorno às suas rotinas e, mais que isso, abandonam temporariamente seu radical individualismo e se sentem parte de um todo através de sua bandeira. São aquelas listras e estrelas que os fazem vivenciar a magia da sua sociabilidade: daquelas coisas que vieram antes deles e que sobreviverão às suas mortes.

AS MÚLTIPLAS DIMENSÕES
DO TERROR

Os criminosos ataques terroristas contra os Estados Unidos desafiam classificação, embaralham as categorizações estabelecidas e recusam um plácido lugar junto às oposições tradicionais – países centrais e periféricos, guerra e paz, pobres e ricos – por meio das quais o mundo adquire sentido.

Dizer que a destruição das torres do World Trade Center e de parte do Pentágono faz parte de um conflito clássico entre centro e periferia ou entre riqueza e pobreza é dizer muito e pouco ao mesmo tempo. As guerras sempre foram lidas como continuação da diplomacia, eram declaradas por governos e travadas em campos de batalha por exércitos e soldados visíveis em seus uniformes e não por cidadãos. A população civil, vítima estrutural e perene de qualquer guerra, não deveria sofrer as consequências da luta e estava formalmente protegida, como os prisioneiros, por normas instituídas e acordadas pelos países em conflito. Os grandes bombardeios estratégicos (e modernos) vieram mudar tudo isso, diminuindo de modo revelador a distância entre guerra e barbárie e entre ataque legítimo ao inimigo e terror.

Uma das maiores dificuldades de compreender esse brutal ataque contra os Estados Unidos passa exatamente por essa subversão da "racionalidade" da guerra quando o alvo do ataque é a população civil. Ao lado dela, há uma angustiante invisibilidade estrutural do agressor. Uma invisibilidade que o torna passível das mais tenebrosas projeções sociais, fazendo com que esteja em toda parte, ao mesmo tempo que salienta as dificuldades de um mundo baseado no individualismo.

Temos, pois, de um lado, bandeiras, instituições, leis e a posse indiscutível de um território soberano, elementos básicos do fundamentalismo político moderno. E, do outro, uma rede desterritorializada, liminar e periférica – um grupo que, como os feiticeiros, não tem templo ou sede. Um inimigo que toma forma apenas quando ataca. E mesmo assim exerce o supremo direito da irresponsabilidade moral, não assumindo o que faz. Como utilizar exércitos e armas desenhadas pelas normas dos combates tradicionais, onde os inimigos ficam cara a cara para lutar contra um bando invisível e certamente marginal, mesmo na civilização onde nasceu, é uma das contradições que estão na ponta desse entulho de paradoxos típicos dessa nossa modernidade de terceiro milênio.

Outro elemento perturbador é a sua motivação. Ao lado da indizível violência, expressa na vontade de explodir todas as mediações, de recusar qualquer diálogo e de até mesmo demarcar seus objetivos estratégicos ou táticos – parte do kit de qualquer sequestrador –, esses grupos não pedem nada, a não ser o que mesmo na guerra é um objetivo impossível: a destruição total do adversário. Um alvo tão absurdo que ilegitima, paradoxalmente, o próprio conflito. Algo, aliás, acentuado pelo suicídio dos perpetradores que atuam neste mundo, mas estão obviamente pensando no outro. Não se trata do ataque terrorista clássico, onde a violência é um instrumento para obter o que é negado ou serve como chave para abrir, como nos estupros, o que um Estado nacional ou sociedade considera sagrado ou tabu, mas é um ataque contra um estilo de vida.

Neste sentido essa agressão mostra outro paradoxo. Como é possível que esse nosso mundo transnacionalizado e teoricamente ligado por infinitos meios de comunicação, esse mundo sem diferenças ou culturas, revele tal incomensurabilidade de motivos entre o atacante e sua vítima? Aqui, como testemunhamos bestificados pela televisão, o que se busca não é mudar o comportamento, mas destruir um modo de vida.

Tudo isso assusta porque subverte as explicações do comportamento social por meio do jogo racional de interesses, cujo alvo central seria a obtenção de vantagens materiais. Pois o que está em causa não são motivos meramente utilitários, fundados na razão prática, tais como: eu quero esses quilômetros de sua fronteira, eu tenho direito a tal ou qual reparação ou eu pretendo revelar que minha organização política é mais justa que a sua. Não! O que se revela nesta modalidade de terror é algo muito mais complicado e um tanto esquecido. Algo que acontece quando o domínio do político e do econômico (essas dimensões que, dizem nossos ancestrais intelectuais, são os motivos de todos os conflitos e os motores da história) se confunde com a esfera religiosa. É exatamente esse englobamento do político pelo religioso, essa mescla de motivos deste mundo – a desastrada política americana para com o mundo em geral e o mundo árabe em particular, a humilhação de ser pobre num mundo globalizado no qual uma minoria de países ricos tem um estilo de vida fundado não apenas no consumo, mas no desperdício – com motivos do outro mundo (a ideia de "guerra santa") que complica a avaliação do problema e, em consequência, faz com que a reação dos Estados Unidos corra o risco de ser politicamente ineficiente ou, o que seria trágico, de ser moralmente tão desastrada ou até mais cruel do que o ataque inicial.

VOLTANDO AO NORMAL

Num belo domingo, 12 dias depois dos ataques terroristas, realizou-se em Nova York um cerimonial para reparar as perdas, encontrar inspiração para continuar vivendo e reiterar solidariedade nos valores americanos. Essas 20 mil pessoas congregadas no estádio Ianque, o equivalente simbólico do Pacaembu ou do Maracanã, foram as protagonistas de um ritual-clímax de infinitas pequenas solenidades funerárias realizadas em igrejas, universidades, parques e escolas tanto em Nova York quanto no restante do país.

O fato de esta solenidade de suspensão do luto e de integração à vida normal ter sido realizada num estádio de beisebol e não num museu, universidade, igreja, mesquita ou sinagoga mostra o elo entre esse jogo que muitos dizem ser o favorito e o mais americano de todos os esportes inventados nos Estados Unidos e os valores americanos. Realmente, nada representa melhor a dinâmica ideal da vida neste país do que um jogo territorial, no qual se faz pontos quando se é capaz de retornar ao ponto de partida (a chamada *home base*), depois de se ter percorrido uma "fronteira" defendida pelo inimigo. Ademais, no beisebol, todas as jogadas se iniciam com um "atirador" jogando a bola nos adversários – uma perfeita metáfora dos falatórios parlamentares, onde os discursos da situação são "rebatidos" pela oposição.

Jogar a bola e rebatê-la à altura é, realmente, o que se tem vivido neste momento, quando o ataque terrorista destruiu a rotina da maior cidade do país e abalou profundamente um conjunto de crenças bem estabelecidas, entre elas a da invulnerabilidade e da segurança absoluta do território americano. Se, portanto, os terroristas fizeram o primeiro movimento, cabe ao time da casa dar a resposta definitiva. Como num jogo de beisebol, os americanos aguardam um *home run* vitorioso. Um ato que possa ter o mesmo significado social e moral do ataque que sofreram.

Foi, pois, no contexto de um espaço esportivo, aberto à competição e à disputa que os americanos realizaram esse rito de transição para suas rotinas. Para tanto, planejaram um rito no qual a prece – esse modo de comunicação que roga, pede, suplica, glorifica, exalta, mas também convoca, demanda e sacraliza – foi a modalidade central de comunicação, tendo a seu lado hinos patrióticos e canções religiosas, o que deu ao evento um ar ambíguo, situando-o entre a antiga religiosidade, bíblica do Velho Testamento (que une o judaísmo tradicional à vertente mais puritana do protestantismo estadunidense) e as cerimônias que enfatizam o multiculturalismo e, no caso deste ritual, o diálogo entre as crenças. Esse politeísmo de valores parece ser, numa dada dimensão, um dos marcos definitivos da modernidade e do momento histórico-cultural americano.

No plano explícito, o que se viu foi um desfile de vozes de todos os representantes de credos religiosos atuantes em Nova York, que, em discursos paralelos, falavam com Deus através dos dogmas de suas diversas religiosidades. Normalmente esse fato seria impossível, mas num estádio de beisebol e sob a égide da bandeira americana, certas fronteiras foram diluídas, algumas portas se abriram e pôde ocorrer o transbordamento das religiosidades e, com elas, das emoções. Foi permitido chorar em público, como foi igualmente possível orquestrar um evento transnacional num momento dominado pelo patriotismo. Como a dizer que o multiculturalismo tem, paradoxalmente, uma cultura: a americana, é claro!

Nada era mais expressivo desta hegemonia americana do que o formato do ritual, com um púlpito (e não um altar) através do qual, durante cinco horas, padres, *mullahs*, rabinos, pastores e outras autoridades religiosas falavam à divindade e ao povo por meio do modo preponderante de dirigir-se a Deus: a prece. Essa forma de ligação com o outro mundo é profundamente individual, constituída pela palavra e pelas emoções interiores. Assim, cada autoridade fez, em muito bom inglês, suas "orações". Rezas cujo conteúdo político e intelectual as afastava do seu estilo tradicional, fundado na fórmula e na repetição.

Invejável na sua busca de tolerância e na condenação do fanatismo, bem como na sua abertura às emoções, esse ritual de despedida do ataque terrorista cumpriu sua missão reparadora. Em meio à sua impecável universalidade banhada pelos valores americanos, porém, eis que a gafe introduz no ritual sem fronteiras a dissonância reveladora – aquela meia furada que a perda do sapato infelizmente descobre. Pois a mestra de cerimônia, a apresentadora de TV e artista Ophra Winfrey, ao convocar ao pódio o cantor Plácido Domingo, chamou-o de Placído, mostrando ao mundo que ainda vai ter muita água para passar debaixo da ponte até que os americanos aprendam a sair de sua inconsciente autossuficiência linguística e cultural...

Voltando ao normal

TERRORISMO E BESTIFICAÇÃO INTELECTUAL

É impossível acompanhar a enxurrada de artigos e ensaios sobre o ataque terrorista de 11 de setembro. Um estudo desses artigos, publicados no calor da hora, seria certamente revelador das predisposições, das projeções simbólicas e, sobretudo, das perplexidades que permeiam esse início de um século que nossa visão evolucionista e linear da história saudava e supunha livre das muitas instituições tomadas como responsáveis pelas mazelas do passado.

Entre as feridas superadas estaria a clivagem ideológica que confrontava blocos políticos equivalentes decididos a promover seus estilos de vida pela repressão e disciplina internas e pela guerra suja e "fria" no exterior. Quantas vezes eu não ouvi dizer que a divisão "esquerda/direita" era algo politicamente superado, enquanto minhas mãos, que fazem tantas coisas práticas – pegam, atiram, recebem, aceitam, assinam, limpam e acariciam –, suspeitavam, divididas que estão em direita e esquerda, que a clivagem permanecia. E eis que, para alguns comentaristas devidamente espantados, o atentado trouxe de volta não só o velho e solerte comunismo, como também um esquecido imperialismo ianque amante da guerra e da indústria bélica.

Outro ator aposentado (ou morto), igualmente indiciado e chamado de volta ao palco pela bestificação geral, foi Deus. Esse Deus personalizado que pune, abençoa e escolhe, que a ciência iluminada dispensou como hipótese e a filosofia condenou à morte quando centralizou tudo na liberdade e na autonomia humanas. Não deixa de ser patético ver Deus ser invocado como uma causa errada e incapaz – um erro cultural crasso, como diziam os antigos evolucionistas vitorianos, posto que Deus não existe –, quando a maior agressão contra o todo-poderoso território nacional norte-americano teria sido cometida em Seu nome.

Vejam a medida da bestidade: se invocar uma ideologia como causa eficiente da tragédia é prova de insuperável sagacidade, o apelo a Deus (e a religiosidade) é lido como uma demonstração de fanatismo e de motivos selvagens e primitivos. Ou seja: nós, modernos, continuamos a supor que a crença política é superior à convicção religiosa quando, de fato, as duas trocam de lugar e se acasalam em múltiplas alianças como esse nosso pequeno mundo demonstra cabalmente.

O fato é que quem testemunhou os ataques não poderia imaginar que havia tomado como válidas as inúmeras teorias sociais contemporâneas – de Appadurai a Giddens – que explicavam o novo século como liberto de valores locais: culturas, paroquialismos, Estados nacionais e, no auge da argumentação, moralidades opacas e distantes – eu quase digo incomensuráveis – com os valores que finalmente seriam o estalão do novo milênio: um renovado ecumenismo fundado na internet, um novo capitalismo fundado numa inextinguível criação de riqueza, uma economia mundial ancorada no capital financeiro internacional, descentralizado e fugaz como um enxame de abelhas. Tudo isso bordejando uma nova vida social finalmente livre, igualitária, segura e, eis a palavra da moda, imaginativa.

Esquecidos de que interligação não é o mesmo que interdependência, que velocidade não é o mesmo que compreensão e que até mesmo ideais fundadores, como "liberdade", "igualdade" e "cidadania", não são dados na natureza e têm que ser aprendidos, internalizados e reatualizados como valor, posto que não foram inventadas por Deus ou pela natureza, ficamos todos estáticos ao tomar consciência de como esses princípios podem ser usados contra o nosso estilo de vida.

Nós quem, cara-pálida?, perguntaria um seguidor da doutrina segundo a qual tudo o que é ruim para os Estados Unidos é bom para o Brasil. Nós, brasileiros, nacionalistas e anticapitalistas (roubamos, entre outras coisas, o erário público porque queremos o bem de nossas famílias, como exprimiu o juiz Lalau), somos – é claro! – civilizados, mas não podemos sair condenando grupos que, até segunda ordem, são "inocentes". Se fosse outro país, seria diferente. Mas esses americanos ricos e gordos não sentem dor... Logo, temos o direito de optar contra essa "campanha americana" e de recusar entrar num conflito que não seria nosso. Como defender um país que no curso de sua história cometeu tantas brutalidades? – diz essa teoria incapaz de relativizar-se e que assume a existência de coletividades sem erros, crimes e exclusões.

Seria possível, pergunto bestificado, ouvir esses argumentos da boca dos que cantam a *Internacional*, essa preciosa vanguarda de um maravilhoso mundo novo baseado no ecumenismo socialista? Será que presencio um reencantamento do mundo e um retorno aos valores locais que, contraditoriamente, obrigam a discutir os limites do cosmopolitismo político?

Antes do 11 de setembro, eu pensava estar vivendo num espaço global marcado pelo transnacionalismo e pela mundialização das ideologias e costumes. Hoje, graças aos terroristas, volto a pensar em Deus e a articular um nacionalismo miúdo que julgava morto e enterrado.

O fato é que, na busca linear e exclusiva dos motivos, cercamos todos os quarteirões, mas deixamos escapar um grande criminoso. Seu nome não é comunismo, imperialismo, Deus, religião ou Islã: é radicalismo. Uma doença inventada por esse nosso mundo que, entre outras coisas, quer se livrar *de uma vez por todas* de peias e limitações.

TERRORISMO E VIDA DIÁRIA NOS ESTADOS UNIDOS

Muitos amigos têm me perguntado como o ataque terrorista tem afetado a vida diária dos americanos. Será que podemos dizer que o ataque marca o início de uma nova era e que a confiança no *American way of life* saiu de cena como Shane, um dos heróis mais expressivos de uma vida social hoje sob mudança e redefinição?

Minha longa experiência como observador de sociedades, na tentativa de dizer algo sobre suas estruturas e dinâmica, levou-me a subestimar as premissas generalizantes e de feitio legislativo que decretam o fim de séculos, histórias, períodos e narrativas. Talvez seja mais fácil mudar o clima de uma sociedade do que de uma personalidade. No meio de um Carnaval no qual as pessoas se desnudam física e emocionalmente e esquecem de dizer que o Brasil é uma bosta...

Temos, pois, que tentar separar o clima (dado por acontecimentos que ainda se desenrolam) e o *ethos* (que configura a bagagem ideológica) das sociedades. Um evento pode começar promovendo interpretações terríveis para em seguida esvair-se em positividades. O oposto é igualmente possível e eu poderia citar uma fieira de exemplos, o mais cruel sendo o do advento do nazismo, lido inicialmente por gente do calibre de um Thomas Mann, por exemplo, como um movimento com "os pés de barro" e que não iria muito longe.

Mas qualquer que seja a palavra de cautela, o fato é que esses Estados Unidos estão abalados. As pessoas continuam a manter os mesmos padrões gerais de comportamento, mas há um toque de *care* (cuidado, carinho) nos elos interpessoais que surge como novidade. Neste universo humano que mais levou a sério as premissas do individualismo e no qual, simultaneamente, a igualdade política encontrou o melhor campo para se expandir, essa preocupação súbita com o geral e o coletivo – com o "outro" – é um sintoma de mudança e de diferença. Pelo menos no que diz respeito ao clima do sistema.

Nem quando vivi em Cambridge, Massachusetts, na década de 1960, as tragédias dos Kennedy, a escalada da Guerra do Vietnã e a descoberta simultânea de sexo, poder e prazer nesta sociedade, testemunhei tanta discussão relativa às fraquezas e insuficiências do sistema americano.

Para nós, brasileiros, treinados e especializados em desancar o Brasil como sistema, sem diferenciar a parte (que vai mal e precisa de reparo) e o todo, isso pode parecer estranho, mas o fato é que os americanos são avessos a leituras gerais de sua sociedade. Se algo vai mal, eles localizam a questão ou situam e isolam o problema. Mas esse ataque devastador obriga a leituras gerais, de índole nacional e totalizante, um exercício anti-individualista que eles não gostam de fazer.

Desde o século XVIII, o sistema americano tem sido percebido com otimismo. Nem a Guerra Civil contra os estados sulistas escravistas, nem a corrupção política que grassava na virada do século XX, nem os linchamentos e os ódios raciais tiraram o país do rumo de uma gigantesca democracia individualista que entra em crise, mas sempre triunfa. Ninguém jamais deixou de ver o *sunny side of the street* e de acreditar num *happy end*, ambos justificados por um sistema que jamais havia enfrentado o mal-estar causado pelo terrorismo.

Autoestima, confiança no poder regenerador do sistema e inexcedível otimismo são parte e parcela do credo americano. O *American way of life* não exprime apenas um igualitarismo perante a lei e o direito de escolher, mas garante esses direitos. Agora mesmo, neste momento de luto e depressão nacional, existem pessoas que defendem a paz e o perdão, enquanto outras exigem vingança e aprovam a contraofensiva militar. É claro que há autopromoção, malandragem e conchavo, mas esses não são valores nacionais (exibidos com arrogância e sorrisos matreiros, porque, afinal de contas, guerra é guerra e os fins justificam os meios, como afirma o cinismo pátrio), mas hóspedes não convidados.

Em outras palavras, nenhum americano imagina que os bilhões do plano de ajuda a Nova York serão usados para promover ganhos políticos diretos ou que vão parar no bolso dos malufes, estêvãos, collors, lalaus e barbalhos desta vida. Pode ser que isso aconteça, mas aqui ninguém pensa primeiro na malandragem e depois no plano, como é o caso sistemático do Brasil, onde esse tipo de medida é sempre lido pelo ângulo dos interesses e das patifarias pessoais.

O que testemunho, então, é uma dura quarentena daquele otimismo e daquela confiança que têm atraído tanta gente aos portos americanos. Será que fizemos algo errado? Será que transformamos a Nova Jerusalém construída pelos "pais fundadores" numa Nova Babilônia, uma cidade do dinheiro, dos ganhos fáceis, do pecado e do lucro pelo lucro? Sabemos que não temos santos padroeiros, mas onde estão os heróis que salvavam nosso país e, na ausência de vilões oficiais, passaram a salvar o mundo? Volte, Shane... Aonde é que vocês foram, Joe DiMaggio e Superman? Essas são as perguntas que eu enxergo no olhar dos meus amigos.

O PESO DE CHUMBO
DA TOTALIDADE

A individualidade, a consciência de si e de um espaço interno repleto de emoções, remorsos ou pensamentos, a noção de estar só e apartado de um grupo é certamente uma experiência universal e pode ser encontrada em qualquer sociedade humana. Mas o individualismo ou a ideia de que os indivíduos que constituem um grupamento humano são o centro do sistema que deve curvar-se diante de suas vontades e ser por elas governado é algo relativamente novo na história da humanidade. Alguns historiadores das ideias traçam o seu surgimento no contratualismo inglês do século XVII, uma teoria que lê a vida social como decorrência das interações entre os cidadãos-indivíduos que formam, como um clube, a sociedade.

O individualismo difundiu-se pelo mundo e encontrou nova alma e índole nos Estados Unidos, que, como o nome bem revela, trata-se de uma totalidade social constituída por estados relativamente autônomos que "decidem" se unir para formar uma *union* ou um coletivo maior e mais inclusivo, num pacto político eminentemente moderno e republicano. Tal como os indivíduos abrem mão de algumas de suas liberdades para garantir o bem comum, assim fizeram os "estados originais" e os territórios que hoje constituem os Estados Unidos.

Implementado como doutrina política e, mais que isso, como um estilo de vida ou sistema cultural, o individualismo leva a imaginar que se vive sozinho, como uma ilha ou como as estrelas da bandeira americana, geometricamente ordenadas e iguais em tamanho e importância. De fato, nada é mais revelador da índole americana do que o ditado que diz cada um por si e Deus por todos, moto que, suplementado pelo *mind your own business* (meta-se no seu próprio negócio), pelo *live and let live* (viva e deixe viver) e no *no strings attached* (sem compromisso pessoal), é indicativo de uma moralidade voltada para o interior de cada um, avessa, a princípio, em valorizar relações e, com elas, o dar e o receber.

Esses princípios permeiam a vida americana e, do ponto de vista brasileiro, cuja vida social decorre orientada por valores opostos, pois para nós viver é relacionar-se, meter-se na vida alheia, fofocar e, sobretudo, pertencer, eles são duros de pôr em prática e, sobretudo, de vivenciar.

Pois bem, tudo isso é para observar como a bárbara destruição das Torres Gêmeas e de parte do Pentágono tem promovido a súbita e milagrosa descoberta dos sentimentos coletivos nestes Estados Unidos americanos. E que peso têm esses sentimentos num sistema que se pensava como divorciado do mundo e de si mesmo. De certo modo, o que caiu com o ataque terrorista não foram somente as torres, mas a certeza plena numa vida social autônoma e reclusa, como se a compartimentalização individualista fosse um escudo inviolável contra o sofrimento e a morte.

Tal como uma tribo indígena que recebe roupas e, sem sabão e mudas, se transforma num bando irreconhecível de maltrapilhos, a confirmar os piores prejuízos e estereótipos, os americanos cedo se deram conta de que pior do que a destruição dos prédios havia sido a libertação dos múltiplos círculos de terror, ausência, agonia, incerteza e incompetência – essas pragas ignoradas, reprimidas e esquecidas por boa parte da sociedade. A boa, feliz e hollywoodiana complacência recheada de hedonismo individualista tem sido penosamente revista e criticada devido ao peso de chumbo de se descobrir e saber membro de uma comunidade.

Subitamente, todos se deram conta de que eram americanos e que o coletivo exigia mais do que pagar impostos, seguir as regras de trânsito e enviar cheques filantrópicos pelo correio. A gigantesca proporção, a brutalidade e a irracionalidade do ataque deram uma medida do ódio e da ousadia do inimigo. Ademais, a identidade com o sofrimento dos semelhantes, a empatia imediata com sua dor, a compreensão instantânea dos seus gestos e sentimentos trouxeram de volta esses relacionamentos insuspeitados que constroem as existências coletivas. De repente, esses americanos que viam a si mesmos como diversificados e livres para escolher não tiveram escolha a não ser a de assumir sua coletividade.

A depressão geral, as dores de cabeça, a insegurança, o medo, a contaminação emocional, a preocupação, o pânico, tudo o que um amigo americano me afirmava ser tão paulificante e estúpido – todas essas dimensões que o estilo individualista de vida havia banido ou esquecido do seu vocabulário – volta com força. São sentimentos que chegam no bojo das quantidades perdidas: os milhares de mortos, os bilhões de dólares de prejuízo, as centenas e milhares de desempregados e, sobretudo, nos liames dos laços desfeitos e refeitos no luto e no choro, essas coisas que cruelmente revelam o pertencer, trazendo com elas o peso de chumbo do outro mundo.

RADICALISMO E TERRORISMO

Quem quiser passar ao largo que passe, mas é preciso discutir, ponderar e entender o elo entre radicalismo e terrorismo. Trata-se de um caminho espinhoso, duro, desagradável. Uma estrada não pavimentada que sem dúvida nos afasta de um bom-mocismo de plantão e desvenda o nosso glamouroso e bem estabelecido chique-radical que surge estampado na mídia e nas bocas – sinceras, interessadas, matreiras ou simplesmente rotas – dos que têm tido tribuna, coluna, câmera e microfone para opinar.

No Brasil, um país com uma elite que somente agora, em pleno século XXI, começa a acreditar que pode mesmo perder mandatos e ir para a prisão, ser radical tem sido – entre outras coisas – sinônimo de cosmopolitismo, coragem e bom gosto.

Há nesse mundo vincado por escolhas e nesse nosso Brasil malandramente marcado pela igualdade mesclada de hierarquia uma fascinação pelas atitudes radicais nas salas de conferência, universidades e redações, esses espaços nos quais o debate e a opinião são importantes, mas onde o público tem dificuldade em separar o singular do geral; ou seja: a opinião do professor ou do comentarista do assunto enfocado.

Se o radicalismo goza de tamanha reputação, quem não gosta (ou gostou) de ser um *enfant terrible* e chocar o burguês, o reacionário ou o caipira com palavras dessacralizadas, opiniões extremadas e ditos maldosos? Sobretudo quando se tem a certeza da simpatia do público e se conta com a norma da impunidade que ajuda a ser, além de exagerado, irresponsável e arrogante. Afinal, a associação entre radicalismo e aristocratismo é uma marca brasileira. Aqui a crítica – algo básico numa democracia – não implica apresentar alternativas.

Existe um "encanto radical" que perfuma, delicia e enleva as atitudes daqueles que, como ensina o novíssimo dicionário e o velho Marx, querem pegar as coisas pela raiz, pela base, fundilhos e fundamentos. Evitando aquilatar os múltiplos sentidos do radicalismo, tende-se a tomar as posições extremadas como marcos de preparo, coragem, capacidade, discernimento, honestidade e de privilégio aristocrático. Colamos no radicalismo um emblema positivo sem pensar muito nas suas consequências. Achando que tudo é tão inofensivo quanto as "discussões" de futebol, dos desfiles carnavalescos ou das novas tendências literárias e artísticas.

Mas o que ocorre quando saímos das superficialidades e dos salões onde o uísque de 12 anos é saboreado com extrema preocupação com os excluídos, para o campo doloroso e muito mais complicado das práticas políticas? Ou quando eventos brutais, como o ataque terrorista de 11 de setembro, nos obrigam a pensar como seres humanos puderam perpetrar tal crueldade? Como penetrar em atitudes tão fechadas e tão próximas da morte sem considerar que tudo isso tem como base esse tal "fundamentalismo" que parece estar tão longe e, no entanto, está tão perto de todos nós?

Para poder situar o problema, é preciso, primeiramente, distinguir radicalismo de caráter e retidão. Uma pessoa pode ser honesta nas suas opiniões, consistente na sua conduta, firme nas suas escolhas e coerente na sua existência, sem que com isso tenha que ser radical. Sancho Pança era um radical do bom-senso, o que o tornava imune às ações de Dom Quixote, um herói cuja fantasia o levava sempre à escolha de estradas de mão única e de gestos irreparáveis. O radicalismo impede, em tese, ver e escutar o outro.

Outra questão básica é separar o radicalismo das boas causas. Radicalismo significa mais do que estar do lado dos oprimidos, dos desvalidos e dos excluídos. As boas causas podem ou não ser defendidas assumindo-se práticas extremadas. Uma pessoa pode ser radicalmente a favor de um sistema mais justo de distribuição de renda, enquanto que outra pode ser radical na sua defesa do militarismo ou do planejamento estatal. Hitler e Stalin, é bom lembrar, eram radicais. E Machado de Assis ensina que o Diabo é radical, ao passo que Deus, que tudo engloba e perdoa a ingratidão humana, não pode ser contra o vetusto equilíbrio do bom-senso.

Num sentido preciso, radicalismo tem a ver com um estilo, atitude e um modo de ler o mundo. Diz respeito, sem dúvida, a tomar as coisas pela raiz, mas essa busca pode ser tanto realizada solitária e serenamente quanto com fanfarra, pompa e arrogância, esses arautos da censura e do arbítrio.

Outro ponto capital é aprender que no mundo cultural, no universo ideológico e simbólico, que nutre todas as humanidades, é preciso desconfiar do poço cuja água tem mudado muito ao longo dos séculos. Não estou de nenhuma maneira afirmando que tudo é possível ou válido, mas não posso deixar de salientar a nossa sistemática atração pela contradição e pela mudança de atitude. Aquilo que foi certeza no século XIX, como o racismo radical que permeou as grandes interpretações do Brasil e da América Latina, morreu. O mesmo sucedeu com outras variantes dos determinismos que clamavam ter uma só resposta para todos os problemas políticos e sociais. Neste sentido, seria preciso saber concatenar e pôr de molho essas verdades absolutas que, como diz Isaiah Berlin, estão no centro de todos os males modernos. E, com Fernando Pessoa, fazer o nobre esforço de aceitar valores contraditórios e muitas verdades. Como ele mesmo disse num texto que foi epígrafe e inspiração de *Carnavais, malandros e heróis*, meu livro mais ambicioso e mais criticado:

> Encontrei hoje em ruas, separadamente, dois amigos meus que se haviam zangado um com o outro. Cada um me contou a narrativa de por que se haviam zangado. Cada um me disse a verdade. Cada um me contou as suas razões. Ambos tinham razão. Não era que um via uma coisa e outro, outra, ou que um via um lado das coisas e outro, outro lado diferente. Não: cada um via as coisas exatamente como se haviam passado, cada um as via com um critério idêntico ao do outro, mas cada um via uma coisa diferente, e cada um, portanto, tinha razão. Fiquei confuso desta dupla existência da verdade.

NOTAS DE UM "CORRESPONDENTE"

A guerra no Iraque começa a "sair" na televisão. Na medida em que o conflito se aprofunda, criando e desmentindo realidades, como a de que as tropas invasoras/libertadoras seriam recebidas com palmas e flores pelas populações locais, ele engendra novos cotidianos, promovendo – ao lado de um índice de aprovação de 70%! – desdobramentos próprios. Há, pois, dentro dos Estados Unidos, outras guerras talvez muito mais difíceis, implícitas e complexas.

Há a guerra do medo e da ansiedade (quando meu filho, irmão, cônjuge ou amigo será, Deus nos livre, vitimado?). A guerra – que promove um pacto de sangue, ressentimento e ódio, entre Estados nacionais, línguas, culturas e religiões – vincula paradoxal e indissoluvelmente pessoas e famílias aos seus países porque seus filhos morreram em nome de aspectos mais sagrados do civismo moderno: o nacionalismo positivo ou a defesa da pátria – o decantado patriotismo. Vários dos meus conhecidos e alunos têm parentes e amigos no teatro de guerra iraquiano e todos fazem questão de distinguir pátria e governo, serviço militar e brutalidade da guerra, mesmo quando apoiam a decisão do presidente George W. Bush. Nenhum, entretanto, foge da enorme ansiedade causada pelo conflito.

Há também a guerra das opiniões que edifica lealdades e visões diferenciadas da luta. O direito de discordar é um dado fundamental da cidadania americana e todas as guerras tiveram seus dissidentes, mas nenhuma (exceto, talvez, o conflito de 1812 com o México e obviamente a Guerra do Vietnã) colocou o governo americano numa posição moral tão vulnerável. Mesmo numa sociedade temperada por uma brutal Guerra Civil (ocorrida entre 1861 e 1865) e acostumada a lidar com profundas divergências internas, poucos conflitos tiveram esse poder desmoralizador.

Pois, para além dos índices de aprovação, o conflito tem aspectos perturbadores. Primeiro porque ele é nosso contemporâneo e desmantela a imagem ideal (e ingênua) de um mundo globalizado, costurado pelo mercado e imune ao conflito; depois porque ele traz à tona o poder devastador e repleto do fundamentalismo da maior potência planetária; e, finalmente, porque uma incessante cobertura jornalística, como também ocorreu no conflito vietnamita, leva a conflagração para dentro de casa, pessoalizando as vítimas e a destruição. Todo esse conjunto produz julgamentos ambíguos, contraditórios ou francamente negativos.

Ainda ontem, uma colega perguntava como eu estava passando, e, diante da resposta automatizada de que tudo estava ótimo (nos Estados Unidos ninguém pode ir "mal" ou "mais ou menos" – todos têm que estar supersatisfeitos e felizes!), ela me disse, com ironia: "Mas você ligou a televisão e viu a guerra?" Ato contínuo, outro amigo, ao saber do meu desânimo, disse: "Felizmente eu não vejo televisão!"

Basta passear pelos corredores da universidade para ver rostos desanimados e tristes, mas prontos a se abrir num sorriso daquela felicidade americana tão celebrada pelos filmes e pela antiga música popular.

Mas o fato é que o ataque ao Iraque por uma sociedade que sempre se representou como defensora dos oprimidos, pelo país que "libertou" a Europa do jugo do nazismo, que sempre foi o bastião da igualdade e da ordem internacional e sempre se leu como infenso à crise moral é algo duro de roer, tragar ou engolir.

Penso que, para o americano educado, o custo mais doloroso dessa guerra é a desmistificação de seu sistema de valores. O pessimismo que eles julgavam ser propriedade dos velhos europeus (sobretudo dos alemães), a ausência de confiança que produz baixa autoestima e síndromes flageladoras (típicos do que eles gostam de chamar de América Latina), o jogo duplo, a hipocrisia e a condescendência, característicos dos comunistas e dos antiamericanos, aparecem nitidamente como parte da dinâmica política de um Estado nacional globalizado, incrivelmente gigantesco e poderoso, mas absurdamente cego diante das diferenças entre países e sociedades e desinteressado relativamente ao conjunto de interpretações e filtros locais aos eventos e imposições dominantes.

Se os romanos liam (com aquela capacidade relativizadora herdada do helenismo) o mundo como sendo feito de sistemas diferentes, embora submetidos à *Pax romana*, os americanos monoglotas, antirrelativistas e anticulturalistas até hoje são incapazes de se colocar no lugar dos "outros" e de tentar contemplar o mundo de outra perspectiva. E o trágico é que, diferentemente dos antigos romanos, eles têm o poder de destruir o mundo na tentativa de fazer com que o planeta se transforme num grande e paulificante Estados Unidos.

Nada, a meu ver, pode ser pior para um americano educado do que testemunhar esses Estados Unidos trocando a diplomacia pelo conflito. Escolha que revela como o individualismo e a igualdade são capazes de produzir o seu oposto, criando hierarquias fundadas no poder militar. Justo no momento em que a igualdade internacional é um valor indiscutível, é irônico e terrível que sejam justamente os americanos os violadores de princípios políticos que eles foram os primeiros a estabelecer, aperfeiçoar, honrar e difundir.

GUERRA, PERPLEXIDADES, AFLIÇÕES

Mamãe vivia rezando. Eu achava besteira. Recém-convertido ao materialismo histórico, descobria feliz que essas "soluções mágicas" e "teocêntricas" eram sobrevivências de um estágio cultural primitivo e patriarcal. Coisas para o "pequeno-burguês" feliz, de barriga cheia de feijão com arroz e com a cabeça feita pelas convenções mais reacionárias.

Hoje, vendo o panorama mundial a partir dos Estados Unidos e dando aulas para esses jovens americanos de 20 anos que continuam morrendo no Iraque, quem reza sou eu...

Quem foi que disse que reza e magia são coisas de primitivo e de "pequeno-burguês" quando se vive num mundo onde a morte pode ser rotineiramente acompanhada pela televisão, minuto a minuto? Quando o noticiário e os ecos de um terrível 11 de setembro – o Demônio não poderia imaginar coisa melhor para espalhar o mal e justificar o ódio e a destruição neste mundo – nos fazem testemunhos da dor e da destruição?

As justificativas para a agressão armada, os slogans curtos e grossos – com sabor claramente publicitário – para cada etapa do conflito, a lógica de escolher alvos múltiplos, que mudam segundo o momento e o desenrolar dos acontecimentos: primeiro a guerra era contra Saddam Hussein e contra as armas de destruição em massa, depois passou a ser contra um regime opressivo e antidemocrático e, em seguida, voltamos a Saddam ou a qualquer outro objetivo que tenha mais apelo naquele momento, tudo isso me deixa aflito, preocupado, deprimido e perplexo diante de um mundo enfurecido e louco. Só me resta rezar e escrever o que, dado o meu tamanho como articulista, equivale a orar.

Guerra e festa do Oscar, premiando uma safra pífia de filmes. Guerra e filmes escapistas. Guerra e propaganda em massa. Guerra e *talk shows*: essa combinação curiosa de consultório sentimental, programa de auditório, teatro e agência de notícias informais, sobretudo o fuxico e o seu primo-irmão, o escândalo. Guerra e esportes: essas atividades nas quais o idioma do conflito se exprime pelo uso do corpo, pela tática com sabor militar, pela energia agressiva e, obviamente, pela tentativa de obter a vitória desempenham um papel fundamental.

No meu computador, encontro manifestos contra a guerra. Como se "guerra" fosse uma mera questão de conflito armado, quando, na realidade, ela é uma prática cultural inevitável dentro da moldura que, no Ocidente, encapsulou a vida social em Estados nacionais. Em comunidades dotadas de território soberano, Constituições, moeda, burocracias, bandeira, hinos, heróis, "tradições", histórias e tudo o mais que tipifica essa visão de mundo individualista, essencialista, compartimentalizadora e dominantemente exclusivista. Como não guerrear se todos temos a mãe-pátria com indiscutíveis interesses nacionais? Se todos somos substantivamente ligados por nascimento a uma dada comunidade que fala a mesma língua e comunga dos mesmos valores como diz enfaticamente a própria guerra?

Desnorteia, sem trocadilhos, esse aparecimento com toda a pompa e circunstância do Estado nacional (com suas fanfarras, bandeiras, exércitos e capacidade de arregimentar para destruir) num planeta que gostava de se ver como "globalizado", "transnacionalizado", cortado radicalmente por redes, teias e malhas internacionais, aquém e além dos velhos, pesados e obsoletos países que constituíam um mapa-múndi velho e ultrapassado.

O problema, porém, é que "redes" não declaram guerras. Grupos de *chats* e *spams*, esses objetos virtuais que gloriosamente enchem o nosso saco oferecendo coisas na internet, não têm forças armadas nem o monopólio sobre a nossa pessoa física e moral. Nascemos num mundo que se diz globalizado e que assim se comporta em certas dimensões, mas todos temos pátria e cidadania, que, entre outras coisas, nos obrigam a pagar tributos. No

Brasil, onde a palavra "cidadania" fala mais de carências e ausências (como comida, segurança, educação e saúde) do que de positividades, tendemos a esquecer que ser cidadão diz respeito também às obrigações e obediências que cada qual deve ao seu país.

Ademais, perdemos de vista o fato de que as marcas globais e essas redes internacionais têm um poder muito limitado de mobilização. Países não convidam (você gostaria de fazer parte do nosso Exército?), convocam; não pedem (por favor, usem o real e não o dólar), determinam; não deixam escolher (o senhor pode apresentar o passaporte ou o cartão de visitas), prescrevem; não solicitam (você quer morrer pela nossa causa?), comandam!

Como conciliar, nesse mundo de Deus (ou do Diabo?), direitos individuais com demandas nacionais, pactos cidadãos com dívidas e doações de vida (como é o caso da morte pela pátria numa guerra) sem rezar? Sem apelar para essas dimensões mágicas que devolvem o otimismo e a esperança?

TERROR

Nada mais deprimente para quem confia na vida e deseja que o mundo e o Brasil sejam melhores do que testemunhar mais esse bárbaro ato de terrorismo na Espanha.

Estou com meu querido amigo Alberto Dinis e não abro: não há "todavia", "entretanto", "mas" ou "no caso" para o terrorismo. Tal ato que vai além da barbárie, pois é irmão gêmeo do caos e da destruição, não pode ter nem desculpa nem justificativa. A morte não pressagiada e acidental faz obviamente parte da vida. O assassinato e a destruição deliberada, planificada e coordenada de inocentes, porém, é algo indesculpável. Não há pretexto para essa malévola e crudelíssima subversão na qual os fins justificariam todos os meios.

O terrorismo contemporâneo vem mais uma vez revelar como é complexa a ideia ocidental de progresso e de "evolução social". Essa teoria que fala de uma história da humanidade por estágios ou etapas, de uma plataforma primitiva para um momento final, "civilizado", industrializado, urbano e culto. Nos primeiros estágios, estariam os índios e os povos atrasados; no seu exórdio, os que inventaram a teoria seriam os "mais evoluídos", os que teriam chegado ao ponto final da longa cadeia de civilização. No entanto, quem estudou profundamente as chamadas sociedades tribais sabe que o terrorismo e a guerra estratégica, que vão além dos soldados, chefes ou líderes, atingindo mulheres, crianças e recursos naturais, não existem nessas humanidades. Mas nesse nosso mundo marcado não somente pelo encontro, mas sobretudo pela mistura, pelo abandono e, acima de tudo, pelo desencontro de valores, tais atos passaram a ser lidos como uma forma de "violência justa", digna de ser praticada pelos oprimidos contra seus opressores.

Quem prega essa forma de caos e de assassinato em nome da liberdade ou da justiça sufoca esses valores, pois deixa de lado a responsabilidade de distinguir as arenas e os responsáveis para protestar.

A violência e a barbárie são o outro lado do diálogo e da conversa. O que nos faz humanos é precisamente o fato de que nós recusamos respostas sem linguagem, gestos sem código, corpos sem roupagens e pensamentos sem justificativas. É o legítimo, por mais duro, tardio e complexo que possa parecer, que nos torna sociais, sociáveis, comunitários, solidários e humanos.

Só os loucos, os perversos e as crianças confundem meios e fins e matam quando querem amor ou choram alto quando estão com fome. A resposta direta e sem a mediação ou o instrumento apropriado a qualquer situação configura a violência. Tomar em vez de solicitar ou pedir; assassinar em vez de prender e julgar; discutir num fórum apropriado antes de fazer a guerra; buscar a paz antes de destruir o outro.

Não tenho competência política para prever a repercussão deste ato numa Europa hoje comunitária e unida por um forte código financeiro e neoliberal. Mas já posso ver as mudanças de atitude no Brasil. No 11 de setembro, estava eu em Brasília, descendo de um elevador, quando um sujeito grandão e agressivo dizia alto e bom som como a destruição das Torres Gêmeas era algo merecido. Uma espécie de remédio amargo para o que chamava de "arrogância americana". Protestei inutilmente, argumentando que nada justificava a morte de trabalhadores e de pessoas inocentes.

Até os mais tenebrosos assassinos merecem julgamento. No caso de Estados nacionais isso é complicado, mas a matança da população civil não pode justificar qualquer malefício que tenha sido praticado pelo Estado nacional que a representa formalmente. Sobretudo em sociedades marcadas pela democracia, nas quais o cidadão tem o direito de divergir das políticas dos seus governos.

O fato, porém, é que politicamente a Espanha parece mais perto do Brasil do que os Estados Unidos. Tanto que as reações internas e externas são diversas. No 11 de setembro, a América levantou bandeiras. Em Madri e em todas as outras grandes cidades espanholas, acenderam-se velas e celebraram-se missas. A cruz de Cristo e o sentimento de compaixão parecem ter englobado um civismo que, nos Estados Unidos, desembocou em imediatas medidas patrióticas de segurança nacional. Não que isso não esteja sendo realizado na Espanha e em outros países europeus. Mas o fato é que no mundo ibérico o povo foi em massa para as ruas; na América todos ficaram em casa.

Para nós, brasileiros, trata-se de um evento a ser usado como ponte para entender os outros e para refletir sobre as dificuldades de assumir certos valores no mundo em que vivemos. Mais que isso: mostra a necessidade de preparação para as consequências deste episódio. Uma delas, sem dúvida, serão as medidas de segurança que a Espanha vai tomar relativamente às suas fronteiras, o que, sem dúvida, vai afetar o eventual viajante brasileiro. Ou melhor, vai afetar todo o turismo mundial e, sobretudo, o de países cujos sistemas de segurança são uma vergonha nacional, como é o caso do Brasil. A começar pelos passaportes, dos mais fáceis de falsificar...

No mais, não deixa de ser curioso terminar uma crônica mal começada falando da ironia de testemunharmos uma Europa em alerta enquanto nós, com um governo que prometeu de pés juntos uma reviravolta na segurança, estamos assistindo a uma greve da Polícia Federal.

DRAMAS

UM DILEMA AMERICANO: A CONFIRMAÇÃO DE CLARENCE THOMAS

A confirmação de Clarence Thomas como juiz da Corte Suprema dos Estados Unidos foi chamada de circo. De fato, para os padrões burgueses e fundamentalmente puritanos desta sociedade, o que se viu e leu nos jornais nos últimos dias foi um autêntico "drama social". Um evento repleto de múltiplos significados, cujo conteúdo ultrapassou os esperados limites da contenção e da transparência que os americanos tanto se orgulham quando falam de suas instituições públicas.

Quando se descobriu que a professora Anita Hill havia acusado o juiz Thomas de "assédio sexual", juntou-se ao que seria um mero cerimonial de passagem – um processo a ser disputado e confirmado em bases estritamente político-partidárias – um conjunto de questões morais (e o que é a moralidade senão o lado mais sério ou "sagrado" do social?) que transformou a rotina confirmatória num formidável exercício coletivo de ética. Como drama ritual, o evento permite ir além da leitura trivial dos Estados Unidos como nação frequentemente vista como modelar para enxergar a realidade americana como sociedade e cultura: como um conjunto moral e cosmológico que também tem pontos cegos, limites, mitos, contradições e dificuldades.

Para o estudioso brasileiro, trata-se de um evento pungente e uma oportunidade única de observar *de dentro* como os americanos também ficam desesperados quando se transformam em *nativos* e, como tal, veem o seu próprio circo pegar fogo. Nós, brasileiros, que temos o hábito colonial de sempre tomar os países ocidentais avançados como modelos, encontramos neste drama o exemplo acabado de como o universo da democracia é frágil e constantemente necessita do engajamento cívico de todos os cidadãos. Em suma, o drama provocado pelo embate entre Anita Hill e Clarence Thomas nos ensina realmente que nem aqui, nesses Estados Unidos, que são a mais antiga república democrática do planeta, as coisas funcionam por si mesmas. O drama igualmente revela que é preciso um mínimo de confiança entre as pessoas que, mesmo lutando apaixonadamente, não perdem de vista as regras que as governam.

Mas quais são as vertentes mais importantes deste verdadeiro "ritual de aflição"? Primeiro é preciso notar que o seu centro é uma alegação de natureza erótica: o juiz teria abusivamente proposto encontros, comentado filmes pornográficos e falado de suas façanhas sexuais com a professora. Mas, como brasileiros, sabemos que o discurso do "assédio sexual" não é simples. Ele tanto revela posturas morais justíssimas quanto esconde algumas das dificuldades dos elos pessoais na sociedade americana. Vale notar que a expressão *harassment* não tem plena tradução em português. Nos jornais brasileiros que consultei, encontrei as palavras "molestamento", "assédio" e "cantada" como seus equivalentes. Essa oscilação revela menos consciência jurídica e igualitária, mas certamente exprime uma representação diversa do papel do erotismo nas relações humanas. O uso corrente do verbo "cantar" para designar a relação amorosa parece-me revelador. Ele sugere que, no Brasil, o encontro entre os sexos tende a confundir-se com a ideia de harmonia e de complementaridade. Isso não quer dizer que os homens brasileiros sejam mais compreensivos que os americanos. Mas permite sugerir que na "cantada", como em muitas outras esferas da vida, pensamos a sexualidade como um domínio menos *individualizado* (e contratualista) que os americanos. Isso também sugere como, no Brasil, as mulheres são cercadas de uma ambiguidade tradicional que convive com valores modernos. Se a mulher é menos encorajada e muito mais criticada a se individualizar da *casa* e do controle da *família* (do pai, dos irmãos e do marido), ela ainda é valorizada como *virgem* e, acima de tudo, como *mãe*. Não se deve esquecer que, pela mesma lógica, os homens também são valorizados como *pais*, pois tudo indica que a sociedade brasileira valoriza mais os papéis de *pai* e de *mãe* do que os de *marido* e *mulher*. Nos Estados Unidos, entretanto, ocorre o justo oposto.

Esse sentido relacional está longe dos Estados Unidos, onde a ideologia individualista faz com que todos se representem como entidades sem sexo, idade, cor ou classe social. Neste país, a tendência é pensar o indivíduo como um ser separado da sociedade. Aqui, o famoso "filho da puta" que obriga a agredir e o juramento pela "mãe" que leva a acreditar não existem. Nem há aquele misterioso triângulo de representações femininas ligadas entre si que vão da "virgem" à "puta" e da *casa* para a *rua*, passando naturalmente pela imagem contraditoriamente sagrada da "mãe-virgem", que é a nossa padroeira nacional.

Mas, como compensação e diferença, os Estados Unidos são a nação onde os valores cívicos se transformaram numa religião e onde a igualdade deixou de ser figura de retórica, implementando-se como credo moral. Foi essa cultura que inventou o herói individualizado na figura do caubói da fronteira e do detetive urbano, ambos íntegros, argutos e weberianamente desencantados e solitários. Um tanto fora do mundo, mas entrando nele para corrigir injustiças e reparar erros, como diria, talvez, Louis Dumont. Neste sistema onde tudo se compartimentaliza, a dificuldade está em relacionar-se. Nele, conforme revela o drama do juiz Thomas e da professora Hill, o problema é traçar os limites entre o *desejo*, que nasce e convive com as relações pessoais, e os *direitos universais*, que separam, mas devem valer para todos: homens ou mulheres, pretos ou brancos, ricos ou pobres.

Como traçar os limites formais entre "cantada", assédio e estupro cometido por pessoa conhecida, uma categoria de desencontro sexual certamente desconhecida no Brasil? Como definir inequívoca e juridicamente os elos entre pretos e brancos, homens e mulheres, de modo que não fique caracterizado nem o abuso do poder nem a indiferença que exilam a humanidade das organizações. Num sentido profundo, o drama em causa esconde um projeto de universalização das relações humanas que todas as sociedades burguesas têm enfrentado, mas que aqui aparece de forma radical. Se o mulato e o mestiço não existem nos Estados

Unidos como categorias morais, também não existe a ambiguidade que nós tanto cultivamos no Brasil. Se para nós é difícil medir, aqui há o projeto de medir todas as relações. E medi-las precisamente.

Mas esse drama mostra aos americanos que as relações humanas não são tão tranquilas assim. Mulheres e homens, membros da maioria dominante e da minoria subordinada, têm razões que a razão cívica desconhece. E o embate de verdades (e mentiras) entre Clarence Thomas e Anita Hill iluminou essa difícil situação. Não se tratava de um filme onde no último momento a verdade iria, nua e bela, emergir, mas, ao contrário, de um drama onde quanto mais se ouviam depoimentos, mais ficava patente que a verdade parecia ser realmente uma frágil convenção.

Pior que isso, talvez, o caso entre Thomas e Hill revela a possibilidade de existir um dupla expressão da verdade. Uma verdade bifronte ou paradoxal, capaz de ser convenientemente manipulada e incapaz de ser fulminada com o tiro do revólver do pistoleiro mais rápido. Essa dupla existência da verdade, que Fernando Pessoa descobriu perturbado e eu usei como reflexão-mestra ao abrir minha interpretação do Brasil no livro *Carnavais, malandros e heróis*, é incompatível com o credo americano.

Se entre nós, brasileiros, existe uma verdade na casa, outra na rua e uma terceira no outro mundo, aqui tudo tende a ser englobado pela verdade exclusiva que nasce com o individualismo na sua vertente mais radicalmente liberal, capitalista e igualitária. O drama social mostra como o sistema liberal engendra um claro dualismo maniqueísta (norte/sul; leste/oeste; republicano/democrata; preto/branco; anglo-saxão protestante/outros; homem/mulher; verdade/mentira), ao passo que o nosso sistema minado por um esqueleto hierárquico engendra sempre uma posição intermediária, onde luzem pelo menos três verdades. Assim, a nossa história tem sido uma narrativa onde a verdade que nasce das relações pessoais atrapalha a verdade que nasce do universalismo teórico que deve governar as instituições públicas. Nos Estados Unidos, ao contrário, a história se passa como um conflito frontal entre posições bem marcadas, de tal sorte que dele sai somente uma verdade única, dominante e exclusiva.

Se entre nós há "cantadas", "favores" e pedidos em excesso, se as múltiplas versões de um mesmo fato são o pão de cada dia, não podemos esquecer que essa presença avassaladora de verdades denuncia a ausência de procedimentos e de regras para filtrá-las e discernir o seu fundo. Deste modo, se para nós, brasileiros, o drama de Anita Hill e Clarence Thomas tem um certo toque brega, para essa sociedade que não admite triangulações nem a lógica do "mais ou menos", o impacto de versões competitivas produzidas em condições jurídicas idênticas é um martírio. Sem a descoberta do mentiroso que o sistema exige na sua lógica, surgem a hipocrisia e a inconsistência. O drama de Clarence Thomas é que ele não foi um homem público em todas as situações e, segundo as alegações de Anita Hill, deixou-se levar pelo desejo sexual. O drama de Anita Hill é que se ela tem tanta consciência deste fato e dos seus próprios direitos como indivíduo, por que continuou relacionando-se com Thomas? O drama dos dois e da sociedade americana como um todo é descobrir que, no meio do liberalismo que engendra justiça e igualitarismo para todos, existem dramas sem resolução e situações onde a verdade só pode ser descoberta na relação. E finalmente, o drama do Brasil é enfrentar situações semelhantes esquecendo que a humanidade está no acasalamento do universal com o particular. Mas realizar isso sem deslembrar que a democracia demanda o terrível exercício de construir em comum acordo uma única verdade.

SUSAN SMITH É UM CASO PARA BRASILIANISTA

Começou, na Carolina do Sul, nos Estados Unidos, o julgamento de Susan Smith, a malfadada filicida de 23 anos que, em outubro do ano passado, matou seus filhinhos, Michael e Alex, de, respectivamente, três anos e 14 meses.

Fiquei chocado com esse crime porque, durante o desenrolar dos eventos, vi na televisão a própria Susan Smith chorar pelos meninos, que, de acordo com seu relato, haviam sido raptados por um jovem negro. A sinceridade comovente da criminosa era diretamente proporcional à sua astúcia, quando mentirosamente apelava para o abismal e onipresente preconceito racial americano, forjando uma história capaz de engabelar o cidadão comum. De que o ser humano é capaz.

Descoberto e confessado o hediondo crime, Susan Smith deixa a nação americana profundamente perturbada. Para mim, o caso mostra, na sua irremediável crueldade, dois problemas críticos.

Primeiro, como é difícil exercer a maternidade num sistema que radicaliza a autonomia e o direito individual de ser feliz. Como cuidar de crianças, que se nutrem primariamente do ambiente criado e mantido pelas nossas relações com elas, se as pessoas não aceitam mais perder o jogo, a boate, a universidade ou a carreira?

O segundo problema diz respeito ao sistema jurídico americano. Vamos ver agora, com toda a nitidez, como a justiça dos Estados Unidos da América, cantada em livro e filme como impecável, vai se comportar com o criminoso pobre que apenas conta com os recursos do Estado. Esse julgamento, realizado ao lado do caso de O. J. Simpson, celebridade defendida por uma equipe milionária, vai no mínimo provocar mal-estar na opinião pública.

Todo mundo sabe que o julgamento de Susan Smith será breve, inapelável e terá como desfecho a sua execução. E todo mundo também sabe que o caso Simpson terá um *happy end* no melhor estilo de Hollywood.

Um amigo versado em senso comum me perguntava ontem: Se é o dinheiro que conta, qual a diferença entre os Estados Unidos e o Brasil?

Não resta dúvida que se trata de um caso para brasilianista.

Susan Smith e O. J. Simpson mostram que mesmo as sociedades modernas são sujeitas a paradoxos. Os sistemas entram em crise não apenas porque são mal desenhados, malformados e atrasados, como gostamos de afirmar quando falamos do Brasil, mas também porque a dinâmica da sociedade conduz a contradições. Um criminoso preto e pobre é indiscutivelmente o ator básico do sistema penal americano. Um assassino motivado por bens materiais ou pela fama é igualmente lógico para esse sistema que não está preparado para ir além das razões individuais. Como sabemos, o criminoso é sempre apanhado pelo motivo do crime. Assim, faz sentido roubar um trem pagador ou um banco para ficar rico, mas qual o significado de matar a família? Ou explodir um prédio cheio de inocentes só para fazer um protesto político? Pior que isso: o que fazer com um réu que é preto e célebre, além de simpático, carismático e milionário, e, por contraste, com a mocinha branca e deprimida cujo crime tem razões que só a perspicaz especulação sociológica pode atinar?

APRENDENDO COM SUSAN SMITH

O ideário americano de contabilizar o crime, de acordo com uma agenda inspirada no mercado e no liberalismo, tem se mostrado não apenas sujeito a erros como impossível. Como se sabe, foi o Ocidente quem resolveu contabilizar, acima das pessoas, do contexto e das situações, tipos de crimes e as penalidades que lhes corresponderiam. A base do raciocínio é simples: existiriam criminosos ideais, crimes exemplares e penas adequadas, aplicáveis a todos os casos.

O que se verifica na prática, porém, é a falência do sistema que continua, não obstante os esforços louváveis de muitos policiais e juristas, a levar o contexto social mais ou menos em conta. Contexto social que conduz ao inverso do sistema, quando leva a considerar quem é o criminoso e especifica o modo como o crime foi cometido, além de detalhar as eventuais motivações do criminoso e de trabalhar com a relação entre o crime e o grupo social como um todo. O caso de O. J. Simpson, ainda em curso nos Estados Unidos, é um bom exemplo dessa intromissão do contexto num sistema desenhado para excluí-lo.

Sabemos que tal sistema veio substituir um regime jurídico direto, baseado na reciprocidade e na vingança, que ainda existe em muitas sociedades tribais e tradicionais. Nestes sistemas, os crimes são julgados por meio de um diálogo sistemático entre a moralidade social (sempre geral e abstrata quando não implícita) e a situação social do criminoso e a da vítima, vistas como algo específico e concreto. Trata-se de um regime tendente ao privilégio, um sistema bem conhecido no Brasil e que permite um tratamento diferenciado para um mesmo crime, dependendo da posição social e educacional do réu. Deste modo, se nós falamos que a lei vale para todos, nas sociedades tribais (e tradicionais) diz-se que a lei vale mais para Fulano que para Beltrano (uma pessoa importante e/ou bem relacionada).

Num caso, o risco da desmoralização é quando o crime é cometido, por exemplo, pelo presidente da República. Noutro, o risco é quando um chefe abusa da sua posição social. Ambos os sistemas, entretanto, têm seus pontos negativos e positivos. Nenhum é perfeito ou totalmente puro, pois mesmo em países modernos e liberais, como os Estados Unidos, é duro condenar-se um presidente prevaricador (quem não se lembra do caso Watergate e no perdão concedido a Richard Nixon), e mesmo nos sistemas nos quais os bem-nascidos tendem a estar acima da lei, presidentes podem ser punidos (pelo menos politicamente), conforme ocorreu no caso Collor.

Sistemas tribais operam de modo particularista, sistemas modernos funcionam de modo universalista (a princípio, a lei vale para todos) e sistemas híbridos (ou em transição, conforme gostamos de dizer e estamos dizendo já há 100 anos no Brasil) valem-se das duas dimensões. Daí, como mostrei num livro escrito em 1979 – *Carnavais, malandros e heróis* –, o "jeitinho" e o "você sabe com quem está falando?", como modos de ajustar as regras universais aos casos concretos, sobretudo quando o rompimento da norma é realizado por alguém importante. Nestes sistemas, convém adicionar, a punição política dos grandes é sempre mais forte e barulhenta (podendo ser eleitoralmente mortal) do que a punição por crimes comuns. E os crimes contra o sistema financeiro, sobretudo contra o erário público, esses crimes que só podem ser cometidos pela "aristocracia", são rigorosamente "impuníveis", como faz prova, entre muitos outros, o caso de Collor e PC Farias. Ou seja, eu liquido meus adversários políticos, mas em nome da honra da família protejo meus primos que mataram e roubaram...

Sou levado a tais considerações pela rapidez com que Susan Smith foi considerada culpada pelo sistema jurídico da Carolina do Norte, Estados Unidos. Enquanto o caso Simpson corre lentamente, pois os advogados usam de todos os recursos para burocratizar os processos criminais, o caso de Susan Smith se resolve em tempo recorde.

No Brasil, estamos acostumados a viver essa mesma lógica que protege o poderoso branco e membro de alguma corporação de prestígio (como o Congresso Nacional) e leva a uma infecta cadeia o pobre, sobretudo se ele for negro, analfabeto e desempregado. Ou seja, os bem relacionados se safam e os "indivíduos" (quem não tem relações) se estrepam.

Deste ângulo, o caso Simpson e o de Susan Smith ajudam a desmascarar o sistema americano, aproximando-o do brasileiro. Sua lógica é a mesma, mas, no caso americano, quem tem mais dinheiro e prestígio se safa melhor. É, entretanto, uma ironia constatar que no mundo liberal, onde se prega justiça para todos, milhões são gastos para fazer aquilo que em qualquer tribo ou país subdesenvolvido se faz de graça: contextualizar socialmente o caso. Em outras palavras, revelar *com quem a sociedade está falando...*

UMA VISÃO ANTROPOLÓGICA DO CASO SIMPSON

O julgamento de O. J. Simpson embaralha, na sua enorme complexidade, uma multidão de temas. O primeiro é o da possibilidade de um casamento inter-racial, notadamente entre um negro e uma branca, funcionar nesta sociedade. Pois apesar de os Estados Unidos estarem longe das leis segregacionistas vigentes até os anos 1960 nos estados do Sul e de constantemente exercerem uma enorme vigilância em torno do preconceito racial, as atitudes culturais que engendram tais procedimentos continuam. Outro dia, comentando o "caso Simpson" com um vendedor de eletrodomésticos, ele (um homem branco) exprimia a sua mais absoluta descrença na união de mulheres brancas com negros, que, nas suas palavras, eram frequentemente desabusados, preguiçosos e predispostos a maltratar suas esposas. Falava de cadeira, pois uma de suas cunhadas havia se casado com um negro para – segundo ele – logo divorciar-se de modo escandaloso. Isso comprovava, conforme fez questão de dizer, a ausência de "autoestima" da moça e a inexistência de fibra moral do seu ex-marido negro.

Parece filme, mas é a vida.

Outro tema que o julgamento igualmente levanta é o fato de que o acusado não é o negro comum, pobre e representativo de uma comunidade carente, mas é um homem rico e famoso – uma celebridade. Este dado confunde e de certo modo dá um toque singular ao caso. Porque com isso os advogados de defesa não podem arguir com facilidade a tese de que a polícia, por odioso preconceito, tentou forjar provas contra O. J. Simpson. Tal linha de argumentação tem sido tentada, mas ela se desenvolve com dificuldade porque alguns policiais conheciam o réu, frequentavam sua casa e um deles disse em juízo que "era um dos seus empregados", prestando-lhe pequenos favores.

O dado perturbador nisso tudo é a revelação dos privilégios das pessoas famosas. Pois o que está no fundo de toda esta tragédia é um estilo de vida baseado na futilidade e na banalização do dinheiro e do prestígio, que caracteriza a vida de algumas dessas pessoas. No fundo, trata-se do lado pervertido e negativo do sucesso, que emerge claramente mostrando que, depois da acumulação dos dois primeiros milhões de dólares, as responsabilidades públicas, que teoricamente deveriam estar fundadas na igualdade perante a lei e na preocupação com a vida pública, como manda o credo norte-americano, cedem lugar a uma existência baseada num etos de futilidade, no qual o gozar a vida egoística e impunemente é a norma.

No Brasil, conhecemos bem esse estilo fútil de viver que tem caracterizado a sociabilidade das nossas elites e de alguns dos nossos políticos. Mas no Brasil essas pessoas pelo menos pensam nos parentes e amigos. Aqui, na terra dos livres e dos iguais, a descoberta de que Nicole, Simpson e seus amigos viviam comendo, bebendo, experimentando drogas e viajando – vivendo egoisticamente todos os dias como uma festa – é algo certamente chocante.

Essa faceta do caso mostra uma reversão social relativamente invisível aqui nos Estados Unidos. Refiro-me ao fato de que na sociedade de "iguais perante a lei" a reversão desnuda a hierarquia e o descaso pelas leis com que as celebridades podem ser eventualmente brindadas. A começar pelo fato de o promotor de Los Angeles não ter pedido a pena de morte para o acusado. Assim o público toma, a contragosto, conhecimento da humanidade e dos paradoxos de O. J. Simpson, que passa de impecável herói esportivo a explosivo e contumaz agressor de mulheres. Não deve ter sido por acaso que o livro *O médico e o monstro*, de Robert Louis Stevenson, tenha sido escrito na Inglaterra. Outra sociedade individualista, engolfada em problemas semelhantes.

Todos esses temas fazem com que o julgamento desperte um enorme interesse público. Para nós, brasileiros e observadores-participantes, outro dado notável desta situação é que ligando a

TV vemos o quanto o modelo do julgamento é básico na vida americana. Pois são centenas de dramas nos quais o momento culminante da ação é decidido num tribunal do júri. Ontem mesmo eu ia confundindo um mero drama cinematográfico exibido na televisão com o caso Simpson. Uma vida social centrada no júri certamente revela um sistema fundado no conflito e numa impessoalidade na qual o advogado, o juiz e a polícia sejam atores críticos na sua produção e reprodução.

Tudo isso nos leva a considerar que o famoso e idealizado estilo de vida americano vive de uma obsessão regulamentadora. Não seria exagero imaginar que no futuro toda a vida aqui se passe num palácio de justiça.

II

O. J. Simpson absolvido

O desfecho do caso Simpson levanta várias questões sobre o sistema americano. Trata-se de um caso que ficará como um marco para a sociedade e para a Justiça dos Estados Unidos.

São muitas as suas lições.

Em primeiro lugar, que o chamado mundo subdesenvolvido não tem mais a primazia do bizarro. Não é só na Índia que os inocentes perdem a vida em meio a guerras religiosas fratricidas. Nos Estados Unidos isso ocorre todo dia, quando brancos e negros se encontram. Estão aí os milicianos que são contra o governo Clinton e já estouraram um prédio federal em Oklahoma City. Maridos machistas matam impunemente suas mulheres no Brasil, e hoje, graças ao caso Simpson, também nos Estados Unidos.

Atualmente, a América Latina não pode mais ser chamada de O Reino dos Machos acima da lei – terra onde o dinheiro compra e protege tudo. O caso Simpson revela que todos os processos jurídicos sofrem influência da sociedade, estando sujeitos à tática do ganhar tempo, estratégia bem conhecida no Brasil que, no caso dos crimes passionais, produz o relaxamento da memória e, com ele, das fortes emoções que tais crimes despertam na comunidade. Estou seguro de que se Simpson fosse pobre e tivesse sido julgado "em tempo hábil", como acontece com os negros pobres e anônimos (e no caso Susan Smith), haveria um desfecho diverso.

A segunda lição é que nos Estados Unidos, como no Brasil, a "racionalidade", a democracia e a justiça operam de modo confuso em casos de assassinatos de mulheres por seus maridos, sobretudo quando o casamento é inter-racial, e o marido acusado é uma pessoa que goza da estima do público, sendo uma celebridade e/ou um herói nacional.

Tal dado nos faz pensar se a transformação dos indivíduos em pessoas: em heróis nacionais e celebridades, não é um processo que reconstrói a seu modo os velhos valores aristocráticos que penamos tanto para erradicar formalmente, inclusive por meio de levantes sangrentos. Deste modo, pergunto-me se esse processo de "celebrização", que sinaliza êxito material e emocional, tornando quem foi comum alvo de admiração, amor, cobiça, inveja, rancor, opinião, discussão pública e privada, apetite sexual, prestígio político, beleza etc., não equivale a transformar alguém numa entidade especial, cujas ações estariam acima do bem e do mal e consequentemente também da lei.

Ora, diria o leitor, o caso de Hugh Grant, celebridade flagrada com Divine Brown, negaria essa teoria. Mas não se pode esquecer que, em matéria de fama, Hugh Grant é juvenil perto de Simpson, cuja fama foi forjada nos campeonatos universitários de futebol, essas disputas verdadeiramente populares justo porque teoricamente estão acima do dinheiro e envolvem times que jogam por amor à sua "escola" ou *alma mater*. Outro dado básico do valor sagrado que Simpson encarna é que ele é um negro pobre que lutou, acompanhado pelo povo americano, para subir na vida. Ora, o trajeto do negro pobre que vira celebridade rica representa precisamente o valor americano mais precioso: a possibilidade de ascensão social que demonstra a recompensa pelo esforço pessoal e, na outra ponta, a ausência de obstáculos ao talento e ao trabalho. A América vê O. J. Simpson como uma prova concreta de que o sistema funciona, que é aberto e que, no fundo, dá oportunidade para todos. Como não valorizar isso? Como pretender que esse dado não influencie o modo de perceber as teorias produzidas pelos advogados e promotores no julgamento de Simpson?

Finalmente, em terceiro lugar, cabe mencionar as ambiguidades do trabalho policial e o valor do dinheiro. Falamos que o "dinheiro não traz felicidade", mas para o americano o dinheiro é prova de beatitude, de sucesso e de esforço. Nos Estados Unidos, não se acredita na ideia de Balzac segundo a qual, por trás de toda grande fortuna há algo de escuso ou de podre. Neste país, o dinheiro é um sinal de proteção divina, de inteligência, de capacidade de agir e de temperamento empreendedor. Por outro lado, pensamos que o FBI é perfeito, mas o caso revela policiais racistas que admitem abertamente serem capazes de plantar provas quando o suspeito é um negro.

Será que o dinheiro pode comprar tudo? Certamente que não. O dinheiro não comprou a Justiça, mas foi capaz de comprar uma teoria que juntou o preconceito existente contra os negros com a notória incompetência, arrogância e prepotência policial. Com isso, o caso Simpson faz surgir, nua, a verdade sobre o ideal de justiça do mundo moderno: aquela que afirma ser a justiça cega, menos para quem tem fama e fortuna.

III

O herói e o criminoso

O caso Simpson vai fazendo marolas, repercutindo aqui e ali, desdobrando-se em reações diferenciadas em todas as partes.

Desde o começo foi um caso difícil que pegou a sociedade americana de surpresa. Como ver O. J. Simpson, o herói esportivo e cinematográfico, o homem público de comportamento exemplar, como um criminoso em potencial, suspeito de ter assassinado a ex-esposa, Nicole, com a qual teve dois filhos, e o amigo de sua mulher, Ronald Goldman? Acresce que esses mortos não deixaram este mundo por terem levado chumbo de revólver, garrucha ou pistola, mas foram mortos a faca – um tipo de crime que é repulsivo, porque implica o contato físico direto entre o criminoso e a vítima.

Realmente, no crime cometido por meio de arma de fogo, quem mata (com perdão pelo óbvio ululante) é a bala, um intermediário entre a vítima e o assassino. Mas no crime com arma branca as coisas mudam de figura, porque nesse caso o criminoso provoca a morte num contato direto com o corpo de sua vítima, medindo sua força na resistência da carne, cartilagens e ossos do assassinado; vendo o sangue jorrar do seu corpo, manchando-lhe a roupa, lavando-lhe, quem sabe?, a vergonha, o ódio, o ressentimento.

Corrobora a estupefação pública a carta que Simpson escreveu aos amigos e a sua fuga de carro, perseguido pela polícia e pela televisão, numa autêntica cena de cinema. A vida imitava a arte e fazia do herói um criminoso, como a dizer à sociedade americana – aquele sistema certinho de calvinistas brancos – que os polos se encontram e que há, como no livro de Robert Louis Stevenson, um Mr. Hyde, um criminoso abjeto dentro de cada um de nós...

Uma vez preso, iniciou-se o que seria o mais badalado julgamento da história do direito americano. Para os acusadores, não havia dúvida de que Simpson era o criminoso – tese aparentemente fácil de provar pelas evidências de sangue, pela sua incapacidade de fornecer um álibi convincente (Simpson simplesmente não foi visto por ninguém na hora do crime) e, acima de tudo, pela história marital do casal, repleta de abusos físicos contra a pessoa moral e a integridade física de Nicole Brown.

Para quem acompanhou todo o julgamento, como foi o meu caso, era estarrecedor ouvir as fitas da polícia, quando Nicole pedia socorro e dizia ao policial de plantão que O. J. estava furioso, descontrolado e queria matá-la. Era estarrecedor igualmente ouvir o depoimento de uma das irmãs de Nicole, Denise, confirmando um lado desconhecido de Simpson: a sua dimensão violenta, prepotente, agressiva e dominadora. Ouvindo-a, temos a impressão de que a relação entre O. J. e Nicole se fundava num elo de dominação, laço no qual o milionário Simpson ditava as regras para uma bela menina pobre e sua família.

Numa sociedade de iguais, esse terrível laço mostrava como é fácil para os ricos e famosos comprarem uma mulher. Numa sociedade de consumo, essa ligação revelava o alto poder de sedução do dinheiro.

Mas Simpson não era um milionário qualquer. Diferentemente, por exemplo, de Mike Tyson, um excepcional esportista, mas lutador de boxe, Simpson era um Pelé do futebol americano. E aqui o futebol é um esporte no qual a maior jogada é correr com a bola (de fato, um ovo) para a área de gol, passando e enganando, como um soldado, as linhas de defesa do inimigo. Ora, um negro que esmurra e tem uma vida sexual voraz e aberta confirma o estereótipo, mas o que dribla, atua no cinema e torna-se empresário confirma a crença nos valores da democracia. A vida diversificada e inteligente de Simpson fez com que ele tivesse inúmeras relações com pessoas importantes que logo o aconselharam sobre os advogados que deveria escolher. E escolhendo Johnny Chrocane e seus associados Simpson demonstrou ter feito uma sábia decisão. Pois foi esse *dream team* legal de cinco milhões de dólares que o livrou da prisão perpétua.

Enquanto a promotoria confiava cegamente nos fatos, adotando uma posição realista e certamente ingênua, a defesa ia esticando o tempo e criando sonhos.

Sua primeira tese foi a de que o responsável pelo crime teria sido a máfia colombiana. Tal teoria era tênue, mas com ela houve a oportunidade de colocar os detetives no banco dos depoentes e encontrar um caminho para desconstruir a realidade, criando um cenário que serviria para absolver o herói.

A saída da defesa foi a descoberta de que o detetive Mark Furhan, o primeiro a chegar na cena do crime, era um racista que admitia aberta e arrogantemente forjar provas para condenar um negro. Ao lado disso, houve uma demonstração relativamente convincente de que o detetive teria "plantado" provas contra Simpson. Arrematou o caso a argumentação perfeita (e brasileira) da defesa, salientando que nenhum homem inteligente como Simpson iria deixar tantas provas como fazia crer a defesa. Ora, como o mundo é esperto e todos somos complicados, essa tese também pegou. Assim, os eventuais descuidos do assassino, um homem desesperado, tornaram-se provas cabais de sua inocência. Tal como no Brasil, onde se acredita de pés juntos que quem é rico não rouba quando está no poder.

Finalmente, veio o argumento da segregação. Pois numa sociedade dividida e traumatizada pelo racismo, tanto mais abusivo quando ele surge na maior democracia do planeta como um hóspede não convidado, um detetive racista foi a gota d'água capaz de transformar a tese da defesa em dúvida. E a dúvida, na justiça, fala em favor do réu.

IV

Ainda o "caso" Simpson

Alguns leitores devem estar pensando no caso Simpson de modo tipicamente brasileiro, como uma "bruta confusão!", como um caso insolúvel. De certo modo, estão certos. Curioso que a mídia nacional, em geral tão preocupada – eu quase digo especializada – em esculachar o Brasil, e tão ciosa em elogiar as coisas "de fora", tenha dado tão pouca atenção ao caso de um ponto de vista menos noticioso.

Explica-se: o caso Simpson faz os Estados Unidos ficarem iguaizinhos ao Brasil, revertendo aquela evolução que todos os colonizados tanto desejam.

Com efeito, se o modelo é seguir na direção americana – da economia, da cultura popular e das chamadas "artes" em geral: Quando é que vamos inventar o nosso Lincoln Center? Quem é o nosso Cole Porter? O Carnaval não está ficando cada vez mais parecido com os musicais da Broadway? –, os dois julgamentos de O. J. apontam na direção oposta. Pois o caso Simpson não remete aos detetives supereficientes que Hollywood nos habituou a ver como parte da cena americana, mas, pelo contrário, faz pensar no julgamento de Leopoldo Heitor (chamado de "o advogado do Diabo" pela grande imprensa) e em outros crimes célebres, quando os procedimentos jurídicos esbarraram na dúvida, na ambiguidade e, por isso mesmo, deixaram o assunto em aberto e sem solução, o que sempre interpretamos como um sinal de que o Brasil é alérgico à justiça.

Entretanto, vejam bem o que tem acontecido no caso Simpson. No primeiro julgamento, o penal, ele ganhou. Foi absolvido por unanimidade num evento legal que mostrou três fatos básicos: (a) que a nação americana continua abismalmente dividida entre brancos e negros, e que esta divisão tende a se ampliar na medida em que os valores étnicos parecem superar em importância os valores nacionais na definição das identidades locais; (b) a explosão do princípio democrático da isonomia, que diz: "todos são iguais perante a lei", porque o caso mostrou que quem tem fama e dinheiro tem tratamento diferenciado. Tanto nas preliminares policiais quanto na capacidade de contratar "bons advogados", ou seja: profissionais que realmente conhecem o sistema jurídico. Se o homem comum teme os meandros judiciais e mal entende o código dos processos e dos procedimentos legais, os "bons advogados" tudo conhecem e tudo desmistificam; e, finalmente, (c) a vida real não opera de acordo com as boas leis do mercado que cria preços honestamente confrontando oferta e procura. De fato, a vida real tem a estranha capacidade de inverter princípios básicos, pois, diante dos "fatos", o que se viu no caso Simpson foi a sua desconstrução. Assim, prevaleceu o cinismo, a catimba, o engodo, a malandragem, a demora propositada, a dúvida por parte da defesa e, para piorar as coisas, a promotoria (e o Estado em geral) revelou-se incompetente.

Quer dizer: o caso Simpson revela que etnias e culturas, os chamados valores locais, continuam tendo o seu lugar no desfecho de certos dramas sociais. O fato de ser negro ou branco, cristão ou muçulmano, homem ou mulher (quem não se lembra do caso de Anita Hill contra o juiz Thomas) conta tanto quanto ser cidadão americano.

Será essa uma tendência crescente? A pergunta é crítica e o caso Simpson mostra como o processo globalizador atenua o valor social dos Estados nacionais, somente para pôr na ordem do dia laços primordiais, como a cor, a língua, a religião e a cultura de cada grupo local. Quem não acreditar nisso que olhe para a Bósnia e a África.

Mas o caso Simpson também mostra que culturas e Estados nacionais são entidades multifacetadas, dotadas – como os polvos – de muitos braços e recursos. Se no primeiro julgamento O. J. venceu, o Estado, que também tem uma dimensão civil, voltou à carga.

O julgamento criminal colocou o Estado contra Simpson, pois assassinatos são crimes cuja apuração cabe ao Estado. Mas como a sociedade americana tem um forte componente individualista, existe a chamada dimensão civil, que envolve reparações financeiras entre os indivíduos. Nesta área, as reparações não se fundam na perda da liberdade, mas no símbolo básico do sistema: no dinheiro.

Simpson está livre, mas foi obrigado a pagar 25 milhões de dólares às famílias de Ronald Goldman e de Nicole Brown. O "você sabe com quem está falando?" e a malandragem custam caro aqui!

A dimensão civil do caso traz à tona valores nacionais muito fortes, como o direito à compensação financeira. Realmente, depois da decisão civil, cabe perguntar: neste nosso mundo não será muito mais doloroso condenar uma pessoa a pagar uma alta soma de dinheiro do que simplesmente colocá-la numa prisão? Para um consumidor desvairado, para uma celebridade onipotente, para a superestrela egocêntrica e obcecada pela sua imagem na mídia, ficar pobre, perder o prestígio, ser forçada a mudar a máscara não é muito pior do que ir para a cadeia?

Neste sentido, o julgamento civil, que terminou com a derrota de Simpson, revela que, afinal de contas, o Estado nacional pode estar fraco, mas continua existindo e sustentando valores sociais muito importantes, como o individualismo e o mercado. Valores que permitem saldar ofensas criminais com reparos financeiros. Aqui está um lado coerente do caso Simpson, lado que de certo modo consola e conforta muitos americanos porque mostra que o sistema, apesar dos rateios, funciona.

V

O "caso" Simpson: final

As penalidades civis tendem a se tornar tão importantes quanto as penais na sociedade moderna. E o professor John Langbain, da Escola de Direito da Universidade de Yale, concorda comigo, afirmando para o *New York Times* de 5 de fevereiro que a dimensão civil de casos como esses serve como "corretivos potenciais" para os julgamentos penais que contemplam muitas salvaguardas para réus que são ricos e famosos. Ademais, acrescenta ele, tais julgamentos são uma brincadeira de criança para advogados supermalandros como os que integraram o *dream team* de Simpson.

Nos Estados Unidos, diga-se logo, os procedimentos civis são mais antigos do que os criminais. Na tradição americana, a justiça nunca foi monopólio do Estado, que sempre a dividiu com a sociedade. Com isso, os conflitos sempre foram decididos individualmente, ficando o aparelho do Estado em segundo plano, numa experiência muito diversa dos países da Europa (tirando, claro está, a Inglaterra) e da América Latina. Mas como os casos civis tendem a se ampliar no Brasil, é possível prever que também entre nós esse modo de fazer justiça venha se tornar uma segunda via. Uma espécie de alternativa para as situações nas quais o acusado pode se proteger e se evadir, devido ao seu poder financeiro aliado ao seu magnetismo ou capital simbólico pessoal, como foi o caso de O. J. Simpson – um herói nacional americano, um branco honorário.

Para alguns, o que levou à absolvição de Simpson no julgamento penal foi o trabalho de demolição da credibilidade do Estado realizado pelos advogados de defesa. Quando eles revelaram que os fatos podiam ser discutidos porque foram mal coletados e quando provaram que um dos detetives tinha preconceito racial. Foi isso que tornou viável a tese do racismo contra Simpson. Ao lado dessa tática de demolição da credibilidade profissional dos policiais, esses advogados contaram com uma promotoria incompetente e muito jovem. Promotoria sem nenhum carisma e que resolveu não usar provas que seriam cruciais no caso, como as cenas de "fuga" de Simpson, nas quais o que se ouve e observa é a simpatia dos policiais de Los Angeles pelo acusado e não o contrário, como quiseram seus vitoriosos advogados de defesa. Por que uma pessoa inocente fugiria? Por que um inocente diria para um policial que ele é quem precisava ser machucado? Tais fatos jamais foram usados pela promotoria de Los Angeles, revelando uma notória incompetência que levou à liberação do réu.

Mas contra os riscos de um Estado eventualmente incompetente há o alento do julgamento civil que, como alguns acentuaram, retoma em bases pós-modernas uma forma privada de justiça. Com isso, fica na pauta das discussões a possibilidade de privatizar a Justiça.

Num plano mais profundo, tudo isso acentua os limites do sistema liberal, muito bom quando o réu é pobre, preto e anônimo, e muito perverso quando se trata de indivíduos que fazem o sistema funcionar: os artistas, os escritores, os esportistas, as superpessoas em geral.

Não foi, portanto, com surpresa que ouvi o advogado das vítimas, David Petrucelli, afirmando que era preciso primeiramente mostrar que O. J. Simpson era uma pessoa comum, capaz de mentir e de adulterar fatos para depois jogar com as inconsistências do caso, inclusive com a prova conclusiva dos sapatos importados que ele também diz que jamais possuiu, mas que calçava em muitas ocasiões, conforme ficou demonstrado em dezenas de fotos tiradas por três profissionais da fotografia.

Se para construir o papel de celebridade muitos ritos de passagem são necessários, para fazer com que uma figura seja vista como uma pessoa comum, basta revelar que ela também está sujeita aos mesmos sentimentos do povo em geral. Foi o que fez Petrucelli, quando recorrentemente revelou que Simpson mentia. Mas para isso foi preciso ter Simpson depondo, o que não aconteceu no julgamento penal porque as leis do Estado paradoxalmente o protegeram. Diante, portanto, do advogado das vítimas,

Simpson confrontou-se talvez pela primeira vez na sua vida com a impossibilidade de se safar com mentiras.

E se a mentira tem rabo curto na sociedade brasileira, aqui, neste sistema forjado pelo puritanismo, mentir é mais que um pecado, pois significa abrir mão da consistência entre o ser e o fazer. Com isso, as vítimas ficaram felizes e potencialmente ricas, e a sociedade americana pôde retomar seu curso tradicional e feliz como um lugar onde os mentirosos são punidos. Nos Estados Unidos, mentir pode custar 25 milhões de dólares.

OS DOIS CORPOS DO PRESIDENTE

O escândalo que envolve o presidente Bill Clinton dá muito pano pra manga. Inicialmente pode-se cair no lugar-comum e falar que é mais uma história típica de um país puritano, um sistema que não pode admitir o paradoxo colocado pelo amor de um homem casado por uma moça mais jovem que, sobre sua influência, ainda teria mentido a um juiz federal.

Eu seria o último observador da cena americana a negar isso, mas penso que é preciso ir além. Acho necessário apontar as contradições da vida moderna, esse sistema relativamente globalizado, mas fundado num individualismo que promove muitos desequilíbrios entre as esferas da vida doméstica e pública.

Na Idade Média, reis, bispos e papas eram vistos como tendo dois corpos. Havia o corpo da vida cotidiana, que pecava, ficava doente e eventualmente morria, e o corpo público, que realizava tarefas divinas e era visto como imortal e incorruptível. A dualidade dos corpos correspondia, é claro, à oposição entre corpo e alma (ou os papéis sociais desempenhados e seus respectivos valores). O corpo, é claro, estava sempre ligado às paixões temporais e egocêntricas; a alma, como ensinou Durkheim, sempre direcionada para o lado coletivo, altruístico e idealizado do mundo e da vida. Daí as representações funerárias dos papas, reis e bispos com dois corpos: um mortal e decadente, o outro divino e impecável em seus paramentos oficiais.

Por terem um fundo sexual que as vulgarizam (e humanizam), as alegações contra Bill Clinton promovem, de saída, essa descoberta do outro corpo do presidente. O corpo íntimo e doméstico, mortal e falível que a onipotência da modernidade faz tudo para suprimir. Pois um dos valores mais básicos da vida moderna é que somos iguais em tudo e, no entanto, estamos todos prontos para idolatrar o diferente e o excepcional: o grande político, o escritor original, o repórter corajoso, o batedor de recordes, o grande ladrão, a modelo escultural, o ator genial e, no Brasil, o presidente malandro e mulherengo...

Digo, então, que o *affair* Clinton vai além do puritanismo porque qualquer país do mundo que tivesse descoberto uma ligação semelhante teria reagido da mesma forma: com uma mistura de raiva, ressentimento, inveja e decepção – esses ingredientes da vontade coletiva de punir exemplarmente quem rompeu com um tabu.

Mas que tabu é esse? Certamente não foi a descoberta da alegada amante (coisa comum entre os poderosos), mas a possibilidade de pegar o presidente mentindo e, pior que isso, a probabilidade de provar a mentira. Ou seja: a diferença aqui é que as próprias amantes denunciam seus amados, colocando-os em confronto com eles mesmos. No fundo, o que se vê é a imagem dos dois corpos do presidente em franco e aberto conflito. O corpo público e impessoal sendo brutalmente traído e invadido pelo corpo íntimo e doméstico.

Tudo se passa, portanto, como se o mundo moderno não tolerasse a intimidade que protegia os poderosos e suas sociedades de sua própria humanidade. Já esquecemos de Lady Di?

O modelo do sistema é o computador, que, numa implacável memória digital, armazena tudo, fazendo com que, em teoria, todas as recordações tenham o mesmo valor. Tal modelo sugere a operação automática da sociedade. Como se os seres humanos fossem mesmo indivisíveis e tivessem que reagir do mesmo modo em qualquer situação. A moral moderna liquida as chamadas circunstâncias atenuantes, aqueles elementos que fizeram com que Cristo perdoasse Pedro, mesmo quando esse o negou três vezes.

Outro ponto importante é que a justiça moderna só enxerga uma verdade. A "verdade verdadeira", produzida nos tribunais, que, por sinal, pode ser uma grande mentira legal, como parece ter ocorrido no caso Simpson. Achar que tudo tem duas ou três versões, como ocorre saudavelmente no Brasil, é algo que não

Os dois corpos do presidente

existe aqui, onde os "princípios" que governam o mundo ficam cada dia mais parecidos com os programas de computador. A forma domina o conteúdo e o legal engloba a contradição humana que conduz à compaixão.

Com isso, todos tendem a ser dominados pelos seus papéis públicos.

Estamos sujeitos a esses dramas porque, nesses Estados Unidos, o presidente não é um símbolo do poder, da soberania, da força e da moral americana. Não! Em virtude de uma concepção individualista do poder, ele é a própria sociedade americana; e, como tal, deve ser tão perfeito quanto ela. Por isso não pode falhar. Luís XIV, o Rei Sol, não faria melhor.

Aí está o paradoxo. Na vida pública, os auxiliares, ministros, a imprensa e, sobretudo, a oposição impedem que o presidente cometa erros. De fato, o aparato público de uma democracia moderna é um verdadeiro antídoto contra a irresponsabilidade e o descuido no exercício do papel de presidente. Mas se sua vida pública é ultravigiada, ninguém teoricamente comanda sua vida doméstica. Conclusão inescapável para todo cidadão moderno: é mais fácil errar em casa do que na rua.

Como, então, salvar Bill Clinton, exceto pela crítica ao sistema como um todo? Um sistema que rouba de cada um de nós a velha e saudável circunstância atenuante que existe com o nosso outro corpo: o nosso "corpo" humano, demasiadamente humano?

ESTADOS UNIDOS
DA AMÉRICA (LATINA?)

O caso que envolve o presidente Bill Clinton e a ex-estagiária da Casa Branca Monica Lewinsky dá mais o que pensar que o célebre "bimbo" do meu querido Arnaldo Jabor.

De fato, trabalhando com uma notável intuição cultural e um desculpável desconhecimento do inglês coloquial e dos valores americanos, Jabor entendeu que "bimbo" – expressão da gíria americana que fala de uma mulher descartável, usada como objeto sexual – significava "pênis". Baseado, então, neste engano e impressionado com o número de vezes que a palavra "bimbo" aparecia em jornais e entrevistas aqui nestes Estados Unidos, Jabor escreveu uma crônica na qual usava o "bimbo" como paródia do membro viril do presidente dos Estados Unidos.

É que o provocativo e brilhante cronista associou "bimbo" com "bimbada", e achando, brasileiramente, aliás, que os nossos irmãos do Norte gostam de falar de "peru" tanto quanto nós, ele descobriu que a "piroca", o "bimbo" de Bill, estava na boca (sem trocadilhos, *please*) de todo mundo...

No fundo, o erro do Jabor, erro – aliás – graciosamente reconhecido por ele e que o levou a cometer duas deliciosas crônicas sobre sua vida sexual, tem uma moral cultural importante. Pois o engano mostra, daí esse meu comentário, as dificuldades de traduzir conceitos e a riqueza das distâncias culturais – apesar de vivermos num mundo que a tal globalização faria encolher a olhos vistos.

A despeito, portanto, das semelhanças entre os Estados Unidos e o Brasil, o universo local ainda desempenha um papel básico no discernimento de certos termos e situações. O que nos leva à surpresa de descobrir que a palavra "bimbo" fala menos do famoso símbolo do poder no Brasil, o "pau" que fertiliza, destrói e eventualmente desmoraliza o seu dono, e muito mais do "status" inferior das amantes nos Estados Unidos. Dois fatos culturais complicados de entender quando se passa, sem os devidos filtros, da ideologia brasileira para a americana.

Ambos os sentidos de "bimbo", entretanto, e esse é o meu ponto, fazem parte deste intrincado drama que envolve o presidente americano. Pois aqui, em contraste com o Brasil, as amantes não existem como "outras", como a terceira margem do rio, mas como uma condição passageira, destinada a conduzir a uma escolha e a um consequente e honestíssimo divórcio, a ser seguido por outro casamento. A moral aqui é outra: se uma mulher fica satisfeita no papel de "outra", ela corre o risco de se transformar num mero e desprezível "bimbo".

Por tudo isso, o caso Bill-Monica é mais do que um mero escândalo sexual daqueles que a gente termina (ou amplia) com um bom inquérito (como fazem os americanos), ou com uma saudável galhofa carnavalesca ou inumeráveis versões que irão acabar em pizza, como nós, brasileiros, sempre fazemos.

Esse drama é também mais do que um episódio a ser entendido por meio da hipótese de uma boa e nítida conspiração política, tão a gosto do estilo latino-americano, conforme surpreendentemente sugeriu a primeira-dama deste país, dona Hillary Clinton, numa entrevista. Ocasião deveras notável, na qual ela fez como sempre fazemos no Brasil: acusou sem papas na língua a "direita" americana de tentar perturbar o governo do seu marido, que, curiosamente, goza de enorme prestígio e sucesso.

Do mesmo modo, não se pode explicar o drama de Bill apelando para a famosa dicotomia entre casa e rua, tão utilizada no Brasil. Dizer, então, como tenho ouvido de alguns comentaristas e amigos americanos, que Bill Clinton foi eleito para governar os Estados Unidos, que ele está se saindo muito bem e que o lado pessoal de sua vida não interessa é um argumento forte e válido para países supostamente subdesenvolvidos e pré-modernos, sociedades nas quais a lógica da vida privada é diversa da que governa o mundo público. Mas em sistemas modernos, que nasceram juntando a casa e a rua, em culturas nas quais o individualismo diz que só se pode ser uma pessoa, pois sem isso não existe a famosa "contabilidade política" que conduz à transparência, à responsabilidade e à racionalidade, essas pernas básicas da teoria democrática contemporânea, o argumento dos dois Bill – o da casa e o da rua – não pega.

Muito pelo contrário, usá-lo faz com que o ouvinte imediatamente contra-argumente apelando para um fato crítico do suposto *affair*: não se trata, dizem, da vida sexual do presidente, mas de indução à mentira em juízo que ele teria provocado – esse sim é o crime federal!

Moral da história: hoje, nesses Estados Unidos, vive-se tempos nos quais pairam sobre a instituição mais sagrada da sociedade e do país duas alegações gravíssimas: a de um delito ético-sexual inadmissível e de um crime contra o sistema penal, um sistema que o presidente da República tem o dever de proteger e preservar. Tudo isso encimado pelo delírio acusatório que, ao fim e ao cabo, apresenta a suspeita de um presidente capaz de mentir, um pecado abominável nesse país que abriga o seu chefe de Estado numa "Casa Branca", um palácio simbolicamente imaculado dos pecados da corrupção e do desejo pessoal que infelizmente têm marcado a história de todos os outros países. E o pior é que aqui eles vivem numa eterna Quaresma e não têm o Carnaval para esquecer esse cotidiano marcado por decepções.

II

Estados Unidos da América (Latina?) II

Os paradoxos, as contradições e a vergonha que inegavelmente cercam as alegações contra o presidente Bill Clinton provam uma coisa importante, sobretudo para nós, brasileiros, tão habituados a ler o Brasil sempre na negativa e com exaltado pessimismo.

Quero me referir ao fato de que os eventos dramáticos permitem projetar fantasias e promover inversões culturais importantes, como o argumento que vê o alegado *affair* entre Clinton e Lewinsky como um complô político ou o que apela para a vida doméstica como uma esfera independente da vida pública, numa linha de pensamento que contraria um dogma da teoria política moderna, fundado precisamente nessa conjunção.

Ora, tudo isso mostra que tanto a tese conspiratória quanto a da separação entre casa e rua podem ser triviais no contexto social latino-americano, mas estão prontas a emergir onde quer que os fatos se tornem devidamente confusos e sobretudo escandalosos. Assim sendo, eles estão pipocando nesta América pós-moderna, provando que até mesmo os Estados Unidos da América têm o seu dia de América Latina.

O problema dos "dramas", como sabem os grandes escritores e os bons sociólogos, é que eles vão além das explicações exclusivas, que reduzem tudo a um só ponto, motivo ou fator. Pois o que promove um evento social à posição de drama é justamente a sua irredutibilidade a um só motivo ou fator, complicação que faz com que o mero fato torne-se um "caso exemplar" de alguma regra moral importante.

Realmente, pode-se reduzir o movimento messiânico de Canudos à loucura de Antônio Conselheiro? Pode-se dizer que o suicídio de Vargas foi causado pela direita brasileira? Pode-se "explicar" o atraso do Brasil pela colonização portuguesa e, como gostava de acentuar Leonel Brizola, pela "espoliação americana"? Pode-se dizer que a intolerância foi responsável pela tragédia de Romeu e Julieta? Sim e não, não e sim...

Os fatos são complexos, o que faz com que os dramas sejam o "sal da vida". O que nos fascina quando eles ocorrem é precisamente essa multiplicidade de motivos e fatores. Como o Carnaval, um filme de Frank Capra, um conto de Machado de Assis, uma crônica de Nelson Rodrigues ou uma derrota da Seleção Brasileira, os dramas têm múltiplos planos e infinitas motivações. Neles, como nas grandes histórias de detetive, tudo pode ser lido como uma boa pista.

Tal como ocorreu no caso do juiz Thomas com Anita Hill, a natureza do elo entre Bill Clinton e Monica Lewinsky tem muitos planos, contextos, dimensões e camadas. A primeira, claro está, fala desse suposto encontro sexual que põe a nu, como já disse anteriormente, o outro corpo de Clinton e aguça o conflito entre a sacralidade do papel de "presidente" (um cargo que na cultura igualitária americana pressupõe "equilíbrio" e "alta moralidade", que justificariam a hierarquia do "número um") e a atitude irresponsável de ter feito sexo com uma jovem estagiária, o que, por seu turno, remete aos ideais que cultivamos e classificamos como "românticos".

No fundo, essa primeira dimensão fala da contradição entre as demandas dos papéis sociais (como os de "presidente", "professor", "padre", "governador", "prefeito", "fiscal", "comandante" etc.) que exigem certas posturas dos seus ocupantes, independentemente daquilo que eles possam pensar desses papéis, e a carga de desejos que faz parte de nossas concepções como indivíduos autônomos, com o direito de buscar a felicidade. De fato, enquanto o papel de marido numa sociedade legalmente monogâmica, como a nossa, decreta que não podemos amar outra mulher, a nossa individualidade pode eventualmente ficar impressionada com certas presenças femininas. Como, pois, dizer "não" a nós mesmos se também temos o direito e a quase obrigação de buscar a felicidade a todo custo?

Essa, parece, é uma das dimensões mais profundas do drama de Bill. Um drama que tem provocado angústia em todos os americanos com quem falamos do assunto. Amigos, colegas e conhecidos que, guardando as devidas diferenças culturais que sempre salientamos, lembram os nossos patéticos e desesperados esforços para compreender ou salvar o governo Collor, porque, afinal, a Presidência da República tem muito a ver com a imagem de um país...

III

Estados Unidos da América (Latina?) [final]

Se o leitor pensa que o meu título é exagerado, que ele leia a última do Bill Clinton, novamente acusado – desta feita por Kathleen Willey – de assédio sexual. A acusação é grave porque

Willey trabalhou voluntariamente na campanha de Clinton e, em 1993, quando o marido estava economicamente na pior, recorreu brasileira e clientelisticamente ao presidente Clinton para pedir um emprego.

Uma vez na Casa Branca e no recôndito e sagrado gabinete que tem o significativo nome de "Salão Oval", Kathleen teria sido recebida por um libidinoso Clinton que, enquanto ouvia suas agruras, teria tocado nos seus seios e feito com que ela passasse a mão na sua região genital. Kathleen teve vontade de dar-lhe um bofete, tanta foi a sua indignação. Mas, conforme declarou, "não se esbofeteia o presidente dos Estados Unidos". Talvez o da Bolívia, Indonésia ou Iraque pudesse tomar uma bolacha, mas não o dos Estados Unidos, que representa o lado mais sagrado do sistema e vive num palácio imaculadamente branco!

Esse novo escândalo parece ser a praga que assola estes puritanos Estados Unidos nesta virada de século. Ele põe mais lenha na fogueira e acende as opiniões dos "especialistas" que ficam entre o jornalismo, o velho moralismo (mas moderno) calvinista e o direito.

Num plano profundo ele talvez seja o sintoma de uma crise do modo liberal de representar os papéis oficiais que sustentam o Estado nacional.

"É uma desgraça", disse-me um colega com voz embargada. "Eu não dou a mínima. Em Washington cuida-se de política, eles que se virem", ouvi na mesa do café. Um amigo lembrou a velha (e sábia) atitude brasileira diante das imoralidades políticas: "Eu votei no Clinton para presidente. Não quero saber de sua vida sexual!" A maioria, porém, não diz nada. Adota o conhecido estilo anglo de evitar a realidade, neutralizando ou simplesmente ignorando os fatos.

Certos de que vivem no maior, no mais poderoso e na mais rica e bem-acabada sociedade do planeta, eles não sabem como reagir diante das dimensões paradoxais e negativas de seu sistema. Geralmente, eles tomam as contradições de sua vida social ou econômica como erros ou doenças, não como peculiaridades da condição humana ou de certas situações sociais.

Tome-se, por exemplo, a pobreza. Enquanto para nós pobreza e riqueza são elementos estruturais da própria vida social, pois os termos vão além da propriedade privada e da posse de dinheiro, para a maioria dos americanos a pobreza é um erro ou uma doença a serem curados e corrigidos. É um defeito passível de ser remediado e, no limite do otimismo, liquidado. Para nós, brasileiros, a pobreza, como a dor, a sorte, a doença e a infelicidade, fazem, infelizmente, parte da vida. Para os americanos, que adotam aquela visão disciplinada e coerente do mundo instituído com o protestantismo, pobreza, infelicidade, infortúnio e doença são situações que podem ser controladas e, repito, no limite, erradicadas.

Eles não se deleitam ou chafurdam no escândalo, como fazemos no Brasil, mas procuram logo criar as condições para realizar o que chamam de "atribuição das responsabilidades" que serão sempre individuais, investigando o assunto. No Brasil, os dramas conduzem a verdadeiras ladainhas de autodestruição e levam a uma confirmação de que, no fundo (estão vendo?!), não prestamos. Aqui, os dramas são sintomas de que algo deve ser corrigido e consertado. Quanto mais cedo, melhor.

Dito de outro modo, na América o escândalo não é sinal de podridão do sistema, do capitalismo ou da Presidência. Ele tem a ver com responsabilidade individual e será examinando as ações dos indivíduos implicados que tudo poderá ser "resolvido". Acredita-se realmente que a verdade existe e que ela poderá ser convocada na sua bela nudez do fundo do poço onde se esconde. Desde que se faça uma investigação correta e se adotem os procedimentos apropriados. Vale dizer: cada história deve ter apenas uma só versão, ainda que seja a pior ou a mais idiota possível, como foi – aliás – a do caso Simpson.

Mas o fato é que, num país no qual a Presidência se associa a um conjunto de virtudes burguesas e se constitui num papel social paradigmático, esses dramas atuam de modo profundo, causando enorme mal-estar e desmoralizando o sistema. Pois o escândalo, desqualificando o ocupante do papel, desqualifica igualmente a hierarquia que o justifica.

No Brasil, os dramas engendram múltiplas versões que são devidamente disputadas e eventualmente organizadas. Aqui, paciência, o sistema demanda um só fato e uma só verdade. Vive-se numa metafísica legal e política que, debalde, corre atrás de si mesma e tenta comer o próprio rabo. No Brasil, onde estamos irremediavelmente perdidos num oceano de versões, diluímos a tragédia e, num clarão radiante de sanidade mental, concluímos que todos são culpados. Observando essa camisa de 11 varas em que estão metendo a Presidência dos Estados Unidos, chego até a pensar se não é deveras uma vantagem que de vez em quando as coisas terminem em pizza.

CLINTONIANDO: COMO SERIA NO BRASIL?

Algumas pessoas assumem que o envolvimento do presidente americano Bill Clinton com a estagiária Monica Lewinsky não teria o menor impacto no Brasil.

A hipótese ressuscita a velha linha dos raciocínios condicionais ou subjuntivos, um modo de pensar os acontecimentos com um "se" na frente. "*Se* o Brasil não tivesse sido inventado pelos portugueses...", "*Se* a República não tivesse sido proclamada...", "*Se* Vargas tivesse fracassado em 1930...", "*Se* Jânio não tivesse renunciado..." e assim por diante.

Ela igualmente desvenda uma autovisão descrente de moralidade rígida no campo político ou público. Como se no Brasil tivéssemos a convicção de que, no universo da "política" e dos "políticos", valesse tudo. Uma ideia que, como veremos, eu penso que contém um saudável cinismo (no sentido clássico do termo) e uma boa dose de exagero.

Mas o fato é que neste sentido hipotético a questão permite jogar produtivamente com os fatos históricos. Ela equivaleria a pensar como seria um golpe militar ou uma inflação galopante nos Estados Unidos. Ou, inversamente, como seria o Brasil com dólar e Havaí e os Estados Unidos com samba e Carnaval?

Trata-se de um exercício importante. Um modo de ver as coisas nas quais o investigador é obrigado a trocar de óculos, sendo forçado a ler o familiar como estranho e o estrangeiro como próximo. Como antropólogo eu ganho a vida tentando fazer isso sistematicamente, certo de que essas comparações um tanto estranhas ajudam a relativizar os valores. E nada é mais importante para entender os outros do que essa visão meio séria e malandra, na qual as coisas do mundo são deslocadas impedindo que as diferenças sejam vistas como marcas de inferioridade ou de superioridade, pois nada mais seriam do que modos diversos de resolver problemas complexos, presentes em todas as sociedades e culturas.

Vou chamar de "clintoniar" essa ação desestabilizadora que caiu como um raio nestes Estados Unidos da América. Atingindo o que pode ser tomado como a sua instituição mais importante: a Presidência da República, o único poder que é ativado por um indivíduo suspenso pelos fios da plenitude de uma superioridade absoluta e hierárquica. Um poder e um papel que, por isso mesmo, atualizam uma das grandes narrativas de um sistema individualista, reafirmando que qualquer pessoa comum pode, por meios eleitorais honestos e abertos a todos, se transformar virtualmente num Deus ou num Super-Homem, na "pessoa", como eles repetem a todo instante aqui, "mais poderosa do mundo".

Mas, voltando à vaca-fria, como reagiriam os brasileiros a algo semelhante?

Devo chamar atenção para alguns pontos dos dois sistemas:

Nós somos mais realistas relativamente aos paradoxos humanos e à personalidade malandra dos políticos. Tendo menos fé no sistema de papéis, pesamos mais as pessoas que os vivem. Nossa questão não é bem a de atar o homem ao papel definitivamente, misturando suas "essências", como se a pessoa e o "presidente" tivessem nascido um para o outro, como fazem os americanos, mas – ao contrário – a de refletir sobre como a pessoa vai se dar *no* papel ou *com* o papel. Por isso, após cada eleição, dizemos: "vamos ver"...

Vamos observar como "X" vai se comportar no papel de presidente. Ele pode se sair bem ou mal; pode ser burro ou inteligente. Figueiredo foi péssimo; Jânio foi pior ainda: não o suportou; Itamar era do mesmo naipe do Sarney: ambos inseguros; já Getúlio Vargas e Juscelino eram pessoas "talhadas" para a Presidência. Para nós, o papel tem a capacidade de modificar a pessoa, havendo entre o papel e a pessoa um diálogo importante. Uma batalha: quem vai ser o vencedor, a pessoa ou o papel?

Não é por acaso que falamos em "tomar posse na Presidência", enquanto os americanos falam em "inauguração presidencial".

No Brasil, o papel é formalmente possuído (ou englobado) por alguém. Nos Estados Unidos, o sentido profundo é o de que cada presidente vai iniciar uma nova jornada histórica naquele cargo. Espera-se muito de *Mr. X – The President*, o "número um", num país onde o credo igualitário diz que todos são importantes. Ou seja: nos Estados Unidos, o clímax do ritual de inauguração é o momento em que um juramento solene junta a pessoa com o cargo, provocando uma hierarquização do presidente relativamente aos outros cidadãos. Não é à toa, então, que o relatório Starr lembre logo de saída que, no cargo, o presidente não pode realizar nada que contrarie o papel que ele jurou exercer todo o tempo.

II

Clintoniando

Assisti bestificado ao depoimento do presidente Bill Clinton ao *grand jury*. Essa instância do sistema político americano é equivalente ao nosso inquérito policial, quando se interrogam os "suspeitos" a fim de que as autoridades determinem ao vivo, numa acareação, os crimes de que são acusados. Só que no caso americano as autoridades são cidadãos comuns escolhidos ao acaso que, sem terem sua identidade revelada ao público, constituem o "grande júri".

Vi, pois, um presidente visivelmente nervoso evadir-se das questões mais delicadas. A expressão que mais usou foi "eu não me recordo". A sua ausência de lembrança para questões pessoais me pareceu longe de convencer, do mesmo modo que achei rebuscada a sua definição de "relação sexual" para desqualificar seu caso com Monica Lewinsky.

Para os brasilianistas americanos que tanto gostam de afirmar que nós, latino-americanos, somos formalistas e loucos pelas leis que, afinal, não seguimos, foi no mínimo uma lição patética de sociologia ver o presidente desta grande nação do Norte, deste país que se arroga ser o baluarte moral e político do planeta, invocar uma definição totalmente legalista de intercurso sexual para descaracterizar suas costumeiras atividades orais com uma jovem estagiária. Todo mundo é legalista quando não quer resolver um problema ou quando deseja esconder uma verdade. Só que no Brasil todo mundo sabe disso, ao passo que os americanos aprendem essa "verdade" a duras penas, debaixo de um drama nacional incomodamente rabelaisiano para um país nascido na rígida tradição de Lutero e Calvino.

Eu que, como brasileiro, pensei ter passado por todas as vergonhas políticas, pois acompanhei o atentado da rua Toneleiros, o suicídio de Vargas, o antigolpe do Lott, a renúncia de Jânio, o golpe de 1964, os discursos do Costa e Silva, o AI-5 e a abismal corrupção do governo Collor, fiquei quedo e mudo ao presenciar essa vergonha nacional na forma de um depoimento que desmascarava um quase demagogo americano.

Nos Estados Unidos, o presidente é mais do que o "primeiro mandatário da nação", como gostamos de enfatizar no Brasil. Ele é também o número um, detendo o poder mais visível de realizar e executar, e o cume explícito e inequívoco de uma hierarquia que surge paradoxalmente numa sociedade de credo igualitário e, por causa disso, vive o seu cotidiano assombrada pela igualdade como valor.

Além disso, ele é o representante absoluto do sistema. E como, nos Estados Unidos, o Estado foi fundado sem Igreja e sem aristocracia, o sistema é justificado por princípios cristãos eternos, pensados através do protestantismo e do calvinismo. Com isso, o presidente deixa de ter uma biografia e um passado como as pessoas comuns. Ele tem apenas um cargo que, no fundo, o devora. Um cargo que, no caso dos Estados Unidos, foi conquistado pela guerra revolucionária anticolonial, liderada por George Washington – o primeiro presidente, através de um idealizado heroísmo. Aqui, os presidentes não são "salvadores da pátria" como no Brasil. Eles são construtores, defensores e fecundadores da nação. Como tal são, por definição e dever, heróis. Esse é o ponto de vista do ideal e dos valores que formam o credo político dos Estados Unidos.

A decepção com Clinton, então, tem muito a ver com esses ideais que levam a uma verdadeira supressão do "segundo corpo" do presidente. É que, uma vez no cargo, George, Roosevelt, Jack, Ronnie, George ou Bill deixam de ser pessoas comuns. Eles todos têm o seu corpo doméstico, humano e íntimo englobado pelo seu corpo público, oficial e formal. De fato, no mundo pós-moderno em que vivemos, não é só o planeta que encolhe. Diminui também a distância entre o público e o doméstico, havendo uma exigência para que sejamos os mesmos na casa e na rua, na igreja e no estádio, no teatro e na praia.

No Brasil, temos resistido brava e, quem sabe, saudavelmente a essa invasão. Aceitamos o liberalismo, mas sabemos que ninguém é de ferro. Mas mesmo com os particularismos que cada sociedade demanda, eu não sei como seria se alguma mulher denunciasse um presidente brasileiro. Dizer que todo presidente tem amantes ou namoradas é uma coisa; ter o *affair* partejado em público (e em série, na televisão) é outra. No caso do Brasil, isso abalaria qualquer um. Mas certas personalidades políticas seriam certamente mais afetadas do que outras.

No caso de um Vargas ou de um Brizola, por exemplo, seria uma desmoralização: carisma não combina com sedução sexual, eliminando a sua dimensão mística. No caso de um Adhemar ou de um Maluf, a reação seria diferente – ou indiferente –, pois suas personalidades e atuações dão espaço para transgressões. No caso de um Lula ou de um FHC, se instalaria imediatamente uma Inquisição.

Creio, pois, que a nossa reação seria dependente da imagem projetada e das expectativas engendradas por essa imagem. Mas nesses Estados Unidos o papel de presidente é muito forte. Daí essa marcha para o *impeachment* que a máquina jurídica conduz um malfadado Bill Clinton.

Bill Clinton sobreviveu, mas seu desempenho como presidente parece ter afetado a eleição que elegeu o seu sucessor, já que Al Gore, o candidato do partido democrata, recusou, por motivos morais, o apoio de Clinton em sua campanha.

IDEOLOGIA, VALORES, RITUAIS E RELIGIÃO

RELIGIÃO NO BRASIL
E NOS ESTADOS UNIDOS

O tema é sumamente importante porque nos obriga a sair da trivial síndrome mimético-laudatória, típica de áreas como economia, educação, indústria e tecnologia, nas quais a palavra de ordem é: "temos que fazer como eles" ou ser como os países "adiantados", "civilizados", "desenvolvidos" ou "centrais".

É fácil e desejável comparar o número de analfabetos, a criminalidade e os índices de concentração de renda como indicadores de "qualidade de vida" a serem rapidamente modificados. Muito mais complicado e certamente impossível, porém, é afirmar que uma existência social mais rica e generosa está necessariamente relacionada a tal ou qual credo religioso ou a esta ou àquela prática ritual.

Não parece haver dúvida de que existe uma relação entre modernidade, individualismo, existência de regras de governabilidade explícitas, cálculo racional de perdas e lucros, igualitarismo político, padronização, austeridade como valor e o protestantismo – como demonstrou o grande sociólogo alemão Max Weber no seu famoso ensaio de 1904, *A ética protestante e o espírito do capitalismo*.

Mas seria um absurdo assumir essa relação como absoluta e assim concluir que todos os países teriam que passar por uma "Reforma Protestante" para se modernizarem. O caso japonês, como alguns estudiosos têm insistido, liquida a tese de uma modernidade democrática única, fundada nos axiomas morais de Lutero e Calvino.

Uma das dificuldades da comparação entre sistemas religiosos é precisamente essa ausência de relações fixas entre concepções transcendentais – frequentemente expressas através de fórmulas religiosas – e valores mundanos, entre o conjunto de ideias relativas a "outro mundo" (perfeito, imutável e justo) e "este mundo" farto de injustiças, sofrimento, imperfeição e transitoriedade.[1] O xintoísmo não impediu que o Japão viesse a ser uma potência tecnológica.

Uma perturbadora ausência de determinismo impede situar os credos religiosos em escalas evolutivas, dos mais atrasados para os mais avançados. Supor que o protestantismo é mais civilizado do que o budismo ou o catolicismo é absurdo. Certos organismos internacionais arrolam conjuntos de nações em função de seus índices de educação, saúde, renda, produtividade econômica etc. mas seria impossível dizer quem é o mais bem-sucedido ou "moderno" em termos de línguas nacionais, música, poesia e, no caso, religião.

Pelo prisma moderno dos números, sabe-se que o Brasil é majoritariamente católico e que os Estados Unidos são basicamente protestantes. Mas, pela perspectiva dos valores e crenças, as comparações são complexas, se não incomensuráveis, pois as religiões, como dizia o estudioso francês Émile Durkheim, no seu clássico *As formas elementares da vida religiosa*, não atuam somente no campo intelectual, ilustrando o nosso conhecimento ou modo de pensar, mas ajudam principalmente a agir e a viver. Num sentido geral e interior, cada religião é intraduzível e incomparável, pois o fiel só se sente seguro, sereno, conformado e apaziguado neste ou naquele templo, terreiro, casa ou igreja.

Deste ponto de vista, não se pode simplesmente dizer que a religião exprime tensões e valores sociais, senão que ela é uma representação idealizada e definitiva da própria sociedade e da vida social, tal como essa "vida social" é construída por um dado grupo humano num certo segmento do tempo e do espaço.

---

[1] Sobre essa fundamental disjunção entre "este mundo" e o "outro" já se manifestava, entre 1835 e 1840, Alexis de Tocqueville, no seu imprescindível *A democracia na América*, dizendo: "Deixem o espírito humano seguir sua tendência, e ele ajustará de maneira uniforme a sociedade política e a cidade divina; ele procurará (…) harmonizar a terra com o céu." Como se sabe, essa oposição é crítica na sociologia religiosa de Weber e do antropólogo francês Louis Dumont. Veja também, Fustel de Coulanges, *A cidade antiga*.

Observação que, diga-se de passagem, dá uma ideia da magnitude da questão e, simultânea e consequentemente, do caráter limitado deste exercício jornalístico-sociológico.

Dito isto, podemos entrar no assunto deste ensaio, perguntando: quais as principais características dos sistemas religiosos dominantes do Brasil e dos Estados Unidos? Quais as suas linhas mestras ou englobadoras? Que sistemas de práticas engendram e despertam?

II

Como ponto de partida propositalmente exagerado, mas produtivo, pode-se dizer que a religião americana se baseia num "fundamentalismo pluralista", ao passo que a brasileira tem como âncora – apesar de todas as mudanças – um "catolicismo hierárquico". Ambas admitem a diversidade, mas lidam com ela de modo distinto. Na América, Igreja e Estado correm em paralelo. Os Estados Unidos foram fundados sem "religião oficial" e por isso não tiveram o credo religioso como um obstáculo para o exercício da cidadania. No Brasil (e na América Latina), Estado e Igreja estavam acasalados tanto na alocação de privilégios, propriedade e títulos quanto na ideologia da colonização e nos mitos fundacionais, intrinsecamente ligados a uma visão católica romana do mundo.[2]

---

[2] Estado e Igreja, fé e Império ligam-se no processo de expansão português promovendo e legitimando a colonização. De fato, o evento fundacional da posse da terra brasileira pelos portugueses à revelia dos povos que viviam no litoral brasileiro – no que ficou categorizado como uma "descoberta", não uma "fundação" ou "conquista" – era uma *missa*. Durou séculos o amálgama entre Igreja e Estado que, no Brasil, só se separam oficialmente no liminar do século XX, com a Constituição republicana de 1891. Antes disso, a Igreja era a grande provedora de serviços legais, com padres e bispos arbitrando disputas, censurando livros e peças de teatro, além de prestar serviços cartoriais, como o registro de nascimentos, mortes e casamentos. Era o imperador quem nomeava os clérigos e certos cargos públicos só podiam ser ocupados por católicos. A centralidade do catolicismo como sistema de crença era tamanha que quem não pertencesse à Igreja não tinha legitimidade matrimonial e não podia ser enterrado em cemitérios católicos.

Por outro lado, o pluralismo americano tem seus limites. Tal como ocorre no sistema político, o direito à diferença e à discórdia é relativo ao fato de se pertencer integralmente a uma dada comunidade, acatando seus valores essenciais. Trata-se de uma discordância entre iguais e de uma dissidência que preserva os limites da crítica. Sendo "puritana", ela não admite a dissidência anárquica e tem horror, como ressaltou Tocqueville, tanto à revolução quanto às inversões carnavalescas, messiânicas e utópicas. Com isso, a religiosidade americana foi fundada em torno das variações que fazem parte da estrutura sectária do credo protestante, ligando-se diretamente à vida social. Deus está inscrito na Constituição, bem como no dinheiro. Nos Estados Unidos, o pluralismo não conduziu a uma secularização ateística, anticlerical ou materialista, como ocorreu nos países cuja vida institucional se confundia com a Igreja Católica, como é o caso da França, do Brasil e das sociedades latino-americanas. Muito pelo contrário, nos Estados Unidos o pluralismo acentuou a confiança nas leis e com isso reforçou as práticas rotineiras e os costumes estabelecidos. Neles, a crítica e o conflito, bem como as tragédias e as crises, são lidas como momentos para a reflexão, para o aprendizado e para o aperfeiçoamento de um sistema tido como pleno e quase perfeito na sua concepção. A ênfase na homogeneidade interna faz com que as fronteiras denominacionais e ideológicas do sistema religioso americano sejam bem marcadas, acentuando o seu lado exclusivista e criando problemas na incorporação dos estrangeiros e dos diferentes em geral.[3] Realmente, aceitar o outro implica tomá-lo como igual, uma posição complicada na medida

---

[3] Indígenas e escravos ficaram à margem ou fora da sociedade americana, embora fossem parte integrante de seu sistema econômico ou da sua paisagem humana. Os primeiros como seres demoníacos, os segundos como seres subumanos e coisas. Com isso, seus valores, crenças e práticas religiosas têm sido absorvidos paulatina e cuidadosamente pelo credo dominante que, nessa área, adota contraditoriamente a hierarquia. No fundo, tratava-se de uma pluralidade exclusiva – *puritana* – de brancos protestantes que com dificuldade consideravam o catolicismo, com sua ideia de unidade na diversidade, como uma alternativa religiosa legítima. Aliás, vale mencionar que, nos Estados Unidos, os católicos foram sempre vistos como traidores em potencial porque, antes de mais nada,

em que as coletividades se tornam cosmopolitas e/ou possuem uma composição social e étnica heterogênea.

Já no mundo brasileiro, permeado por um "catolicismo hierárquico" no sentido de que existe uma instituição religiosa central e até bem pouco tempo dominante, a dificuldade é a de como distinguir e reconhecer todos esses "outros" necessariamente incluídos na comunidade dos chamados "filhos de Deus". Na América, o lema é: iguais, mas separados em clubes, partidos, etnias e igrejas; no Brasil, a proposição se inverte e diz-se: desiguais em tudo, mas juntos diante da "vida", dos infortúnios e dos poderes superiores. Dir-se-ia que, nos Estados Unidos, a ideia de comunidade fala de uma "fraternidade universal": de uma coletividade horizontalizada, na qual todos são iguais no direito de ser diferentes, desde que essas diferenças não contrariem a lei que todos pactuaram em obedecer. No Brasil, a mesma ideia remete a uma "filiação" e a uma hierarquização universal e cósmica, muito mais, talvez, religiosa do que cívica ou política. Nela, "todos são filhos de Deus" e como tal têm uma relação direta com Ele. Com isso, há os que estão próximos (os "ricos", os "poderosos", os "sortudos", os "donos") e os distantes (os "pobres", os "fracos" e os "clientes"), o que engendra direitos diferenciados e complica a ideia de normas fixas, impessoais e válidas para todos.

O cosmo católico, como nos ensina, entre outros, o grande Dante, tem muitos círculos. Neste quadro, o que predomina é a ênfase na relação e o fato de que Deus tem elos diferenciados com cada um dos Seus filhos. Vale dizer, a relação entre os homens é englobada pelos laços que cada um tem com Deus. Qualquer semelhança com o sistema político nacional é mera coincidência...

---

tinham laços de lealdade com um Estado nacional, o Vaticano, e com o seu chefe supremo, o papa. Daí serem chamados de "papistas" e serem alvo de grupos ferozes e irracionalmente leais a uma visão radicalmente "pura" e "exclusivista" dos Estados Unidos, como a Ku Klux Klan.

III

Uma das consequências mais nítidas desse "fundamentalismo" (que exclui os não fiéis) e desse "catolicismo hierárquico" (que tudo inclui) é uma orientação radicalmente distinta no que tange aos elos entre "este mundo" e o "outro".

Nos Estados Unidos, a religião está decididamente voltada para o mundo. Valores religiosos penetram todas as esferas da vida, fazendo com que os americanos rezem em todos os lugares, agradecendo a Deus pelos imponderáveis (saúde e "felicidade") da existência, bem como – eis a surpresa – pelo seu lado rotineiro e previsível, como a comida, a moradia e o emprego. Tanto que o grande ritual nacional americano é o *Thanksgiving*, um rito comemorado em casa, com a família reunida em torno de um peru assado, quando se agradece a Deus a refeição como dádiva e resultado do trabalho e da luta pela vida. Um gesto que simbolicamente repete, assim diz obviamente o mito, a chegada dos ancestrais puritanos na costa da Nova Inglaterra num tenebroso e hibernal dia de novembro. Ademais, vale lembrar que esse fundamentalismo religioso se manifesta no *In God We Trust* inscrito nas moedas e nos mais variados atos cívicos e políticos, marcados pelo juramento sobre a Bíblia, como ocorre com testemunhas judiciais e na "posse" de governadores e presidentes que são "inaugurados" jurando sobre uma Bíblia e invocando nos seus discursos o nome de Deus.

Nesta religião, todas as esferas – o céu e a terra, a vida e a morte, a natureza, este mundo e o outro – seguem as mesmas normas e se sujeitam aos mesmos princípios. Seu ponto central é uma consciência individual que escolhe, decide, pactua e honra ou não as normas que regem o mundo em que vive e com o qual, acentue-se, essa individualidade tem responsabilidades diretas porque o espaço público é um mero resultado de sua vida íntima ou doméstica.[4] Tudo se passa, portanto, como se "este mundo" e

---

[4] Nas sociedades individualistas e contratuais, o mundo público resulta do conjunto das ações individuais, privativas dos sujeitos do sistema. São os indivíduos com suas tendências, motivações, vontades, fortalezas e fraquezas que, como dizem as jeremiadas ameri-

o "outro" se comunicassem por dentro, pois ambos operam de acordo com os princípios do mérito e do esforço individual, dentro de uma ética de "chamado", de salvação ou danação, ligada ao credo protestante e, dentro dele, ao calvinismo. Tais demarcações individualistas, que excluem a confissão, rejeitam a mediação dos santos e do sacerdote e são claras relativamente ao que é certo ou errado, engendram um claro e firme dualismo. Fábulas como os *westerns*, com seus mocinhos e bandidos, ou as histórias de detetive representam valores capitais da religião americana, dramatizando o terreno do bem e do mal. Trata-se de uma religiosidade que representa a vida como um jogo limpo, governado por regras inequívocas e simples. Aqui não há as triangulações, os paradoxos e as ambiguidades que conduzem ao pecado e ao arrependimento, tão caras à tradição católica e brasileira.

Nessa cosmologia, o universo é lido como um grande tabuleiro de xadrez. Escolhe-se entre o branco e o negro, o certo e o errado, o bem e o mal. Não há zonas cinzentas, mulatas ou morenas. Tampouco existem "mais ou menos", purgatórios, limbos, santos, espíritos, padrinhos, padres e confissões. Há, porém, como nos filmes de Frank Capra, recompensas, prêmios e graças. Milagres podem acontecer com as pessoas que se preocupam com a "comunidade" e o "bem-estar coletivo".[5]

---

canas, são os responsáveis pela forma e pelo bem-estar de suas comunidades. Nessa concepção, não existe muito espaço para uma representação do social (ou do público) como uma dimensão com vida própria, capaz de constranger, inibir ou determinar o comportamento individual. Aqui, responsabilidades são alocadas individualmente e a ninguém é dado o direito de invocar uma relação como responsável pelo seu comportamento, como ocorre sistematicamente nas sociedades holistas e relacionais, como o Brasil. Pela mesma lógica, o público não compensa nem complementa o doméstico, mas decorre dele. Não há a possibilidade de uma lógica social do tipo "casa" e "rua" porque as regras gerais da sociedade estão nos indivíduos que comandam simultaneamente o universo da casa que é contíguo ao da rua.

[5] Nos Estados Unidos, o sistema de dádiva é dominado mais pela *filantropia* do que pela *caridade*. A filantropia tem um componente impessoal e universalista: trata-se de um amor (ou interesse) pela humanidade e pelo bem-estar coletivo. Já a caridade tem uma indisfarçável dimensão pessoal e particularista, ligando-se à compaixão e à benevolência. A caridade se volta para pessoas concretas, nas quais a generosidade se assume e realiza

Nos quadros da religião brasileira, o natural, o humano e o sobrenatural estão separados. Eles existem, mas formam realidades descontínuas, cada qual com suas paisagens, códigos, éticas, normas e demandas. Mas, como compensação, mesmo neste milênio pós-moderno, dominado pela racionalidade e por um ceticismo desencantado, existe uma intensa comunicação entre essas esferas. Há, pois, entre "este mundo" e o "outro", um inumerável conjunto de entidades mediadoras que vão das bem estabelecidas e prestigiosas "nossas senhoras", santos católicos e orixás aos mais humildes fantasmas, almas do outro mundo, espíritos, aparições, assombrações, marmotas etc., que promovem a comunicação e o contato entre essas esferas, permitindo que deuses, animais e homens se influenciem mutuamente. De fato, um dos elementos mais básicos e fulgurantes do sistema religioso brasileiro diz respeito precisamente a essa permanente possibilidade de encantamento, a essa sistemática promessa de atuação compensatória junto à gélida indiferença da natureza e da vida.

Se você está apaixonado, ou alguém de sua família está muito doente, isso pode mudar por meio de uma oração forte, uma promessa ou um despacho; se você perdeu um ente querido, ele pode se comunicar com você por meio de um "médium"; se a vida social vai mal, um "salvador" pode surgir para redimir a pátria, mudando as coisas e corrigindo, sem muitos sacrifícios, a sorte do povo; se na vida diária você só encontra o descaso dos ricos e a indiferença dos poderosos, à noite, num terreiro de umbanda ou de candomblé, você fala, canta, dança, abraça e recebe conselhos dos "santos" temporariamente encarnados nos seus respectivos "cavalos"; se você não tem um puto e precisa pagar uma dívida,

---

pela "esmola" [do latim *eleemosyna* – compaixão e piedade], que vem remediar um estado momentâneo; já a filantropia se volta para instituições sociais, dentro daquele padrão tão básico no tratamento da "coisa pública", típica, como acentuou Weber, da modernidade ocidental. Ela se interessa pelo presente como parte de um futuro. No Brasil colonial, a caridade construiu igrejas e uma Santa Casa de Misericórdia; na América, a filantropia é a alma das instituições que melhor representam essa interpenetração do céu com a terra nos quadros de uma religião fundamentalista: os museus, institutos de pesquisa e as universidades.

um santo de sua devoção ou um sonho, acidente ou amigo pode ser a fonte de um palpite para a mega-sena ou jogo do bicho.[6]

Na religiosidade brasileira, não se lida somente com "mandamentos" e leis impessoais, sagradas, distantes e feitas por Deus de uma vez por todas. Nela, percorre-se um território misto, constituído de normas, de pessoas e, mais importante que isso, de laços críticos entre eles. No Brasil, conforme sabemos, cada qual tem uma religião, mas dificilmente uma pessoa afirma que sua religião é a melhor e a mais certa. "Sou católico, mas acredito no espiritismo", dizem muitos brasileiros, numa atitude de dúvida que impede a geração de fundamentalismos. Diz-se também, como os espanhóis, que não se acredita em fantasmas, mas que eles existem!

O catolicismo que se constituiu neste Brasil que até hoje oscila entre o impessoal e o pessoal, entre leis que valem para todos e relações particulares que engendram "pessoas" especiais que ficam acima ou abaixo da norma, que admite o seu "sabe com quem está falando?" e o "jeitinho", é uma religiosidade de mediadores com os quais se tem laços íntimos. Enquanto no mundo americano apela-se para Deus, entre nós, brasileiros, solicita-se a intervenção dos santos, dos espíritos, dos anjos, dos orixás e das almas do outro mundo.

Na religiosidade americana, repito, há uma impessoalidade, quase legalista: Deus, como as forças e as leis da natureza, é inatingível e não pode ser modificado; na brasileira, pelo contrário, tudo se liga com tudo. Na América, reza-se para o *Almight*; no Brasil, apela-se para os santos que, com sua pungente humanidade, podem ser seduzidos (ou contratados) por velas, fitas e apelos, dando um "jeitinho" nas situações mais adversas da existência. No plano religioso do Brasil, há uma legião de santos e santas que

---

[6] No livro que escrevi com Elena Soárez, *Águias, burros e borboletas: um estudo antropológico do jogo do bicho* (Rio: Editora Rocco, 1999), demonstrei como a sociedade brasileira desmanchava, com suas éticas múltiplas, a ideia moderna de dinheiro, investimento e capitalismo, na ligação marginal e híbrida que realiza entre "bichos" e jogadores por meio de um elaborado sistema de palpites no qual os sonhos e o os mortos têm um papel destacado.

Religião no Brasil e nos Estados Unidos

têm vontades e apreciam certas cores, lugares, roupas e comidas. E que dividem com o Todo-poderoso formas e estilos de poder, patrocinando um clientelismo espiritual e sobrenatural. Minha avó e minha mãe, por exemplo, tinham em casa oratórios com santos de sua devoção, com os quais mantinham um diálogo constante e dos quais demandavam graças e favores. Não chegavam a puni-los fisicamente, como faziam suas ancestrais, tirando-os do altar ou colocando-os de ponta-cabeça num poço, mas deixavam de rezar para eles, esquecendo-os temporariamente.

A mim me parece que é esse contraste entre religiosidades impessoais e pessoais, entre fundamentalismos e catolicismos que tipifica o credo americano e o brasileiro. A tese corre o risco da generalidade e do exagero. Afinal, se perguntaria ao antropólogo desavisado: e as variedades de denominações religiosas que existem no Brasil?

Não há como negar as diferenças e sua importância. Mas é preciso não se perder nelas. No Brasil, de fato, temos catolicismo, protestantismos e muitos cultos afro-brasileiros, para não falar do kardecismo. Mas em todos eles há essa ênfase na relação e nos intermediários que encantam o mundo. Tanto que a forma mais atraente de protestantismo que atua no Brasil não é o calvinismo ou o metodismo, com suas impessoalidades, mas o pentecostalismo, que coloca em contato direto e íntimo o Espírito Santo e o fiel. Do mesmo modo, as variantes católicas mais populares enfatizam não só a festa do santo padroeiro, que encantam localidades, mas a dimensão "carismática", uma variante que compensa a vertente ideológica e "racional" do catolicismo, salientando o milagre da fé e do relacionamento. Se não fosse outro exagero, eu diria que no caso do Brasil as religiosidades celebram basicamente relações num estilo que vai da adoração formal – com o santo no altar e o fiel de joelhos – até a confusão entre os dois, com a *posse* completa do fiel pelo santo.

IV

Para muitos, essas formas religiosas mais personalizadas e carismáticas, baseadas na rotinização do milagre e na possessão, como ocorre nos cultos afro-brasileiros, seriam provas de primitivismo e de atraso, incompatíveis com a modernidade diariamente destilada com superficialidade e anunciada com leviandade pela mídia.

Mas para quem conhece o mundo e sabe que as religiões representam o lado criativo da sociedade, esse código de transcendência multifacetado, dotado de disposições simbólicas abertas e de linguagens polissêmicas, que caracterizam o conjunto das crenças brasileiras, pode ser, ao contrário, a estrada do futuro. Um futuro no qual a tolerância e a generosidade provavelmente serão as pedras de toque de um planeta unificado pela economia, mas sempre dividido pelas tragédias e fortunas desiguais que são, afinal de contas, como já sabiam os profetas, o lote da humanidade.

RITOS AMERICANOS

Enquanto o Brasil vive o drama da reforma do Estado e a expectativa dos novos governos estaduais, aqui, nos Estados Unidos, a última quinta-feira de novembro paralisa a rotina para que milhões de americanos comemorem o *Thanksgiving*: o dia de dar graças. E como toda festividade redefine e subverte a rotina, todos abandonam a sua famosa e mitológica "ética do trabalho" e o seu individualismo possessivo para, gozosa e coletivamente, destrinchar gigantescos perus assados ao lado de suas famílias.

A coisa é feita com tanto entusiasmo que lembra o estilo brasileiro de celebração, com as pessoas – sobretudo os jovens alunos – propondo aos velhos professores o famoso e humano "enforcamento" das aulas no intuito de encurtar a semana de trabalho e antecipar a chegada do feriado.

Aliás, não se trata de um feriado comum que pode ser vivido como bem se quer e entende, ou seja, de modo individualizado, mas de um "feriado-ritual" que *obriga* e contém *prescrições*.

Uma delas é reunir-se com parentes e amigos para comer o tal peru assado com molho de *cranberries* (uma frutinha vermelha e de gosto amargo, parecida com o morango). Outra é a visita obrigatória à família, um movimento significativo numa terra onde, a partir dos cinco anos de idade, as pessoas são tratadas como adultos responsáveis e cidadãos com direitos e deveres bem definidos. Aqui, como diz um amigo americano exagerado, criança não mija na cama e todos – coisa ainda antipática no Brasil, ele diz piscando um olho – seguem uma agenda.

Originalmente, o *Thanksgiving* era um rito inglês e puritano de colheita que, a partir de 1777, foi nacionalizado e desregionalizado, saindo da Nova Inglaterra e atingindo todos os quadrantes do país. Foi usado em 1863 para comemorar a vitória dos nortistas na Guerra Civil, que preservou a unidade do país em Gettysburg, e foi só no século XIX que o rito assumiu a forma atual, ligando-se aos míticos puritanos e a uma celebração familiar centrada na comensalidade.

O fato, porém, é que o *Thanksgiving* hoje faz como manda o figurino de todo ritual bem estabelecido: ele condensa à sua maneira um conjunto heterogêneo de símbolos e atos, criando – com a conivência local – uma notável impressão de unidade e de coesão. Hoje, o cerimonial celebra a riqueza e a abundância deste país, constituindo o ato inaugural de uma pantagruélica "estação de consumo" que começa na sexta-feira da semana do *Thanksgiving* e só vai terminar no final do Natal.

Este não é apenas um raro feriado americano centrado na comensalidade obrigatória, mas é sobretudo um rito intransferível, marcado que está pelas singularidades da história americana. Sua forma tem elementos religiosos, mas o que importa é o seu conteúdo cívico que toma conta de toda a população que celebra o *Thanksgiving* da mesma maneira, supondo que todos podem sustentar e comprar as mesmas comidas e bebidas.

Fundado por decreto pelo Estado nacional americano, o *Thanksgiving* engloba nos seus mitos e valores tanto a sociedade quanto a cultura, enfatizando por 24 horas o comer junto, os elos de família e paternidade, o trabalho doméstico e a arte da culinária, numa inversão significativa de tudo o que esses americanos modernos e pós-modernos têm tentado modificar nesses últimos cinquenta anos.

Como um ritual cívico, o *Thanksgiving* é uma festa moderna, levando o indivíduo ao grupo também como convidado (e não apenas como parente) e conduzindo a massa da sociedade para os *malls* e lojas, onde milhões do dólares são transfigurados em "presentes" antecipados para o Natal, a serem regalados entre parentes e amigos. Ou seja: a festa relaciona, como uma ponte simbólica, o indivíduo isolado e a sua família e grupo. E o elemento comum nesse movimento é a obrigação de trocar "presentes".

II

Por mais de uma década, tomamos parte da celebração do *Thanksgiving* em Ann Arbor, Michigan, como convidados de nossos queridos amigos Conrad e Betty Kottak. Ela é assistente social; ele é um eminente professor de antropologia na Universidade de Michigan, tendo realizado trabalhos no Brasil e escrito um livro intitulado *Prime Time Society*, que, até onde sei, é o melhor estudo da televisão brasileira já realizado. Um trabalho à espera de uma tradução para ser devidamente divulgado em português.

Na sua forma americana, o *Thanksgiving* tem um claro sabor religioso, implicando vestimentas formais e uma reza obrigatória antes do jantar cerimonial, no qual é proibido comer à americana, isto é, comer individual e isoladamente. Assim, sentamos todos a grandes mesas ornamentadas e bebemos o vinho, com ele, comendo a carne de um peru recheado que é obrigatoriamente compartilhado por todos, em comunhão e amizade fraterna.

Nas celebrações realizadas por brasileiros, há um curioso e necessário hibridismo aculturativo. Nele, come-se geralmente à americana, cada um se servindo individualmente do peru majestosamente posto no centro da mesa principal e comendo separadamente, em grupos informais. Do mesmo modo, não há nenhuma formalidade na vestimenta. Outra distinção do *Thanksgiving* à brasileira: raramente há o corte cerimonial do peru, feito sempre pelo chefe da família, que, no caso americano, é um elemento básico da celebração exigindo algumas palavras rituais. Mas nas colônias brasileiras come-se o peru fatiado pelas mulheres, cercado pelas *cranberries* originais, mas igualmente emoldurado pela sempre gostosa farofa nacional. Também não há rezas nem discursos elaborados, pois o que serve de fundo é a boa música nacional, sem cuja interferência positiva não existe "festa" no Brasil.

Celebrado à americana ou à brasileira, porém, o *Thanksgiving* cumpre o seu papel, unindo as pessoas nas relações generosas que, apesar de todas as modernidades, a boa comida em comum ainda é um símbolo insubstituível.

O OSCAR COMO RITUAL

Ritualizar é sair da rotina de modo ordenado. É tirar da cabeça o dia a dia marcado pelo trabalho e pelo que fazemos sem pensar para falar de modo mais expressivo ou elaborado do que somos e dos modos que queremos ser vistos e lembrados.

O Oscar, que este ano premiou um diretor italiano histriônico, Roberto Begnini, que alegremente confirma todos os estereótipos americanos relativos aos chamados "Dagos" – uma abreviatura de Diego, nome ofensivo aplicado a todos os "latinos" ou "mediterrâneos", como ocorre com o nome "Mané", que, entre nós, designa o João-Ninguém e o pobre sem eira nem beira –, contrastando com a glorificação do universo "anglo", representado pelos "Shakespeares" e dois filmes que entronizam a Segunda Guerra Mundial, é um desses breves e raros momentos.

Trata-se de uma ocasião na qual se abandonam as rotinas contábeis, voltadas para o quanto custa, como vou pagar, quem contratar, quanto tempo vai levar etc., para focalizar o lado expressivo da atividade humana: o seu conjunto de símbolos e molduras, a sua capacidade de criar algo além da utilidade e da funcionalidade.

Se o cinema ajuda a fugir das misérias do mundo: da dor, da morte, do desemprego, do ódio racial, da violência urbana e de um sistema político caduco e inconfiável, ele também fala de nossa tentativa de apanhar o intangível: o sentido da vida, do mundo e das relações sociais por meio de uma fotografia que se move de luz e som. O elo entre meios e fins (vou investir X para tirar X mais 10) é temporariamente abandonado para se pensar nos filmes que "ficaram" e marcaram época, revelando novos atores, consagrando estilos até então desconhecidos, apresentando narrativas originais e diferentes.

Ninguém precisa dizer que ao equacionar a festa do Oscar com o ritual estou sendo ingênuo. Sei muito bem que a Academia de Artes Cinematográficas de Hollywood tem uma ligação visceral com o cinema como indústria e que o Oscar, com sua publicidade e sua política, ajuda a vender e a promover o cinema americano. E como, pergunto aos sabidos de plantão, poderia ser de outro modo? Seria possível imaginar o nosso Carnaval promovendo algo além de si mesmo? É óbvio que o Oscar promove o cinema americano.

Mas esse dado trivial, pronunciado como um grande segredo do capitalismo, não exclui – esse é o ponto – a ritualização do cinema e dos seus símbolos mais importantes. O fim da guerra não acaba com as paradas e as medalhas, do mesmo modo que a velocidade não liquida com a estética automobilística.

Muito pelo contrário, a lição da festa do Oscar, sobretudo para nós, brasileiros em busca da modernidade e do cosmopolitismo, diz respeito precisamente a essa ritualização da competição e do favoritismo, tornando-os positivos e menos brutais. O que o Oscar diz, entre muitas outras coisas, é o seguinte: queremos vender Hollywood, não há dúvida. Mas queremos também manter um mínimo de coerência e de qualidade. Queremos incentivar os que têm talento, esse dom sem o qual o dinheiro e a ganância se desnudam. Queremos salientar o esforço dos que usaram bem o nosso dinheiro, ampliando o poder do cinema como atividade e como meio expressivo: como arte.

Ou seja, para entender essa festa, não se pode esquecer que o Oscar é um prêmio. Seu subtexto básico é mostrar que se pode tornar o mercado glamouroso e atraente. Em vez de falarmos em fracassos retumbantes e em investimentos sem retorno, discursamos pomposamente sobre os sucessos, tentando discernir os seus segredos, chamando atenção para as novidades. Com isso, incentivamos mais sucesso com aquela sua aura imprescindível à felicidade deste mundo em que vivemos.

O entusiasmo dos brasileiros pela eventual conquista do Oscar não é um sintoma de ingenuidade nacional ou de nacionalismo tolo. É uma reação positiva diante da possibilidade de receber aquilo que sempre nos falta: o prêmio recebido em competição. O reconhecimento pelo que fizemos. A prova de que o nosso trabalho pode ser estimado e admirado.

É precisamente essa ausência de prêmio que levanta o nosso entusiasmo pelos filmes e artistas nacionais eventualmente nominados para o Oscar. Nossa emoção transborda pelo contraste com o nosso ambiente e com as medidas tomadas para nos transformar em "modernos" e "racionais", sem os incentivos correspondentes. Somos instados ao trabalho, mas onde estão os prêmios para os trabalhadores? Temos que ser bons pagadores de impostos, mas onde está o resultado desse esforço? Somos respeitadores das leis, mas onde está o prêmio para o funcionário exemplar e para o servidor público excepcional, para o motorista-modelo?

Sem prêmios, somos até hoje um exemplo patético de uma sociedade que tenta se modernizar sem chamar atenção para o lado positivo da modernidade, uma dimensão intrinsecamente ligada ao prêmio individual. Nosso processo de modernização, por ser de cima para baixo, do Estado para a sociedade, e por caminhar sempre das elites para a massa da sociedade, tem sido apresentado mais como remédio do que como bonança. Ela quer trivializar a competição, mas não sabe domesticar as disputas por meio desses prêmios dos quais o Oscar é uma festa significativa.

De fato, como uma prova de nossa ordem hierárquica, que admira o gradualismo, as inclusões relativas, a lógica do mais ou menos, o corporativismo das carteirinhas e o jogo das ambiguidades, sempre confirmamos o valor dos "grandes" e dos poderosos. Cansa assistir à premiação recorrente dos consagrados, como se tivéssemos uma imensa dificuldade em descobrir novos talentos que, ademais, devem ser sempre e paradoxalmente parecidos com os antigos.

A FAIXA E A BÍBLIA

Depois de uma longa e enervante espera, George W. Bush tornou-se, no dia 20 de janeiro, o 43º presidente dos Estados Unidos. O processo pelo qual um cidadão é investido como presidente é semelhante em toda democracia. Há candidaturas e uma eleição diz quem é o vitorioso. Mas entre a vitória nas urnas, que conclui um ciclo abertamente competitivo, e o cargo de supremo magistrado da nação que finalmente tudo concilia, há uma boa distância que a observação do lado expressivo da vida social deixa ver.

Por que – caberia, de saída, perguntar – nós, modernos e guiados pela praticidade e austeridade do liberalismo, empossamos imediata e automaticamente o eleito, dispensando essas velhas e ultrapassadas pompas e circunstâncias que consomem, entre outras coisas, preciosos recursos públicos?

Algumas observações a partir da "inauguração" de George W. Bush ajudam a realizar um exercício comparativo curioso, mostrando como nos Estados Unidos e no Brasil esses ritos de passagem, que atam um sujeito definido como uma pessoa comum ao cargo mais importante da estrutura de poder, desvelam concepções diferenciadas de poder e política.

Nos Estados Unidos, os ocupantes de cargos públicos são "inaugurados"; no Brasil, as pessoas são "empossadas". Dir-se-ia que estamos dizendo a mesma coisa, mas o fato é que "posse" fala de detenção e controle de alguma coisa, ao passo que "inauguração" remete à ideia de um novo momento histórico. Algo, aliás, compreensível quando se rememora que os Estados Unidos foram a primeira nação moderna a realizar o experimento republicano ainda no ano turbulento de 1789, quando George Washington foi "inaugurado" como seu primeiro presidente.

Outra distinção é que, no Brasil, a posse presidencial tem duas fases. Na primeira, o presidente eleito vai ao Congresso Nacional, onde discursa e assina o livro de posse. Na segunda, em pleno Palácio do Planalto, ele recebe a faixa presidencial do magistrado que deixa o cargo. Tudo se passa como se o rito de posse tivesse um lado impessoal (realizado no Congresso) e um lado pessoal ou íntimo (realizado em "casa"), quando os presidentes se encontram, cumprimentam-se e trocam a faixa. Seria exagerado dizer que tudo isso exprime uma concepção mais personalizada de poder? Um poder que, de fato, passa de uma pessoa para outra num gesto dramático de abandono e de obediência às normas constitucionais? Como se o maior problema de nosso sistema político fosse o da continuidade?

No caso americano, a inauguração é compacta e tem um só ato: o juramento e o discurso do novo presidente. Aqui, todas as atenções se voltam para o novo mandatário do país e não há nenhuma passagem de símbolos de poder de uma pessoa para outra, numa sugestão de que a Presidência é um papel ocupado por alguém, mas jamais controlado por ninguém.

Chama, pois, atenção que, na América, o foco da solenidade seja na Bíblia e, no Brasil, numa faixa.

Se nas investiduras reais a coroa é o símbolo máximo do poder, passando de uma cabeça para outra, nas duas maiores repúblicas do continente americano o que articula a solene passagem do mais alto cargo nacional é o contato com a Bíblia e o encontro com a faixa presidencial que, acetinada, envolve o corpo do novo presidente sedutoramente. No rito americano, destacam-se as mãos, que juram solenemente exercer um papel que o ritual salienta como passageiro; no brasileiro, dramatiza-se o corpo que penetra a faixa, como que "possuindo" a Presidência.

No cerimonial americano, a inspiração religiosa é inequívoca, pois a investidura consiste num juramento sobre a Bíblia, um ato que mostra como os valores religiosos permeiam toda a sociedade, sobretudo o campo político, embora Igreja e Estado estejam

A faixa e a Bíblia

radicalmente separados. No Brasil, não se invocam valores religiosos e o candidato vira mesmo presidente quando, devidamente enfaixado, ele se mostra para o povo, exprimindo sua intimidade com o papel de presidente, agora colado ao seu corpo, bem como sua capacidade de englobá-lo, pois daquele momento em diante é ele quem vai carregar o chamado fardo das grandes decisões nacionais.

O SIGNIFICADO DO "OSCAR"

Na festa do Oscar, os americanos comemoram em escala mundial o lado positivo da competição e da disputa. É certo que promovem seus filmes, hoje absolutos tanto em mediocridade quanto em domínio sobre o mercado mundial, mas não deixam de glorificar o novo e de ritualizar o mérito.

Este ano, os filmes premiados celebraram a visão americana da sociedade e dos seus problemas. Até o filme "oriental" premiado não passa de uma série de truques típicos do cinema exclusivamente fundado no efeito visual. Patrões dos mercados mundiais, esses filmes domesticam e socializam o mundo nos valores americanos. O melhor exemplo disso é *Erin Brockovich, uma mulher de talento*, que glorifica o feminino lido à americana: como força e decisão individualista. Tanto que Julia Roberts papou o Oscar de melhor atriz, ao lado do Gladiador *made in America*, o vitorioso general romano que tudo perde e volta para exercer, como um super-Monte Cristo, sua terrível vingança em cima do Império Romano. Uma vingança obviamente cinematográfica e baseada na fama e na patronagem do grande público romano que nos circos do império assistiam ao nascimento de um grande lutador! Nem o imperador resiste ao supergladiador embalado pela fama e amado pelas multidões pagantes que como nós, pobres idiotas, acreditamos que o diretor Ridley Scott de fato reconstruiu alguma coisa veraz relativamente ao Império Romano.

Diz a lenda que o Oscar é uma estatueta desenhada em 1928 por Cedric Gibbons, então diretor de arte da Metro Goldwyn Meyer, e que ela representa um cavaleiro que, em pé, empunha uma espada, apoiado num rolo de filme com cinco picotes, cada qual representando uma atividade do cinema: atores, escritores, diretores, produtores e técnicos. O batismo da estatueta como "Oscar" virou folclore. Uns dizem que Betty Davis a nominou homenageando um dos seus maridos, um tal Harmon Oscar Nelson. Outros dizem que o colunista Sidney Skolski passou a chamar o prêmio de "Oscar" por medida de economia, cansado que estava de referir-se à estatueta como tal. E uma terceira versão diz que Margaret Herrick, diretora executiva da Academia, assim nomeou a estatueta porque ela se parecia com seu tio Oscar.

Qualquer que seja a verdade, o fato é que o Oscar é um cavaleiro armado de espada, como a lembrar que na competição vence quem tem o melhor preparo, e, como o gladiador, é o mais rápido na luta.

Nada mais perfeito, portanto, do que um "Oscar" para simbolizar a diferença entre vencedores e perdedores, e para exprimir as exigências de uma dura vida profissional. Pois nestes Estados Unidos a generosidade cessa quando a pessoa compete com a outra, o que engendra um conjunto de mitos e mentiras. Por exemplo: ninguém diz que está à toa. Todos trabalham e (coisa impossível!) trabalham sem cessar. Como os sete anões da Branca de Neve, todo mundo trabalha e canta, indo do batente para casa e da casa para o batente. Só que aqui o "batente" é positivo, pois não existe a ideologia da "sombra & água fresca". Sem malandros e com muitos heróis, o sistema americano se funde na ideia de trabalho como chamado e valor. No Brasil, sabiamente equacionamos trabalho e castigo, e separamos trabalho de emprego, coisa impensável no sistema americano, a menos que você tenha casado com a filha do dono da firma.

Tais práticas se derramam num rico simbolismo. Nele, salta aos olhos a ritualização da meritocracia como um valor a ser disseminado e ritualizado em todas as esferas da sociedade. Pois se tudo é disputado, tudo é igualmente premiado. Eis o sentido do famoso e batido "Oscar".

UMA SEMANA SANTA AMERICANA

A Semana Santa passou e poucos tomaram consciência do fim da Quaresma. Aquele período que os católicos produzem um deserto, buscando fugir deste mundo moderno fundado nos exageros do superconsumismo e na busca da felicidade a todo custo.

Aqui, na Universidade de Notre Dame, onde um catolicismo protestante demanda consistência e obriga a levar tudo a sério, atendemos a algumas cerimônias.

Nelas eu testemunhei a presença desse povo louro, gordinho, alegre, pragmático e otimista voltar-se um tanto perplexo para as mensagens da Semana Santa. Essas narrativas tão antiamericanas e antimodernas que falam de sacrifício, injustiça, corpo e sangue, pobreza, morte, sofrimento, altruísmo extremado e, naturalmente, ressurreição. Assuntos tão distantes do americano comum, tranquilo e sossegado na sua conta bancária, no seu automóvel alemão, no seu profundo individualismo e na sua invejável estabilidade política e crescimento econômico quanto a ideia de que o Brasil está melhorando para um brasileiro do mesmo teor.

Realmente, nada mais estranho para um povo que um extraordinário progresso que leva para longe do sofrimento e da morte do que essa lista de homilias, dramatizações e orações voltadas para o sofrimento, para o sacrifício voluntário (ou altruístico), que fala de uma temática que o cinema e a literatura americana têm sistematicamente negado, mistificado, glamourizado e evitado. E isso não é tudo, porque, na Semana Santa, as coisas vão além e, no limite do abuso, apresentam outro mistério: o da ressurreição e do retorno daquele que anormalmente morreu de pé, pregado a duas madeiras cruzadas – num entroncamento de finitude com esperança.

Não obstante essas contradições culturais, lá estavam meus companheiros de paixão, com suas caras lavadas e barbeadas nas águas mornas da modernidade (que já matou Deus e liquidou o humanismo), do capitalismo de mercado (que subordina a sociedade e a moral ao consumo desembestado) e da ciência que explica tudo, menos o nosso sofrimento, a levantar e ajoelhar, a sentar, rezar e cantar...

Nada mais distante de mim do que essa Semana Santa americana, loura e escanhoada, adornada de igrejas impecáveis, envolta em carros novos, acompanhada de pianos bem tocados e sem um pobre ao redor. Semana Santa em inglês. Língua que falo com a cabeça, pois meu coração – exceto quando canto alguma coisa de Rogers e Hart, Gershwin e Porter – resiste, com aquela dureza que conheço de cor, a entrar no mundo que a reza pretende ser a chave e o umbral.

Mas o fato é que, se somos seres da resistência, somos também criaturas do aprendizado. Só nós, humanos, estranhamos com o asco que serve de base ao preconceito e à segregação, para em seguida adotarmos o diferente como o sal da terra que transforma e permite ir além do mero perceber.

E assim foi nessa missa americana da ressurreição, quando vi tudo em inglês, para depois cantar e me enternecer com as harmonias e frases que já não eram estrangeiras, mas traziam lá de dentro de mim o piano límpido e claro tocado por minha mãe ao entardecer, quando ela, no seu amor pela arte, musicava com acordes firmes o mundo e as nossas vidas.

Ressuscitados na minha memória pelas múltiplas vozes dos meus irmãos americanos, esses acordes voltaram. E com eles a presença de todos os meus entes queridos, vivos e mortos, tanto aqueles que me antecederam e me ajudaram a ser como sou – aqueles a quem devo os meus sonhos, medos e esperanças – quanto os que irão sobreviver aos meus sonhos e esperanças.

Num frio domingo pascoal de Indiana, relembrei e vivi a mensagem da ressurreição. Primeiro, pela oração dita num inglês hesitante; depois, por meio da música modestamente entoada e, finalmente, pela percepção de que o estranho havia se transformado em familiar. O que me levou à consciência do aprendizado como expressão maior desta vida. Pois não é para aprender que viemos ao mundo?

O QUE É QUE HÁ COM O TEU PERU?

Na década de 1950, quando eu era um rapazinho de 15 anos, um tanto perdido na vida na Niterói dos bondes e das bicicletas e, uma vez por semana, ia ao cinema Cassino, assistir a filmes proibidos "até 18 anos", aconteceu no Rio, na então famosa e tabu praça Tiradentes, uma peça chamada *O que é que há com o teu peru?*.

Creio que foi Valter Pinto quem produziu esse episódio marcante do nosso "teatro de revista", aqueles espetáculos feitos por uma sucessão de "quadros", com muita "mulher nua" e sem "enredo" ou "centro" que, exatamente como o Carnaval, apresentavam uma visão "leve", cômica, fragmentada, inconsequente ou de ponta-cabeça do mundo do trabalho e da rotina. Eu obviamente não assisti à peça, mas gravei a expressão "o que é que há com o teu peru?", como uma pergunta brasileiríssima que atravessou rapidamente a baía de Guanabara e atingiu todo o país causando riso, curiosidade, choque e vergonha pelo uso ambíguo e desabusado do substantivo "peru".

Foi sem dúvida essa peça de Valter Pinto repleta de coristas que inflamavam minha imaginação erótica (aquelas mulheres cheias de carne que nós chamávamos de "gostosas", hoje tristemente banidas pelo ideal de beleza anoréxica que produz umas modelos varapau, com coxas de orfanato e campo de concentração) que popularizou e revelou os múltiplos sentidos dos nossos "perus", que, de acordo com o dicionário *Aurélio*, podem ser:

– uma grande ave galinácea doméstica (*Gallipavo meleagris*) originária da América do Norte, com plumagem castanho-

escura com reflexos verde-metálico, cabeça e pescoço nus, providos de carúnculas (protuberâncias) erécteis e que fornecem carne extremamente apreciada;
- um prato preparado com essa ave;
- um animal do jogo do bicho, correspondente ao número 20, que contém as dezenas 77, 78, 79 e 80;
- mirão ou aquele que observa sem jogar, mas frequentemente atrapalhando, um jogo de baralho;
- namorado ridículo;
- barco da roça;
- pessoa que gosta de dar palpites (de "peruar"); e, finalmente,
- o pênis, o órgão sexual masculino, que, no Brasil como em outras partes do mundo, tem muitos nomes e apelidos.

Pesquisas acadêmicas de caráter socioantropológico levam a crer que a equação do peru como ave-prato de luxo com o vulgar e chulo peru-pênis tem tudo a ver com o estranho pescoço vermelho e escalvado do bicho, ainda por cima marcado pelas protuberâncias que incham quando ele é devidamente provocado com um assovio ou um sedutor gluglurejar.

Aqui nos Estados Unidos esse peru-pênis é totalmente desconhecido, de modo que a pergunta clássica "o que é que há com o teu peru?", só pode conduzir a desentendimentos e disparates.

Menos, é claro, neste mês de novembro, quando, no dia 23, os perus entram em cena como matéria-prima obrigatória da comida ritual que constitui o centro da comemoração do *Thanksgiving,* ou "Dia de Ação de Graças". Nessa época, a questão do peru passa a ser básica e não há americano que, provocado, não fale de como, onde e quando vai comer, com a devida pompa e circunstância, o seu elaborado peru.

Curioso, conforme digo algumas vezes nestas notícias, como a produção do momento ritual – a situação extraordinária e planejada pela sociedade que escapa da rotina e dos pesados "aqui" e "agora", que tipificam o universo do "real" e da "vida" – requer uma quebra do dia a dia pela simples inversão das coisas que fazemos sem pensar, escolher e muito menos calcular. No caso do *Thanksgiving*, observa-se uma mudança radical na sociedade americana quando ela deixa de desmesurada e um tanto quanto hipocritamente enfatizar o "trabalho" para salientar uma abertura do momento festivo, um *holiday* de pelo menos quatro dias que antecipa o rito centrado no peru.

Não deixa de ser miraculoso como essa sociedade fundada no controle explícito dos apetites, das conversações livres e sem foco, da comensalidade, do lazer em geral e, acima de tudo, da vida coletiva em particular inverte-se e coloca-se de ponta-cabeça durante o *Thanksgiving*. Seja pela sua cuidadosa preparação, que vai da compra do peru à feitura da lista dos convidados, passando pela limpeza e preparação da casa e dos seus ocupantes, seja, principalmente, pelo seu lado obrigatório e prescrito, que não dá margem de escolha do que se vai comer, fato anormal num sistema cujo centro e credo se funda precisamente na ênfase (igualmente fantasiosa, mas ideologicamente básica) de que os Estados Unidos são a "terra dos livres e dos iguais", o lugar onde se faz o que se quer, espaço onde a obediência tende a se confundir com a opressão e a tirania.

No Brasil, o Carnaval obriga a escolher escolas de samba, bailes e fantasias. A sociedade da casa e da família cede lugar a uma coletividade de indivíduos que escolhem "sair" disto ou daquilo, nos blocos, cordões e escolas daqui ou dacolá. Não se trata de comer peru, mas de usá-lo no sentido de criar um clima marcado por sensualidade igualitária, no seio de uma comunidade nacional sobredeterminada por estilos hierárquicos de pensar, agir e fazer.

Já nos Estados Unidos, o *Thanksgiving* suprime a liberdade individual, obrigando a coletividade a revolver em torno do preparo de um peru que, devidamente assado e regado ao molho de *cranberries*, remete ao passado modelar e a um momento no qual viver em grupo é mais básico do que viver para si mesmo.

O *THANKSGIVING* E AS IMAGENS DA SOCIEDADE

Todos nós falamos de um mundo real, vivo e independente, e, no entanto, não há quem não veja esse mundo sem pontos de vista, modos de dizer, códigos ou "posições", conforme se diz no Brasil.

Ninguém, nem mesmo os escritores, pintores, fotógrafos e escultores mais realistas, conseguiu capturar o "mundo real" na sua inteireza, na sua sempre fugaz e aparente concretude. Ninguém, nem mesmo os mais realistas dos realistas ou os mais simbolistas dos simbolistas (os que mais rejeitaram como ingenuidade a tentativa de descrever o mundo tal e qual ele seria), falou da "realidade" sem usar um código: uma linguagem ou convenção pela qual esse nosso mundo maravilhoso era lido, visto, esculpido, fotografado, contado, escrito, pintado ou falado.

Que o leitor observe bem qualquer fotografia ou pintura "realista", daquelas que pretende revelar uma cena "nua" e "cruamente", para notar o ângulo e o estilo pelo qual essa cena foi revelada. Pois cada artista assume uma certa postura, e mesmo a máquina fotográfica é suscetível de denunciar o bom fotógrafo dotado de um estilo inconfundível, dos borra-botas amadores, mesmo quando eles usam uma Nikon ou uma Leica.

A realidade é sempre filtrada ou, como gostam de dizer os antropólogos, "culturalizada". Ou seja: vista por meio de certas dimensões, códigos e perspectivas. O que tomamos (e sentimos) como "real", diz uma segura nota de pé de página antropológica, é uma narrativa ou uma leitura que aprendemos na sociedade dentro da qual nascemos e fomos criados.

Impossível não pensar nisso depois de ter participado de mais um *Thanksgiving Holiday* – esse grande feriado nacional que finalmente congrega os americanos em torno de uma refeição comum universal: o famoso peru assado, regado ao molho de *cranberries*. O fato de dispor-se a comer um mesmo prato, de comer em família e não individualmente, escolhendo os convivas, de comer obrigatoriamente em casa e não num restaurante, e de repetir a mesma comilança, define as festas e os rituais.

Neles, a leitura da sociedade como constituída de indivíduos que compram, vendem, trabalham, escolhem, decidem, têm autonomia e liberdade cede lugar para uma visão muito diferenciada – aí está o milagre! – do mesmo sistema. Pois em torno da grande mesa cujo centro é um enorme peru assado, corado na sua bela travessa de porcelana, não se salienta apenas um conjunto de cidadãos que voluntariamente escolhem comer isso ou aquilo, mas se reafirma miticamente o pertencer a uma comunidade por meio de uma família e uma mesma morada: um mesmo nome, carne e sangue.

Ora, num sistema onde todos têm que sair de casa, reafirmando o mito da liberdade, da igualdade e da autonomia individual, esse retorno à vida coletiva como membro nato e inalienável de um grupo marcado pelo sangue e pela carne é um movimento significativo. Daí as inúmeras dramatizações realizadas em torno desse bródio festivo e cerimonial. Desse comer em conjunto de uma mesma comida ritualmente preparada de acordo com uma receita que a mídia reafirma ter uma origem remota, quando os ancestrais fundadores dessa sociedade, numa tarde fria e desolada de uma derradeira quinta-feira de um antigo novembro, não esqueceram de agradecer a Deus pelas dádivas recebidas, ainda que esses presentes chegassem todos na forma de uma natureza inóspita e de nativos capazes de defender o seu território com bravura e determinação.

Curioso que para os puritanos a visão da nova terra, na qual foram em busca de uma liberdade e de um igualitarismo que lhes era proibido na Inglaterra, tivesse sido fixada nesse novembro invernal, quando poderia ter sido desenhada ou narrada num glorioso mês de maio ou junho, daqueles que têm o brilho do sol e o calor que faz o corpo ficar gostoso e bonito. Do mesmo modo e pela mesma lógica, não deixa de ser curioso que o nosso Pero Vaz de Caminha tivesse falado de uma natureza dadivosa e de nativos felizes, lindos e predispostos à catequese quando Cabral chegou ao Brasil, deixando de lado o lado negativo da natureza, bem como a resistência nativa, que teve lances iguais em todos os continentes conquistados e submetidos ao poder das nações europeias.

O fato é que o *Thanksgiving* sugere ver os Estados Unidos menos como o país mais poderoso (com tudo o que vem de bom e ruim com essa posição) do mundo para concebê-lo (ainda que brevemente) como uma sociedade que também comunga e repete certas coisas.

A América do *Thanksgiving* é como o Brasil de todo domingo, quando – ricos ou pobres – temos todos o direito de comer o nosso franguinho ao molho pardo ou o nosso churrasquinho com farofa, regado a uma boa cerveja gelada. "Fazemos questão" de estar com os pais, amigos e vizinhos porque assim determina a lógica do ritual. Fazemos igualmente questão de comer a mesma comida porque com isso compartilhamos de uma mesma substância nutritiva, aquilo que está na raiz do encontro cristão, o primeiro paradigma da fraternidade universal.

Envolvidos na mediocridade repetitiva do rito, até esses ianques tão obcecados pela mudança e impacientes com a permanência ficam como nós. Pois foi outro dia mesmo que os vi sorrindo, felizes em torno do prato comum que os ligava como parte e parcela de uma mesma comunidade. Dando provas de que não há nada mais básico do que o pertencer.

O ENTERRO DOS OSSOS

Um banquete fabrica vários problemas. Os convidados têm expectativas muito claras relativamente ao modo pelo qual devem ser recebidos ou, como se diz no Brasil, "tratados". O "tratamento", ou melhor, o "bom tratamento" inclui sempre a casa limpa, a mesa posta, com pratos adequados e talheres e copos brilhando, os donos da morada recebendo com bebidas e sorrisos, bem-vestidos e, *last but not least*, as varandas, salas e banheiros varridos, "limpos" – impecáveis.

Para os "donos" da festa o banquete é um verdadeiro inferno. Há que se pensar na comida (que, no Brasil, deve sobrar) e na complicada e, às vezes, impossível lista de convidados. Pois, entre nós, a presença de X implica não poder sob nenhuma hipótese convidar Y. Do mesmo modo que convidar Z obriga a ter disponível um certo tipo de comida ou bebida que será classificada como a "galinha, ou arroz, de Z!". Não dispensamos a alta personalização no Brasil.

Receber é uma arte e a hospitalidade é uma dimensão muito séria da vida social brasileira, mesmo neste século XXI marcado pelo individualismo e seus asseclas: o egoísmo como virtude e o cabotinismo como agenda profissional. Apesar de tudo, inclusive do tal neoliberalismo que até a eleição do Lula era (junto com Fernando Henrique Cardoso) culpado de todos os males nacionais, ainda vivemos ao derredor do verbo "dar". Esse verbo que comanda os nossos banquetes e almoços sérios, pomposos ou simplesmente caseiros e cotidianos.

Damos para receber, e nisso vai não somente a malvadeza dos políticos que não merecem nenhuma representação (quanto mais representatividade e prestígio), mas a própria fábrica da vida social, ela própria incapaz de tecer-se ou construir-se sem os pequenos gestos que implicam dar: do bom-dia banal, triste ou alegre; ao presente cobiçado pelo filho ou mulher; ao almoço trivial marcado pelo arroz com feijão, mas feito com capricho e amor; ao emprego para a contraparente da prima que eu nunca tive do Manuel Bandeira; sem esquecer, naturalmente, dos grandes presentes que os governantes personalistas devem dar para o povo nas intenções da campanha e nos discursos de posse.

Pois no Brasil só não ganha presente quem está ao largo da sociedade, mas mesmo nas margens ganha-se o antidom: o vazio que em graus variados e complexos faz o dia e a noite gelada dos abandonados: os que "vivem debaixo da ponte" e na "rua da amargura".

Falo disso porque tenho vivido aqui o gelo do inverno que chega pra valer, junto com o que os americanos chamam de *holiday season*, essa "estação do ano" que coloca os Estados Unidos de ponta-cabeça porque é um período de dar festas, presentes e, eis o outro ponto central, de celebrar e deixar de trabalhar.

Se eu fosse um exagerado, coisa que, como sabe bem o leitor, é algo raro nos colunistas, diria que o ponto focal desse momento festivo, iniciado com o *Thanksgiving*, seria a passagem do receber (típico da rotina americana) ao dar cerimonial e festivo, seguramente ausente nessa sociedade.

Mas talvez fosse mais sábio salientar que essas "festas" todas se centram em torno da suspensão do *work* (trabalho), em todos os seus sentidos. Do mais banal que fala do serviço, dos deveres de cada qual diante de suas instituições, patrões e clientes, ao mais sutil. Aquele conceito de trabalho mais amplo que engloba um bem-estar generalizado e cósmico (tudo o que é bom pode ser traduzido nos Estados Unidos pela expressão *good work* ou *nice work*). Do mesmo modo que os americanos amam tudo, eles também "trabalham" tudo ou em tudo. Aqui se trabalha para viver e para fazer uma festa, ritual ou amor. Você vai comer sua namorada hoje? *I'm working on it* (estou "trabalhando nisso"), diz um americano...

É, pois, trabalhando que o americano dá e recebe. E o sinal mais claro e talvez mais profundo e prazeroso do receber é poder dispensar o trabalho que é o centro da racionalidade social desse país. Esse trabalho que normalmente implica um ciclo de reciprocidade curta (eu dou e recebo imediatamente, como ocorre numa loja), mas que nas festas abre-se a uma infinidade de gestos recíprocos. Reciprocidade de longo curso e percurso que os americanos não reconhecem e, suponho, não gostam, porque cria laços entre as pessoas, negando a velha expressão do *no strings attached* (nada de obrigações ou laços entre nós).

Complicado, pois, esse *holiday season* numa sociedade individualista. Tão complicado como convocar o Brasil para acabar com a fome, o clientelismo e, sobretudo, o personalismo que demanda e briga por cargos, como se observa mesmo num partido político tão zeloso do chamado "coletivo" como é o PT.

Essas são as questões que vêm com o banquete. A quem convidar para o repasto? E, mais complicado ainda, o que fazer com as sobras do peru do *Thanksgiving*? Para os meus amigos americanos é uma miséria comer peru durante a semana. Na nossa pequena, mas decente colônia brasileira daqui de Notre Dame, fizemos o chamado e significativo "enterro dos ossos", ou seja: brasileiramente inventamos um segundo Dia de Ação de Graças e liquidamos o peru.

SUMÁRIO

Prólogo 9
À guisa de prefácio: o intelectual e a mídia 15
Jornal da Tarde, 29/6/1999

1 - DIÁSPORA, VIAGENS, ESTRANHAMENTOS

Quantas vezes morremos nesta vida? 23
O Estado de S. Paulo, 25/8/2004
Pequenos retornos e descobertas 26
Jornal da Tarde, 3/9/1996
Paris 28
Jornal da Tarde, 26/5/1998
Tempos modernos 31
Jornal da Tarde, 17/11/1997
De Sartre a Paglia 34
Jornal da Tarde, 7/7/1996
Estranhamentos: Visão de um mundo personalizado 37
Jornal da Tarde, 10/5/2000
Viajando de automóveis, trens, aviões e navios 39
O Estado de S. Paulo, 25/1/2002
Rotinas 42
Jornal da Tarde, 26/1/2000
Entre rotinas e rituais 45
O Estado de S. Paulo, 4/10/2002
Cicatrizes 48
O Estado de S. Paulo, 7/4/2002

Imagem ferida: Ou como é duro ser brasileiro 51
Jornal da Tarde, 15/4/1997
Notas de uma visita não anunciada 54
O Estado de S. Paulo, 29/11/2003
A realidade do "lá fora" 57
O Estado de S. Paulo, 1/6/2003
Das chegranças e adeuses 60
O Estado de S. Paulo, 17/5/2003

2 - ARTES

Artista de cinema 65
Jornal da Tarde, 8/1/1998
Dois filmes épicos 68
Jornal da Tarde, 19/7/1998
A sociedade como um navio 71
Jornal da Tarde, 20/1/1998
Filmes de guerra: Um roteiro emocional 74
Jornal da Tarde, 30/8/1998
Para que servem os extraterrestres? 79
Jornal da Tarde, 17/8/1996
Um mundo sem sexo? 82
Jornal da Tarde, 27/11/1998
Beleza americana 85
Jornal da Tarde, 27/4/2000
Esporte & racismo 88
Jornal da Tarde, 29/10/2000
A obesidade como beleza 90
O Estado de S. Paulo, 9/12/2001
O fim do amor 93
Jornal da Tarde, 27/1/2000
Pais, filhos e *Thanksgiving* 96
Jornal da Tarde, 27/11/1995

Em torno de Stanley Kubrick que exige olhos bem abertos.. 99
Jornal da Tarde, 12/10/1999
A paixão de Cristo... 102
O Estado de S. Paulo, 4/4/2004
Os projetos civilizadores e os seus hóspedes não convidados 105
Jornal da Tarde, 14/4/2001
Com Polanski, tocando piano 107
O Estado de S. Paulo, 18/4/2003
As lições do piano de mamãe 110
O Estado de S. Paulo, 2/11/2003
A força da música.. 113
O Estado de S. Paulo, 2/11/2003
Imagens do Brasil e dos Estados Unidos na música popular 116
Update, 28/2/2001

3 - COTIDIANOS

Vendo televisão na América... 123
Jornal da Tarde, 8/2/1995
Um terceiro partido? 126
Jornal da Tarde, 12/9/1995
Tempos de furacão 129
Jornal da Tarde, 19/9/1995
A fúria do consumo... 132
Jornal da Tarde, 26/9/1995
Estrangeirismos... 135
Jornal da Tarde, 15/12/1995
A crise do orçamento americano 138
Jornal da Tarde, 3/1/1996
Controle eletrônico ou a mania dos celulares..................... 141
Jornal da Tarde, 12/1/1996
Compartimentos + raças = etnias.. 144
Jornal da Tarde, 20/6/1996

Sumário   425

Racismo, preconceito e segregação 147
Jornal da Tarde, 21/6/1996
Não há "rua" na América... 150
Jornal da Tarde, 17/9/1996
Cenas americanas: Os profissionais 153
Jornal da Tarde, 24/9/1996
Cenas americanas: Os limites do civismo 156
Jornal da Tarde, 18/10/1996
Olimpíadas 159
Jornal da Tarde, 5/8/1996
Rituais modernos.. 162
Jornal da Tarde, 6/8/1996
O perfil do ricaço americano.. 165
Jornal da Tarde, 17/11/1996
Um gesto simbólico 168
Jornal da Tarde, 30/4/1997
A propósito do fumo e do cigarro.................................. 174
Jornal da Tarde, 12/8/1995
Em torno do cigarro e do ato de fumar 177
Jornal da Tarde, 23/5/1997
O impossível acontece.. 180
Jornal da Tarde, 29/4/1997
A fama de Diana 183
Jornal da Tarde, 31/8/1997
Para onde foi a magia?... 188
Jornal da Tarde, 7/7/1997
Lendo o mundo e as estrelas.. 191
Jornal da Tarde, 15/9/1997
Caridade e filantropia... 194
Jornal da Tarde, 22/10/1997
Ser "doutor" no Brasil 199
Jornal da Tarde, 2/11/1997
O combate entre a casa e a rua (nos Estados Unidos) 204
Jornal da Tarde, 14/12/1997

Do cartório à modernidade 207
Jornal da Tarde, 31/3/1998
Uma experiência burocrática positiva 210
Jornal da Tarde, 28/4/1998
Misturas, sociedades e comidas.. 213
Jornal da Tarde, 22/5/1998
A latinização dos Estados Unidos 216
Jornal da Tarde, 25/8/1998
Reformas neoliberais e onda antiliberal 219
Jornal da Tarde, 27/1/1999
Nosso grande preconceito 222
Jornal da Tarde, 22/3/1999
Grande cachorrada... 225
Jornal da Tarde, 31/3/1999
A tragédia de Denver.. 228
Jornal da Tarde, 20/4/1999
Capitalismo & obesidade 231
Jornal da Tarde, 7/12/1999
Domésticas: Servidão e modernidade 236
Jornal da Tarde, 13/2/2000
Descoberta e invenção do Brasil 239
Jornal da Tarde, 11/4/2000
O diagnóstico americano... 242
Jornal da Tarde, 4/5/2000
Secularizando a presidência da República 245
Jornal da Tarde, 16/5/2000
Uma reunião em Washington, D.C................................. 248
Jornal da Tarde, 7/12/2000
Brasilianismo e brasilianistas: Um depoimento 250
Jornal da Tarde, 14/12/2000
Eleição e decepção: O caso americano 252
Jornal da Tarde, 26/12/2000
Opções civilizadoras: A fila e o balcão 254
Jornal da Tarde, 4/1/2001

Do grito como verdade e da verdade do grito 256
Jornal da Tarde, 4/3/2001
A ideia de dinheiro nos Estados Unidos e no Brasil 259
Jornal da Tarde, 22/3/2001
A queda das Bolsas e as reações aos acidentes.................... 261
Jornal da Tarde, 25/3/2001
O "você sabe com quem está falando?"
no Brasil e nos Estados Unidos... 263
Update, 10/4/2001
O papel da autoestima aqui e lá.. 266
Update, 10/8/2001
Procurando a recessão americana....................................... 269
O Estado de S. Paulo, 29/8/2001
Modernidade e catastrofilia 271
O Estado de S. Paulo, 11/10/2001
Quem não é mulato?... 274
O Estado de S. Paulo, 5/11/2001
O simbolismo dos bichos no Brasil e nos Estados Unidos . 277
Update, 28/5/2001
Dois cerimoniais e uma vida 280
O Estado de S. Paulo, 12/11/2001
Football e futebol 283
Update, 6/9/2001
O que há de novo no ano velho e de velho no ano novo?.... 286
O Estado de S. Paulo, 30/12/2001
A guerra dos acarajés e a modernidade culinária 289
O Estado de S. Paulo, 9/2/2002
O grande país dos gordos e seus estilos 292
O Estado de S. Paulo, 25/9/2003
Inseguranças ou o capital financeiro como praga 295
O Estado de S. Paulo, 1/2/2004
As Olimpíadas, o efeito Bush e o poder dos fracos 298
O Estado de S. Paulo, 21/8/2004

O que as Olimpíadas dizem de nós? Notas de uma ressaca. 301
O Estado de S. Paulo, 25/8/2004
Cantada e *harassment* 304
inédito, 27/9/2004
O grande debate... 307
O Estado de S. Paulo, 11/10/2004
Ciúmes, adultérios, traições e eleições 310
O Estado de S. Paulo, 15/10/2004

4 - TERRORISMO E GUERRA

A visão brasileira da tragédia americana............................ 315
O Estado de S. Paulo, 16/9/2001
As múltiplas dimensões do terror 318
O Estado de S. Paulo, 21/9/2001
Voltando ao normal 321
O Estado de S. Paulo, 23/9/2001
Terrorismo e bestificação intelectual.................................... 324
O Estado de S. Paulo, 5/10/2001
Terrorismo e vida diária nos Estados Unidos 327
O Estado de S. Paulo, 6/10/2001
O peso de chumbo da totalidade.. 330
O Estado de S. Paulo, 6/10/2001
Radicalismo e terrorismo.. 333
O Estado de S. Paulo, 15/9/2001
Notas de um "correspondente" 336
O Estado de S. Paulo, 29/3/2003
Guerra, perplexidades, aflições 339
O Estado de S. Paulo, 29/3/2003
Terror 342
O Estado de S. Paulo, 13/3/2004

Sumário 429

5 - DRAMAS

Um dilema americano: A confirmação de Clarence Thomas ... 347
Folha de S.Paulo, 18/10/1991

Susan Smith é um caso para brasilianista 352
Jornal da Tarde, 10/7/1997

Aprendendo com Susan Smith 354
Jornal da Tarde, 24/7/1995

Uma visão antropológica do caso Simpson 357
Jornal da Tarde, 20/2/1995; *Jornal da Tarde*, 3/10/1995;
Jornal da Tarde, 4/10/1995; *Jornal da Tarde*, 11/2/1997;
Jornal da Tarde, 21/2/1997

Os dois corpos do presidente 370
Jornal da Tarde, 11/2/1998

Estados Unidos da América (Latina?) 373
Jornal da Tarde, 3/3/1998; *Jornal da Tarde*, 13/3/1998;
Jornal da Tarde, 17/3/1998

Clintoniando: Como seria no Brasil? 381
Jornal da Tarde, 23/10/1998; *Jornal da Tarde*, 29/9/1998

6 - IDEOLOGIA, VALORES, RITUAIS E RELIGIÃO

Religião no Brasil e nos Estados Unidos 389
Update, 26/11/2002

Ritos americanos 400
Jornal da Tarde, 26/11/1998

O Oscar como ritual 403
Jornal da Tarde, 21/3/1999

A faixa e a Bíblia 406
Update, 7/2/2001

O significado do "Oscar" 409
Jornal da Tarde, 11/4/2001

Uma Semana Santa americana... 411
Jornal da Tarde, 16/4/2001
O que é que há com o teu peru?.. 414
O Estado de S. Paulo, 24/11/2001
O *Thanksgiving* e as imagens da sociedade........................ 417
O Estado de S. Paulo, 27/11/2002
O enterro dos ossos 420
O Estado de S. Paulo, 7/12/2002

Este livro foi impresso na Editora JPA Ltda.,
Av. Brasil, 10.600 – Rio de Janeiro – RJ,
para a Editora Rocco Ltda.